中国公路学会 广东省科学技术协会 指导

公路那些事儿

韩富庆 郭国和 王 娜 尚 婷 ◎ 主编
向中富 陈冠雄 ◎ 主审

人民交通出版社股份有限公司
北 京

内 容 提 要

本书分为交通漫谈、公路设计知多少、公路施工真奇妙、公路管理很重要和公路科技大揭秘5个部分，并将上述内容精心梳理为400多个趣味问答，为读者一一揭秘与公路有关的"那些事儿"。

本书既可供广大关心、关注交通的读者朋友阅读，也可作为青少年学生的课外科普读物。

图书在版编目（CIP）数据

公路那些事儿 / 韩富庆等主编 . —北京：人民交通出版社股份有限公司，2021.7
ISBN 978-7-114-16303-6

Ⅰ. ①公⋯　Ⅱ. ①韩⋯　Ⅲ. ①高速公路—普及读物　Ⅳ. ① U412.36-49

中国版本图书馆 CIP 数据核字（2021）第 277002 号

Gonglu Naxie Shir

书　　　名：	公路那些事儿
著 作 者：	韩富庆　郭国和　王　娜　尚　婷
责任编辑：	郭红蕊　陈　鹏
责任校对：	孙国靖　刘　璇
责任印制：	刘高彤
出版发行：	人民交通出版社股份有限公司
地　　　址：	（100011）北京市朝阳区安定门外外馆斜街3号
网　　　址：	http://www.ccpcl.com.cn
销售电话：	（010）59757973
总 经 销：	人民交通出版社股份有限公司发行部
经　　　销：	各地新华书店
印　　　刷：	北京交通印务有限公司
开　　　本：	787×1092　1/16
印　　　张：	17
字　　　数：	396千
版　　　次：	2021年7月　第1版
印　　　次：	2024年1月　第2次印刷
书　　　号：	ISBN 978-7-114-16303-6
定　　　价：	68.00元

（有印刷、装订质量问题的图书，由本公司负责调换）

编审委员会

指导单位： 中国公路学会　广东省科学技术协会

顾　　问： 周　伟　刘文杰

主　　编： 韩富庆　郭国和　王　娜　尚　婷

副 主 编： 代希华　娄　健　郭红蕊　曾思清　王伟力
　　　　　　廉文斌　周建山　张小龙　陈小丽

编　　委： 曾健雄　牛　犇　张春笋　蔡　敏　戴振华
　　　　　　阳云明　万永涛　王国志　陈学文　张　俊
　　　　　　何博谦　常江桦　张　建　王　勇　姚圣磊
　　　　　　曾人奋　夏天柱　王　珏　朱善满　辛顺超
　　　　　　余承喜　谢　瑞　秦杰君　齐宏娇　黄　安
　　　　　　陆佳欣　刘　硕　郑元峰　王丽戎　张　迅
　　　　　　曾睿煊　金　鑫　桂钰杰　贾文丽　夏陆然

主　　审： 向中富　陈冠雄

FOREWORD 序

这是一本主要介绍公路上"那些事儿"的科普读物!

在 2016 年召开的"科技三会"上,习近平总书记指出:"科技创新、科学普及是实现创新发展的两翼,要把科学普及放在与科技创新同等重要的位置。没有全民科学素质普遍提高,就难以建立起宏大的高素质创新大军,难以实现科技成果快速转化。"①党的十九大报告中也明确提出要"弘扬科学精神、普及科学知识"。2019 年 1 月,交通运输部印发了《关于加强交通运输科学技术普及工作的指导意见》。这些指导性文件为我们的科普宣传工作指明了方向。

在《交通强国建设纲要》实施即将两周年之际,欣闻广东云茂高速公路有限公司组织编写了国内第一部系统介绍公路相关知识的科普图书——《公路那些事儿》。这是"十四五"开启之年公路科普工作的一项代表性成果。

《公路那些事儿》以公路历史文化、规划设计、施工建设、运营管理与技术创新为创作主线,从总体到局部,从古代到现代,从科学原理到生活趣事,深入浅出,图文并茂,信息量大,可读性强。该书对于非交通专业人士,特别是青少年学生具有重要的科普价值,对于交通行业从业人员也具有一定的参考意义,是一本特别值得向大家推荐的公路科普读物!

广东云茂高速公路作为全国"最美绿色高速",其建设过程几乎涵盖了

---

① 习近平:《为建设世界科技强国而奋斗——在全国科技创新大会、两院院士大会、中国科协第九次全国代表大会上的讲话(2016 年 5 月 30 日)》,《人民日报》,2016 年 06 月 01 日第 02 版。

常规高速公路建设的各种技术手段，非常具有代表性和示范性。本书编写组自启动策划到完成编写历经两年多的时间，从构思到落实，从文字到插图，做了认真细致的调研和素材搜集整理工作，为书稿的高质量编写倾注了大量心血。

本书的编写，展现了交通人不畏艰难困苦、精益求精的工匠精神，为公路行业日新月异的发展留下了宝贵财富，为胸怀梦想的公路人铸就了美好的精神家园，为助力交通强国建设打下了坚实的文化基础！

在付梓之际，衷心希望能有更多优秀的公路科普图书奉献给广大读者！

第十三届全国人大常委会委员
交通运输部原副部长
中国公路学会理事长

翁孟勇

2021 年 6 月

PREFACE 前言

你"走过"的,并不只是你"看到"的!

交通强国,科技先行。交通行业发展日新月异,高新技术如雨后春笋般不断涌现,在给人们生产生活带来便利的同时,也吸引了公众的关注。

早在 2019 年参加中国公路学会组织的全国公路科普工作会议上,我们就萌发了科普工作的"灵感"——编写一本公路科普读物,让社会了解交通行业。因逢建设广东云茂高速公路这一契机,该公路的建设过程又几乎涵盖了常规高速公路用到的所有技术手段和管理知识,并且采用了大量新理念、新技术、新工艺、新材料和新设备,为我们组织编写公路交通科普方面的图书提供了绝佳的素材资源。

通过调研,我们还了解到,对非交通专业人士而言,他们通常很好奇道路是怎样建成的,往往以为道路就是肉眼"看到"的路面或桥面这么简单。但实际并非如此,其背后还有很多"看不到"甚至"想不到"的秘密。比如,道路的线形设计,路基、路面的建筑材料,桥梁、隧道、涵洞、边坡、挡墙等结构物的布置,都是大有学问的。又如,智能交通、无人驾驶、纳米材料、BIM 技术、3D 路面摊铺等新技术和高科技,着实令人脑洞大开。对于这些与公路相关的秘密和高科技,我们精心归纳梳理为 400 多个小问题,并通过趣味问答的形式,为大家一一揭晓答案。

本书编写以公路建设的全流程为"经",包括勘察设计、建设施工、运营管理、养护维修等;以公路建设的软硬件为"纬",包括土建工程、仪器设备、机电系统、交安设施等。本书内容几乎包罗了你能想到的所有与公路有关的"那些事儿",既可供广大关心、关注交通行业的读者朋友阅读,也可作为青少年学生的课外科普读物。

全书由中国公路学会、广东省科学技术协会权威指导，韩富庆、郭国和、王娜、尚婷共同担任主编，由尚婷统稿，郭国和校核，向中富、陈冠雄主审。各章编写分工如下：

第一章　交通漫谈，由郭国和、夏天柱、王珏等人编写。

第二章　公路设计知多少，由代希华、郭国和、尚婷、张春笋等人编写。

第三章　公路施工真奇妙，由娄健、郭国和、曾思清、张春笋等人编写。

第四章　公路管理很重要，由韩富庆、郭国和、郭红蕊等人编写。

第五章　公路科技大揭秘，由尚婷、王娜、郭红蕊等人编写。

在本书编写过程中，广东省公路学会、广东省公路建设有限公司、重庆交通大学、保利长大工程有限公司、广东冠粤路桥有限公司、中交第二公路工程局有限公司、中交路桥建设有限公司等单位提供了大力支持。在此一并表示衷心的感谢！

限于作者水平，加之时间仓促，本书中列举的个别问答可能不够严谨准确，不够通俗易懂，谨以此书抛砖引玉，敬请广大同行批评指正。如有宝贵意见或修改建议，请反馈至电子邮箱（553006079@qq.com），我们会在再版时修订完善。

由于本书内容涉及面广，所需资料庞杂，部分图片素材来源于网络，有些内容无法联系到原作者。如存在版权疑问，可通过上述电子邮箱和我们联系。在此，特向原作者们致以衷心的感谢和崇高的敬意！

作　　者

2021 年 6 月

目录 CONTENTS

第一章 交通漫谈

1.1 古代的交通工具有哪些? 002
1.2 秦朝修建的路,为何过了两千多年都不长草? 002
1.3 鲁班奖是鲁班设立的吗? 003
1.4 用草绳也可以修桥吗? 003
1.5 中国现存的四大古桥是哪几座? 004
1.6 赵州桥为什么可以屹立千年而不倒? 004
1.7 还记得飞夺泸定桥的故事吗? 005
1.8 "一带一路"与丝绸之路有何关系? 005
1.9 滇缅公路和驼峰航线为什么被称为救国通道? 006
1.10 中国为什么会有一条以外国人名字命名的史迪威公路? 006
1.11 二十四道拐盘山公路真的有那么多道拐弯吗? 007
1.12 茅以升为什么要把钱塘江大桥炸掉? 007
1.13 为什么说京张铁路见证了民族复兴征程? 008
1.14 什么是"两路精神"? 008
1.15 为什么说此生必驾318? 009
1.16 世界上第一条高速公路是怎么来的? 009
1.17 中国第一条高速公路在哪里? 010
1.18 世界上穿越沙漠最长的高速公路是哪一条? 010
1.19 你听说过音乐公路吗? 011

1.20	郭亮挂壁公路为什么能入选"世界最险要十条路"? **011**		1.34	云南保腾高速公路龙江特大桥有哪些创新? **018**
1.21	为什么说张家界天门山盘山公路是"通天大道"? **012**		1.35	苏通长江大桥创造了哪些世界之最? **019**
1.22	"一桥飞架南北,天堑变通途"中的"桥"是指哪座桥? **012**		1.36	五峰山长江大桥刷新了哪些世界纪录? **019**
1.23	为什么说南京长江大桥是一座"争气桥"? **013**		1.37	世界首座"一桥三用"跨江大桥——常泰长江大桥有什么特点? **020**
1.24	为什么说南浦大桥是上海滩第一桥? **013**		1.38	世界最大跨度双层悬索桥有哪些看点? **021**
1.25	万州长江大桥为何可以入选首届"中国十佳桥梁"? **014**		1.39	长江上有多少座大桥? **021**
1.26	在旧桥边上并列修一座新桥,会是什么样子? **014**		1.40	杭州湾大桥有哪些技术创新? **022**
1.27	美轮美奂的菜园坝长江大桥有什么特点? **015**		1.41	为什么虎跳峡金沙江大桥只有一个索塔? **023**
1.28	昔日世界之最——朝天门长江大桥有哪些技术创新? **015**		1.42	四渡河大桥的主缆真的是"火箭"发射出来的吗? **023**
1.29	你听说过一条江上有N座北盘江大桥吗? **016**		1.43	我国首座跨海公铁两用桥有什么特点? **024**
1.30	云端之上能建造大桥吗? **016**		1.44	你见过像"过山车"一样好玩的公路吗? **024**
1.31	坝陵河大桥为何会成为世界级极限运动打卡地? **017**		1.45	你听说过"火车爬楼"吗? **025**
1.32	长征之路的延续——赤水河红军大桥有什么特点? **017**		1.46	金门大桥的名字是怎么来的? **025**
1.33	山间彩带——矮寨特大悬索桥有哪些创新? **018**		1.47	粤港澳大湾区有哪些代表性的公路桥梁? **026**
			1.48	广州历史上第一座跨江桥有什么故事? **026**
			1.49	听说中国最繁忙的高速公路要扩建了? **027**
			1.50	耗资30亿元的虎门大桥为何成为"堵车胜地"? **028**

1.51	虎门大桥的"弟弟"取得了什么技术突破? **028**	1.71	广州第一座能升降的跨江大桥在哪里? **038**
1.52	"海上小蛮腰"黄茅海大桥有哪些特点? **029**	1.72	为什么说黄桷(jué)湾立交桥是最容易让人迷路的立交桥? **039**
1.53	深中通道与港珠澳大桥有什么主要区别? **029**	1.73	大瑶山隧道采用了哪种先进的施工方法? **039**
1.54	广州首座跨珠江人行桥——海心桥为何会成为网红桥? **030**	1.74	你见过每天都有警卫守护的隧道吗? **040**
1.55	我国有哪些知名的玻璃桥? **030**	1.75	雅西高速公路为什么设计有双螺旋隧道? **040**
1.56	竟然还有能翻滚的车轮桥? **031**	1.76	金家庄螺旋隧道创造了怎样的吉尼斯世界纪录? **041**
1.57	青岛贝壳桥是用贝壳做的吗? **031**	1.77	世界最长海底高铁隧道有哪些世界级技术难题? **041**
1.58	这座拱桥怎么会建"反"了? **032**	1.78	耗时八年的胡麻岭隧道,是怎样解决世界级难题的? **042**
1.59	湖南的麻花桥设计灵感真的来自麻花吗? **032**	1.79	大柱山隧道为什么被称为"最难掘进的隧道"? **042**
1.60	为何猎德大桥被誉为广州最"上镜"的大桥? **033**	1.80	被25个国家放弃,中国却成功打通的隧道在哪里? **043**
1.61	在大桥上还可以修建摩天轮吗? **033**	1.81	世界上最长的隧道,火车一个小时都跑不完? **043**
1.62	郑州的戒指桥是什么样子的? **034**	1.82	为什么新疆天山胜利隧道会被分为三个洞? **044**
1.63	大连挑月桥的拉索怎么像是在撒渔网? **034**	1.83	云南有座桥,为什么火车路过要鸣笛30秒? **044**
1.64	"美人故里昭君村,水面微波卧长龙"是指哪条公路? **035**	1.84	能把一棵参天大树掏空修隧道吗? **045**
1.65	获奖大桥为何通行仅三天就被叫停? **035**	1.85	中国第一条"空中自行车高速路"在哪里? **045**
1.66	别的桥是桥上行车,为什么德国的马格德堡水桥上行船? **036**	1.86	你知道有一条路被称为"爱情天梯"吗? **046**
1.67	你知道越南的佛手桥吗? **036**		
1.68	重庆江上有"活桥"? **037**		
1.69	巴西的开关桥宛如"花开并蒂",是怎么做到的? **037**		
1.70	神奇的伦敦塔桥是基于什么原理呢? **038**		

第二章 公路设计知多少

2.1　交通行业有哪些知名的设计院？　**048**

2.2　高速公路建设前期，应该做哪些专题研究工作？　**048**

2.3　从想修路，到路修好，大致要经历哪几大步骤？　**049**

2.4　修路前，怎样进行交通量分析和预测？　**049**

2.5　公路建设中常见的 BOT、BT、EPC、PPP 模式是什么意思？　**050**

2.6　修建高速公路，每千米得花多少钱？　**050**

2.7　GPS、BDS、CAD、BIM 在道路设计中有什么作用？　**051**

2.8　设计速度 60 千米/时也能叫高速公路吗？　**051**

2.9　为何有的高速公路路况看起来很好，却限速 100 千米/时？　**052**

2.10　既然我国公路限速 120 千米/时，为什么车速表盘最高是 200 千米/时以上？　**052**

2.11　什么是公路建筑限界？　**053**

2.12　能否在高速公路的两侧开挖或修建房屋？　**053**

2.13　我国各地区的气候条件差别这么大，修建高速公路时应如何考虑？　**054**

2.14　道路转弯的平曲线和上下坡的竖曲线在设计时是可以随意搭配的吗？　**054**

2.15　两点之间直线最短，为何还要设计那么多弯路呢？　**055**

2.16　公路坡度越大，上坡越困难，那是不是坡度越小就越好？　**055**

2.17　为什么高速公路采用停车视距，三、四级公路采用会车视距？　**056**

2.18　车道的宽度有什么标准？　**056**

2.19　公路设计时，为什么转弯处外侧路面特意加高呢？　**057**

2.20　什么是土压力？　**058**

2.21　什么是土的抗剪强度？　**058**

2.22　什么是孔隙水压力？　**059**

2.23　土工试验有哪些类型？什么是土的液限、塑限？　**060**

2.24　岩石有哪些类型？　**060**

2.25　路基为什么往往修建得比地面要高？　**061**

2.26　挡土墙有什么样的形式？　**061**

2.27　为什么边坡上有那么多混凝土方格、人字形骨架？　**062**

2.28　为什么高速公路边坡上的草很快就能长出来？　**063**

2.29　什么是土工离心模型试验？　**063**

2.30	道路路面由哪些结构层组成?			**064**
2.31	路面中垫层的作用有哪些?			**064**
2.32	每条路的路面结构是一样的吗?			**065**
2.33	沥青路面是怎么设计出来的?			**066**
2.34	沥青混合料有哪些原材料?			**067**
2.35	什么是沥青混合料的级配?			**067**
2.36	沥青混合料有哪些结构形式?			**068**
2.37	什么是 SMA?			**068**
2.38	为什么沥青路面比水泥路面的噪声要小呢?			**069**
2.39	怎么评价沥青路面的耐低温性能?			**069**
2.40	为什么要重视沥青路面的抗水损害能力?			**070**
2.41	为什么有的路面在冬天看到很多裂缝,到夏天又几乎看不到了?			**070**
2.42	什么是改性沥青?沥青有哪些外加剂?			**071**
2.43	我们天天见到的水泥与混凝土,竟然有这么多学问?			**071**
2.44	什么是水泥混凝土的配合比?			**072**
2.45	什么是混凝土的强度等级?			**072**
2.46	什么是水泥的初凝时间、终凝时间?			**073**
2.47	为什么说现浇混凝土结构的拆模时间很重要?			**074**
2.48	为什么水泥路面总是被切成豆腐块形?			**074**
2.49	为什么混凝土路面用得越来越少,沥青路面越来越多了?			**075**
2.50	长寿命路面到底能使用多少年?			**075**
2.51	公路有哪些养护维修措施?			**076**
2.52	高速公路沥青路面预防性养护技术有哪些?			**076**
2.53	高速公路一般多久进行一次大修?			**077**
2.54	泡沫混凝土是什么样的?			**077**
2.55	为什么雨天车辆在路上会出现"漂移"现象?			**078**
2.56	公路排水设计有多重要?			**078**
2.57	涵洞的结构组成及作用是什么?			**079**
2.58	装配式涵洞是什么样子的?			**079**
2.59	为什么不少桥梁在桥头会出现"咯噔"一下跳车的现象?			**080**
2.60	高速公路两个相邻收费站之间的距离有多远?			**080**
2.61	为什么有的高速公路两个服务区之间离得很远,有的却比较近?			**081**
2.62	桥梁有哪些常见的类型?各有什么特点?			**081**

2.63	各种桥型的单跨跨径能达到多少米? **082**		2.77	在高山峡谷中修建大桥，那么高的桥墩为什么不会倒? **090**
2.64	桥梁由哪些结构组成? **083**		2.78	桩基打到多深就算可以了? **090**
2.65	桥梁中的"跨"和"联"是什么意思? **083**		2.79	桥梁桩基往往插入地下几十米甚至上百米深，怎么知道下面的地质情况? **091**
2.66	特大桥、大桥、中桥、小桥是怎么区分的? **084**		2.80	对于钢筋混凝土结构，"C 位"的钢筋有何作用? **091**
2.67	拱桥由哪些结构组成？是如何分类的? **085**		2.81	什么是框架墩? **092**
2.68	悬索桥的结构组成和受力原理是什么? **085**		2.82	什么是全漂浮体系斜拉桥? **092**
2.69	斜拉桥的结构组成和受力原理是什么? **086**		2.83	为什么有的桥梁梁体中间是空心的，有的是实心的? **093**
2.70	为什么高速公路设计经常提到"桥隧比"? **086**		2.84	公铁两用桥设计时为什么大多铁路在下、公路在上? **093**
2.71	什么是预应力混凝土? **087**		2.85	为什么钢筋混凝土梁桥的跨径不会无限大? **094**
2.72	先张法和后张法施加预应力各有什么优缺点? **087**		2.86	桥梁构造一般包括哪些部分? **094**
2.73	什么是拱桥的矢跨比? **088**		2.87	为什么梁与梁之间要留一道道钢接缝? **095**
2.74	为什么桥梁不直接放在桥墩上，而是要放在支座上? **088**		2.88	为什么跨江跨海大桥往往需要很长的引桥? **095**
2.75	连续刚构桥有什么特点？是"刚"还是"钢"? **089**		2.89	跨海或跨江隧道的人工岛是怎样建成的? **096**
2.76	为什么有的桥墩是圆形的，有的是矩形的? **089**		2.90	风洞试验是用来做什么的? **096**
			2.91	世界最著名的塔科马海峡大桥风毁事件是怎么回事? **097**
			2.92	桥面的水是如何排出去的呢? **097**
			2.93	跨海大桥这么长，中途为什么没有厕所? **098**
			2.94	公路隧道有哪些类型？分类依据是什么? **098**

2.95	隧道由哪些结构组成？分别有什么作用？ **099**	2.113	你听说过可以掉头的高速公路吗？ **109**
2.96	隧道位置的选择有什么讲究吗？ **099**	2.114	拱桥跨径有望突破800米吗？ **109**
2.97	在岩溶地区修路容易出现哪些病害？ **100**	2.115	高速公路的隔音板如何降噪？ **110**
2.98	什么是隧道的掌子面？ **100**	2.116	离高速公路近的房子，怎么控制噪声？ **110**
2.99	什么是隧道的初期支护？ **101**	2.117	为什么公路不同路段的护栏会不一样？ **111**
2.100	什么是隧道的二次衬砌？ **101**	2.118	高速公路护栏上安装的绿板有什么作用？ **111**
2.101	什么是超前支护、系统锚杆、锁脚锚杆？ **102**	2.119	路灯的设计怎么兼顾照明、安全和节能？ **112**
2.102	为什么双向四车道要分开修在两个隧道里？ **103**	2.120	高速公路上为什么很难见到路灯？ **112**
2.103	隧道洞门造型各种各样，仅仅是为了好看吗？ **103**	2.121	高速公路机电系统由哪些子系统组成？ **113**
2.104	为什么进出隧道时会出现黑洞、眩光的不舒适感？ **104**	2.122	机电工程对交通安全有多重要？ **114**
2.105	为什么隧道里不能变道超车？ **104**	2.123	交通安全设施家族由哪些成员组成？ **114**
2.106	高速公路隧道内消防系统是怎么设计的？ **105**	2.124	避险车道真的能"避险"吗？ **115**
2.107	隧道里如果发生火灾该怎么逃生？ **105**	2.125	沙漠里面能修路吗？ **115**
2.108	中国第一条海底隧道在哪里？ **106**	2.126	道路的设计图纸出来后，还能修改吗？ **116**
2.109	常见的隧道开挖方法有哪些？ **106**	2.127	什么是设计交底？ **116**
2.110	立交桥有哪些类型？ **107**	2.128	公路设计常用的软件有哪些？ **117**
2.111	有一种立交匝道像眼镜圈一样，究竟有什么特点呢？ **108**	2.129	施工图为什么叫蓝图，而不叫红图或绿图？ **117**
2.112	平面交叉口的设计内容和步骤是什么？ **108**		

第三章
公路施工真奇妙

3.1 高速公路施工会涉及哪些单位？它们之间是什么关系呢？ **120**

3.2 交通土建工程施工主力军有哪些？ **120**

3.3 道路施工涉及的 S1 标、TJ1 标、LM1 标、JL1 标、JC1 标、JD1 标、JA1 标代表什么意思？ **121**

3.4 施工前为什么要先做施工组织设计？ **122**

3.5 总监办什么情况下可以给施工单位发开工令？ **122**

3.6 施工人员是怎么在地面上找到设计图纸对应的位置的？ **123**

3.7 修建高速公路时，原地面的大树是都给砍掉了吗？ **123**

3.8 为什么国家鼓励公路建设收集利用清表土？ **124**

3.9 路基路面施工通常要用到哪些施工机械设备？ **124**

3.10 公路穿过鱼塘或者稻田等软土地基时，有哪些处理措施？ **125**

3.11 为什么有的路段需要提前堆几米高的土进行预压？ **125**

3.12 怎么判断路基是不是压实了？ **126**

3.13 为什么有的路基在填土时需要洒水，有的却需要翻晒？ **126**

3.14 用于控制"桥头跳车"的台背抽芯检测是怎么做的？ **127**

3.15 路基边坡防护与加固工程的分类有哪些？ **127**

3.16 为什么"爬山虎"可以搬运路堑边坡防护材料？ **128**

3.17 岩质边坡进行爆破施工时，没响的炮怎么办？ **128**

3.18 黄土有哪些工程特性？ **129**

3.19 盐渍土会对道路造成什么破坏？ **129**

3.20 挖掘机司机如何在陡坡上修路？ **130**

3.21 为什么沥青路面摊铺还要"挑日子"？ **131**

3.22 混凝土浇筑过程中下雨了怎么办？ **131**

3.23 为什么夏天要对混凝土进行降温？ **132**

3.24 混凝土还要洒水"保养"？ **132**

3.25 为什么有的水泥硬得快，有的水泥硬得慢？ **133**

3.26 公路抢修用的水泥和普通水泥有什么不一样？ **133**

3.27 减水剂有什么作用？ **134**

3.28 为什么混凝土罐车要不停地转？ **134**

3.29	废弃的混凝土还有用吗？ **135**	3.44	斜拉桥的主塔和索面有哪些形式？ **142**
3.30	工地围栏喷出的"雾气"有什么作用？ **135**	3.45	为什么有的桥梁采用混凝土现浇，有的要提前预制好？ **143**
3.31	不同的季节对公路施工有什么影响？ **136**	3.46	预应力钢筋是怎么准确放置在箱梁的预留孔道里的？ **143**
3.32	什么是沥青路面冷再生技术？ **136**	3.47	塔吊自身是如何升高的呢？ **144**
3.33	桥梁施工通常要用到哪些机械设备？ **137**	3.48	常常听说大桥"合龙"，是什么意思？ **144**
3.34	桩基有哪些分类？常用的施工方法有哪些？ **137**	3.49	大桥成千上万吨，为什么用"钢丝绳"就能撑得住？ **145**
3.35	桥梁桩基施工时，旁边做个大泥浆池有什么用？ **138**	3.50	怎么能知道桥梁是安全的还是危险的呢？ **145**
3.36	旋挖钻施工有什么优点？ **138**	3.51	桥梁加固有哪些方法？ **146**
3.37	茫茫大海上，跨海大桥的桥墩是怎么打下去的？ **139**	3.52	隧道施工通常要用到哪些施工机械？ **146**
3.38	桥梁护栏模板拆装台车有什么作用？ **139**	3.53	隧道二次衬砌施工台车有什么用？ **147**
3.39	大家常说的挂篮施工是什么？ **140**	3.54	什么是隧道施工安全步距？ **147**
3.40	猫道是做什么用的？ **140**	3.55	管棚在软弱围岩的隧道施工中有什么作用？ **148**
3.41	预应力在桥梁上有什么作用？ **141**	3.56	修建隧道对地质有什么要求？ **148**
3.42	桥梁上怎么会有"牛腿"呢？ **141**	3.57	什么是超前地质预报？为什么要做超前地质预报？ **149**
3.43	什么是混凝土的徐变？ **142**	3.58	隧道施工中"早进洞、晚出洞"是什么意思？ **149**
		3.59	为什么隧道开挖会有那么多种方法？ **150**
		3.60	什么是光面爆破？ **151**
		3.61	隧道施工过程中的管线都有什么作用？ **151**
		3.62	隧道施工监控量测包含哪些内容？ **152**

3.63	隧道开挖过程中，挖多了有什么影响？	152		
3.64	隧道开挖出来的石头都去哪里了？	153		
3.65	隧道里还能划船？	153		
3.66	海底隧道的"沉管技术"是如何实现的？	154		
3.67	水下隧道埋多深才能保证安全？	154		
3.68	隧道会被压垮吗？	155	3.80	路桥施工有哪些特种设备？ 162
3.69	为什么有的隧道上方要搭个"顶棚"？	155	3.81	安全体验馆有什么作用？ 162
			3.82	应急预案有哪些类型？ 163
3.70	长隧道的"横洞"有什么作用？	156	3.83	大风能把龙门架吹跑吗？ 163
			3.84	为什么要推行工程质量终身责任制？ 164
3.71	长隧道施工时，"竖井"有什么作用？	156	3.85	高速公路建设在环境保护方面需要做什么事情？ 164
3.72	隧道里的风机有什么作用？	157		
3.73	冻土区高速公路"热棒"的作用是什么？	157	3.86	高速公路建设在水土保持方面需要做什么事情？ 165
3.74	高速公路施工测量有哪几个阶段？	158	3.87	工程建设中，什么是估算、概算、预算、结算？ 165
3.75	什么是"三集中"？施工驻地的建设有什么标准吗？	158	3.88	工程造价与工程计量各指什么？有什么区别？ 166
3.76	预制梁液压模板有什么优点？	159	3.89	工程项目招投标有哪些流程？ 167
3.77	钢筋加工厂常用钢筋加工机械是什么？	159	3.90	建设工程合同有哪些分类？ 168
3.78	预制场可以实现混凝土自动喷淋养生吗？	161	3.91	高速公路建设项目在档案管理方面需要做什么事情？ 168
3.79	高速公路建设在设计与施工安全方面需要做些什么事情？	161	3.92	高速公路工程交工验收、竣工验收有什么区别？ 169

第四章

公路管理很重要

4.1 城市道路与公路有哪些主要区别？ **172**

4.2 中国高速公路编号规则是什么？ **172**

4.3 公路标志牌上的G、S、X、Y代表什么意思？ **173**

4.4 交通运输局、公路局、运输管理局有什么区别？ **174**

4.5 高速公路由哪些单位来管理？ **174**

4.6 路政人员和交警是什么关系？ **175**

4.7 驾驶证与行驶证有什么区别？ **175**

4.8 什么是路产、路权？ **176**

4.9 公路建筑控制区为什么不能随意侵占？ **176**

4.10 高速公路的收费标准是怎么定的？ **177**

4.11 车辆通行费收费标准报批有哪些流程？ **177**

4.12 救护车要不要交过路费？ **178**

4.13 高速公路管理单位的车辆上下高速公路需要交过路费吗？ **178**

4.14 什么样的车辆能享受高速公路"绿色通道"免费政策？ **179**

4.15 高速公路的收费年限到期后怎么办？ **179**

4.16 这些城市道路交通指示牌分别代表什么意思？ **180**

4.17 交通指示牌设计有什么规律吗？ **180**

4.18 你能分清这些交通标线吗？ **181**

4.19 双黄线实线与虚线有什么区别？ **183**

4.20 你能分清这些交通标志吗？ **183**

4.21 为什么驾照不采用百分制？ **185**

4.22 路上常见的几种摄像头有什么作用？ **185**

4.23 怎么区分不同颜色的车牌？ **186**

4.24 红绿灯是如何发明的？ **186**

4.25 红绿灯的时间设置有什么讲究？ **187**

4.26 丁字路口的红绿灯，你看对了吗？ **187**

4.27 因避让其他车辆而压双黄线会被扣分吗？ **188**

4.28 黄灯变红时前轮压过路口的停止线，算闯红灯吗？ **188**

4.29 你知道圆灯和箭头灯的区别吗？ **189**

4.30	交警指挥和交通信号灯不一致时，应该以哪个为准？ **189**	4.49	夜晚开车时，为什么车内不能开灯？ **200**
4.31	斑马线是如何诞生的？ **190**	4.50	晚上开车如何使用远、近光灯？ **201**
4.32	行人过街的时候，能不能自己按绿灯？ **190**	4.51	在高速公路上遇到团雾怎么办？ **201**
4.33	监控摄像头能判断驾驶人是否系了安全带吗？ **191**	4.52	高速公路堵车有哪些注意事项？ **202**
4.34	为什么有的路口左转/掉头车道设置在道路最右侧？ **191**	4.53	高速公路上如何尽量避免连续追尾？ **202**
4.35	高速公路为什么会有最低限速？ **192**	4.54	什么是开车"让速不让道"？ **203**
4.36	为什么要设爬坡车道？ **192**	4.55	系了安全带就能死里逃生吗？ **203**
4.37	为什么高速公路要清理"断崖式"限速？ **193**	4.56	桥梁出现裂缝时还能用吗？ **204**
4.38	区间测速是什么意思？ **193**	4.57	为什么要严格禁止超载车辆驶上独柱墩的高架桥？ **204**
4.39	德国的高速公路真的不限速吗？ **194**	4.58	为什么驾乘人员有时会感觉桥在晃动？ **205**
4.40	新手可以独自驾车上高速公路吗？ **194**	4.59	很多人在桥上齐步走，能把桥踩垮吗？ **205**
4.41	摩托车能上高速公路吗？ **195**	4.60	水中的桥墩如何防止船舶撞击？ **206**
4.42	在高速公路遇到问题时，如何准确报自己的位置？ **195**	4.61	在发生洪水时，重车压梁是怎么回事？ **206**
4.43	应急车道为什么被称为"生命通道"？ **196**	4.62	海底隧道会漏水吗？ **207**
4.44	汽车何时可以在高速公路的应急车道停车？ **196**		
4.45	高速公路清障救援收费有什么标准？ **197**		
4.46	高速公路为什么要有很多反光标志？ **199**		
4.47	防撞垫如何防撞？ **199**		
4.48	夜间在高速公路行车有哪些注意事项？ **200**		

4.63	小轿车后风窗玻璃上为什么"画"有很多横线?	207
4.64	融雪剂对道路有什么影响?	208
4.65	为什么不要在开车的时候给路边的小朋友扔食物?	208
4.66	为什么有的高速公路亏本也要修建?	209
4.67	"小长假"免收过路费,车流量激增,如何缓解拥堵?	209
4.68	服务区如何进行"潮汐式"管理?	210
4.69	为什么高速公路旁少有高大的树木?	210
4.70	高架桥上为什么常常看到"爬山虎"?	211
4.71	在高速公路上可以看大象?	211
4.72	这个国家居然没有红绿灯?	212
4.73	这个国家居然没有交警?	212
4.74	为什么大客车在凌晨2时至5时不能上高速?	213
4.75	我国将道路交通事故根据损害情况划分为几类?	213
4.76	交警如何勘查道路交通事故现场?	214
4.77	交通事故调查内容有哪些?	214
4.78	通过几起典型交通事故,看看交通管理为什么很重要?	215
4.79	为什么大家都要更加关心公交车驾驶员?	216

第五章 公路科技大揭秘

5.1	什么是土木工程?	218
5.2	土木工程(路桥、交通方向)要学哪些主要课程?	219
5.3	学了土木工程,毕业了能做什么样的工作?	219
5.4	土木工程、道路交通行业有哪些学会组织?	220
5.5	建筑垃圾能用来修路吗?	221
5.6	高速公路雨天行车"漂移"有办法解决吗?	221

5.7	海绵道路是什么样子的？ **222**	5.25	中交集团目前自主研发的最大盾构机有多大？ **232**
5.8	你见过"乐高积木"搭成的塑料公路吗？ **222**	5.26	你听说过智能路灯吗？ **232**
5.9	采用3D技术可以直接"打印"高速公路吗？ **223**	5.27	屋顶光伏系统前景如何？ **233**
5.10	道路足尺加速加载试验系统有什么用？ **223**	5.28	GNSS边坡监测系统有什么优点？ **233**
5.11	什么是路面三维检测技术？ **224**	5.29	无人机在道路施工中有什么用？ **234**
5.12	港珠澳大桥创造了哪些世界之最？ **224**	5.30	信息化施工大显身手，能否颠覆你的认知？ **234**
5.13	武汉3.6万吨巨无霸是怎样完成空中转体"拼接"的？ **225**	5.31	BIM技术有什么作用？ **235**
5.14	五桥同转？"桥都"重庆再刷新世界纪录？ **225**	5.32	出租车能用ETC吗？ **235**
5.15	桥梁的设计寿命能达到多少年？ **226**	5.33	"5G+北斗"将为交通行业带来多大的想象空间？ **236**
5.16	长隧道巡检，能否用机器人替代人工？ **227**	5.34	辅助驾驶与自动驾驶之间的关系是什么？ **236**
5.17	你听说过能折弯的混凝土吗？ **227**	5.35	首个"高速公路数字化运营云平台"有何特点？ **237**
5.18	石墨烯、环氧树脂改性剂对沥青性能有哪些改善作用？ **228**	5.36	大数据对高速公路运营管理带来什么影响？ **237**
5.19	纳米材料在路桥工程中有哪些应用？ **228**	5.37	国外智能公路有什么特点？ **238**
5.20	桥梁涡振有没有规律可循？ **229**	5.38	未来交通是什么样的？ **238**
5.21	首都机场道面是如何"沥"成的？ **230**	5.39	实行ETC"先行后付"模式会带来哪些好处？ **239**
5.22	为什么"空中造塔机"被称为桥梁施工中的"战斗机"？ **230**		
5.23	旋转式防撞护栏的工作原理是什么？ **231**		
5.24	隧道施工用的庞然大物"穿山甲"是什么样的？ **231**		

5.40	广深高速新塘立交为何能入选交通强国建设试点项目?	**239**	5.44	烟大海底隧道为什么被称为未来超级工程?	**244**
5.41	原来高速公路服务区可以这么好玩?	**240**	5.45	什么是绿色公路?	**245**
5.42	2000米级悬索桥面临的主要挑战有哪些?	**242**	5.46	什么是品质工程?	**245**
5.43	横跨珠江超级工程——狮子洋通道面临哪些挑战?	**243**	5.47	什么是平安工地?	**246**

参考文献 **247**

第一章 交通漫谈

1.1 古代的交通工具有哪些？

传说黄帝发明了车，故黄帝又称"轩辕氏"。轩，就是古代一种前顶较高而有帐幕的车子，供大夫以上的官员乘坐。大禹治水时乘坐的交通工具种类很多，如"陆行乘车，水行乘船，泥行乘橇，山行乘檋①"。汉代出现的"鸡公车"用硬木制造，长四尺，车架安设在独轮两侧，由一人掌扶两个车把推行，有时也可前拉后推，载人载物均可。三国时期，诸葛亮发明了"木牛流马"，可以爬坡上坎。

1.2 秦朝修建的路，为何过了两千多年都不长草？

秦始皇统一六国后，为了便于政令通达、信息传递和民间交往，加强对各地的统治，下令修建了由咸阳通往全国各地的道路，称为驰道。除此之外，秦朝还修建了位于今内蒙古自治区、甘肃省和陕西省境内的直道。

这些路之所以历经两千多年而寸草不生，首先是因为这些路多数位于干旱少雨的高原地区，不利于草木生长。其次，工匠为了减少道路养护清理杂草的工作，将修路用的土炒熟或者碾碎、用火烧焦，破坏了土里的植物种子和有机质。然后，在熟土里加入大量的碱，改变土壤的酸碱度。夯实后，整条路面就会像"混凝土"一样坚固，不得不感叹古人的智慧。

---

① 檋（jū），古代指登山工具，也指上山穿的钉鞋。

1.3 鲁班奖是鲁班设立的吗?

不是。我国工程建设领域的大奖有鲁班奖、詹天佑奖、李春奖等。其中,中国建设工程鲁班奖(国家优质工程),简称鲁班奖,是一项由中华人民共和国住房和城乡建设部指导、中国建筑业协会实施评选的奖项,是中国建筑行业工程质量的最高荣誉。鲁班奖于1987年设立,每两年评选一次,每次获奖工程数量原则上控制在240项左右。

鲁班奖　　詹天佑奖　　李春奖

1.4 用草绳也可以修桥吗?

联合国非遗名录中有一种桥是秘鲁草绳桥。印加帝国①的草绳悬索桥,连通了全长4万多千米的大印加路网。每年春天,秘鲁卡纳斯省阿普里马克河流域各个社群的村民都会聚集在一起,参加悬索桥翻新仪式。河流两岸的村民团结协作,将一捆30余米长、比大腿还粗的绳子固定到旧桥的位置,然后割断旧桥,让其坠入下方的峡谷。

草绳桥被用于人和牲畜在上面行走,虽然看起来脆弱得不堪一击,但是它能同时承受50多个人的重量,在风雨当中坚持一整年。

500余年来,人们每年都会重建这座名为奎斯瓦洽卡(Q'eswachaka)的桥梁。这座全长近37米的悬索桥,用草绳手工编制,是世界上现存的最后一座草绳悬索桥。

---

①印加帝国(西班牙语:Imperio Inca;英语:Inca Empire),又译印卡帝国,是11世纪至16世纪时南美洲统一的封建主义君主专制帝国,帝国的政治、军事和文化中心位于今日秘鲁的库斯科。其名意为太阳的子孙,因为印第安人把太阳视为祖先。

1.5 中国现存的四大古桥是哪几座？

赵州桥，位于河北省石家庄市赵县城南的洨（xiáo）河上，为隋代开皇至大业年间（公元594—606年）由著名匠师李春设计并参与建造。距今已有1400多年的历史，是当今世界上现存最早、保存最完善的古代单孔坦弧敞肩石拱桥。

卢沟桥，位于北京市丰台区永定河上，始建于金代大定二十九年（公元1189年）。"卢沟晓月"是著名的"燕京八景"之一，卢沟桥又因其是震惊中外的"七七事变"发生地而载入史册。

洛阳桥，位于福建省泉州洛阳江万安渡口，故又名"万安桥"，始建于北宋皇祐五年（公元1053年），现桥长834米、宽7米，是现存最早的跨海梁式石桥。桥址处江潮汹涌，浪涛搏击，首创筏形基础和种蛎固基法。2021年，该桥入选世界文化遗产名录。

广济桥，俗称湘子桥，坐落在潮州城东，联结韩江两岸，始建于南宋，历时57年建成，东西两段共20个墩，桥墩用花岗岩块铆榫砌成，被著名桥梁专家茅以升誉为"世界上最早的启闭式桥梁"。"湘桥春涨"为"潮州八景"之一。

1.6 赵州桥为什么可以屹立千年而不倒？

赵州桥自建成1400多年来，经历了多次水灾、战乱和地震，却依然稳固如初。究其原因，主要有如下几点：

（1）桥梁选址在洨河的粗砂之地，桥台地基稳定。

（2）桥梁设计采用空腹的结构形式也非常关键。桥梁跨径37.02米，拱高和跨度之比为1∶5左右，这样就实现了降低桥面和增大跨度的双重目的，而大拱加小拱的敞肩拱，不仅可以增加泄洪能力，减轻洪水对桥的冲击力，还可以减轻桥身的自重。

（3）桥体由28道并列圈拱砌筑，并用勾石、收分、蜂腰、伏石"腰铁"联结加固，提高了整体性。

（4）桥身石材耐久性好。

（5）先后八次大的修缮维护对桥梁的安全运行非常重要。

总的来说，赵州桥屹立千年而不倒的奥秘是：选址合理、设计科学、选材耐久、施工精良和及时修缮，这几方面缺一不可。

1.7 还记得飞夺泸定桥的故事吗?

1705年,康熙皇帝为了巩固国家统一和解决通往藏区道路的梗阻问题,下令在大渡河上修建第一座桥梁,并亲自定名为"泸定桥"。

说起泸定桥的历史,最让人印象深刻的莫过于红军长征"飞夺泸定桥"的故事。1935年5月29日,当时红军既要解决渡河的困难,又要防止敌人的追击。为了尽快打通中央红军北上的通道,22名红军勇士临危受命,组建起一支突击队。伴随着冲锋号的声响,夺桥战役正式拉开序幕。经过两个小时的激战,红军终于取得了胜利,一举夺下了泸定桥。

"金沙水拍云崖暖,大渡桥横铁索寒",从这两句诗词中,也可以感受到夺桥的艰险。在这场战役中,22名勇士牺牲了4名,他们飞夺泸定桥的英雄事迹永远留存在人民心中。

1.8 "一带一路"与丝绸之路有何关系?

狭义的丝绸之路一般指陆上丝绸之路。丝绸之路起始于中国古代的长安,是联结亚洲、非洲和欧洲的古代商业贸易路线,最初的作用是运输古代中国出产的丝绸、瓷器等商品,后来成为东西方之间经济、政治、文化等诸多方面往来交流的主要线路。广义的丝绸之路还包括了海上丝绸之路。

当今世界正发生复杂深刻的变化,2013年9月和10月,国家主席习近平分别提出建设"丝绸之路经济带"和"21世纪海上丝绸之路"的合作倡议,也就是现在大家熟知的"一带一路"。"一带一路"借用了古代丝绸之路的历史符号,共建"一带一路"旨在促进经济要素有序自由流动、资源高效配置和市场深度融合,推动沿线各国实现经济政策协调,彰显人类社会共同理想和美好追求。

1.9 滇缅公路和驼峰航线为什么被称为救国通道?

1937年7月7日,日本发动卢沟桥事变,中国全面抗战由此开始。这一年南京沦陷,国民政府首都迁移到重庆。不久后,沿海各地相继沦陷,从海外获得装备与物资的渠道大部分被切断,只剩下遥远的大西北能接收从苏联运来的少量战略物资。

1938年,当时政府动用20万人力,经过9个月的艰苦奋斗,打通从云南到缅甸1453千米长的救命大动脉——滇缅公路。滇缅公路成了维系中国和东南亚两大战区的纽带,使大批援华物资源源不断运入中国,帮助中国军队打破了日军的封锁。

1942年,因日本控制了滇缅公路的终点腊戍,这条大动脉又被阻断了。在民族生死存亡的危急关头,另一条空中运输线——驼峰航线横空出世。驼峰航线运行三年,共装载超过65万吨物资到中国。这条航线所经区域平均海拔在5000米以上,空气稀薄。运输机只能贴着高低起伏的山峰飞行,其轨迹好似骆驼的峰背。因此,这段航线被形象地称为驼峰航线。

1.10 中国为什么会有一条以外国人名字命名的史迪威公路?

约瑟夫·沃伦·史迪威(Joseph Warren Stilwell,1883—1946),美国上将。1942年3月,身兼中国战区参谋长、美国总统驻华军事代表、中缅印战区美军总司令等重任的史迪威第五次来到中国,为中印公路的修建起到了重要作用。

1945年1月28日,中印公路全线通车典礼完成后,蒋介石在重庆发表了《中印公路开辟之意义》的讲话,将中印公路命名为"史迪威公路",以纪念史迪威在策划、筹建、打通中印公路的过程中所作出的贡献。

1.11 二十四道拐盘山公路真的有那么多道拐弯吗?

1935年10月,邹岳生作为黔滇公路第二总段主任工程师,负责设计并修筑了位于贵州省晴隆县的二十四道拐盘山公路。该公路连续拐弯共二十四处。改善工程于1944年7月开工,取消原线第21拐、第22拐。1955年1月,该公路再次改线。如果把第3拐、第24拐的弯道也算上,所以现在仍然是二十四道拐。

二十四道拐盘山公路,还被誉为"中国抗战生命线"。抗战期间,西南联大师生从长沙临时大学徒步南迁昆明,在这里留下过他们艰辛跋涉的足迹;诗人闻一多在这里写下动人的诗篇《红莲魂》;小提琴家马思聪在这里创作出著名的乐章《思乡曲》;画家蒋世民慕名而来,为这奇特的路段画了世界上第一幅二十四道拐油画。

1.12 茅以升为什么要把钱塘江大桥炸掉?

钱塘江大桥是中国自行设计和建造的第一座铁路、公路两用双层桥,全长1453米。它的设计者是我国著名桥梁专家茅以升。可你知道吗?茅以升自己又亲手炸掉了这座桥。事情是这样的,1937年7月7日中国抗日战争全面爆发,同年11月16日,茅以升接到密令,为了延缓日军的进军速度,防止钱塘江大桥落入日军之手,要对钱塘江大桥实施爆破。

茅以升深明大义,因为"造桥是爱国,炸桥也是爱国"。他在图纸上认真标示出了钱塘江大桥结构上所有可以安放炸药的位置,并立下了"不复原桥不丈夫"的壮志。同年12月23日,茅以升亲自点燃了预埋在桥墩的炸药,对这座大桥实施爆破。直到1944年10月,日寇将公路部分修复通车。1945年,日本在投降之前,又把这座桥给炸毁了。1946年,茅以升先生受命修复钱塘江大桥,1948年5月大桥再次通车。

可好景不长,1949年5月3日,国民党军队在慌忙撤退之际又将此桥炸毁。直到新中国成立后的1953年,这座大桥才最终得以完全修复。

1.13 为什么说京张铁路见证了民族复兴征程？

晚清时期，清政府排除了英、俄两国的重重阻挠，决定由詹天佑任京张铁路总工程师，用最低的费用，顺利地完成了全线建设任务，从此打破了外国人垄断修建中国铁路的局面。1909年10月2日，我国自主设计和建造的第一条铁路——京张铁路举行通车典礼。伴随着蒸汽机车的轰鸣，中华民族在历史屈辱中发出了一声扬眉吐气的呐喊。京张铁路是中国人自行设计和施工的第一条铁路干线，是我国工程技术界的光荣，也是近代史上中国人民反帝斗争的一次伟大胜利。

2019年12月，京张高铁（北京至张家口）开通运营。京张高铁设计时速350千米，全线设10座车站，是我国首条智能化高速铁路，也是2022年冬奥会的"门户工程"。

1.14 什么是"两路精神"？

1950年初，中国人民解放军奉命进入西藏，党中央指示进藏部队"一面进军，一面修路"。中国人民解放军、四川和青海等省各族人民群众以及工程技术人员组成了11万人的筑路大军，用铁锤、钢钎、铁锹和镐头劈开悬崖峭壁，降服险川大河，3000多名英烈捐躯高原，于1954年建成了总长4360千米的川藏、青藏公路，结束了西藏没有现代公路的历史，在"人类生命禁区"的"世界屋脊"创造了公路建设史上的奇迹，铸造了"一不怕苦、二不怕死、顽强拼搏、甘当路石、军民一家、民族团结"的"两路"精神。

"两路"精神对推动西藏实现社会制度历史性跨越、经济社会快速发展，对维护国家统一、巩固西南边疆、促进民族团结进步，发挥了十分重要的作用。

1.15 为什么说此生必驾318？

川藏公路分为南线、北线，北线于1954年12月正式通车，南线于1958年正式通车。国道318川藏公路南线在北纬30度线上，被誉为"中国人的景观大道"。公路沿线风景雄伟壮观，自然风光神奇瑰丽，特别是米堆冰川常年雪光闪耀，景色神奇迷人。傍晚的然乌湖，霞光映照，静谧安详……旅友形象地将其总结为"南线看风景，北线看人文"。

沿川藏公路进出西藏，每年的最佳时节是5月、8月中旬和10月。但是，川藏公路沿线的落石、滑坡和泥石流等灾害频发，安全风险高。如著名的迫隆天险、102滑坡群、易贡大滑坡、古乡泥石流等。山南地区降雨集中在7~9月，若遇到强降雨，发生泥石流的可能性很大。

在此提醒想去旅游的朋友，大部分人在西藏都会有不同程度的高原反应，而且，还有一些路段会出现手机没信号的情况。所以，不要盲目追求刺激、挑战极限。路上如果遇到前方地形十分陡峭，泥沙、石块等堆积物较多，甚至路上有滑落的石块或泥土，山体上的建筑物、树木东倒西歪，一定要仔细观察，确保人身安全！

川藏公路示意图

1.16 世界上第一条高速公路是怎么来的？

德国艾伏斯的10千米长公路是德国第一条高速公路，同时也是世界首条高速公路。1933年，希特勒出任德国总理，为解决失业问题，成立了"帝国道路公司"，把大批失业人员集结起来修建高速公路。此外，当时的高速公路也并非像现在一样为了解决交通拥堵和路途遥远的问题，而是用作战争时的飞机跑道。

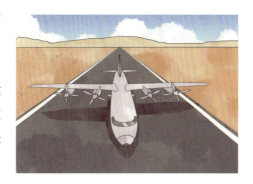

1.17 中国第一条高速公路在哪里？

台湾是中国最早开通高速公路的省份，第一条高速公路联结台湾北部的基隆和南部的高雄，原名台湾南北高速公路，后来改为台湾中山高速公路。该公路于1971年8月开工，1978年全线通车，全长374千米，是台湾陆上交通最重要的大动脉。

中国大陆最早兴建的高速公路是沈大高速公路，于1984年6月开工，1990年通车。最早通车的高速公路是沪嘉高速公路，于1984年12月开工，1988年通车，全长18.5千米。沪嘉高速公路起于上海市区祁连山路，止于上海嘉定南门，是中国大陆第一条按高速公路标准施工、沿线设施、设备齐全，且带有试验性质的高速公路。它的建成，标志着中国大陆高速公路实现"零"的突破。2012年1月起，沪嘉高速公路改为城市快速路，并结束其收费的历史。

1.18 世界上穿越沙漠最长的高速公路是哪一条？

京新高速公路（北京—乌鲁木齐）全长约2800千米，2012年9月开工，2021年6月全线建成通车，贯穿北京、河北、内蒙古、甘肃、新疆5个省（自治区、直辖市）。京新高速公路途经巴丹吉林沙漠、乌兰布和沙漠、腾格里沙漠三个大沙漠，沙漠路段加起来有1000多千米，是世界最长沙漠高速公路，其中还途经数百千米的无人区。

在这样一片没有水、没有电、没有通信、没有人烟，几乎与人类现代文明隔绝的戈壁滩上，建成一条高标准的高速公路，难度可想而知。京新高速公路的修建，从根本上改变了新疆阿拉善长期处于国家干线公路网死角、末梢的局面，成为阿拉善融入"一带一路"和"向北开放"的重要保障，为这片土地带来了开放发展的机遇。

1.19 你听说过音乐公路吗?

音乐公路真的会"唱歌",而且不用电,只要车在上面跑就行。这段"会唱歌"的公路,位于北京市丰台区王佐镇西庄店村,全长270米,汽车驶过便会响起一段《歌唱祖国》的旋律。路面上的沟槽根据乐曲的曲调进行设计、切割,不同的槽宽、槽间距和槽深代表不同的音符,轮胎与地面的接触声、与空气的撞击声,就会变成有韵律的乐声。

带槽的公路作"唱片",汽车轮胎作"唱针",两者组合在一起,就像是留声机一样能"唱歌"。但是想要享受美妙的音乐,车速要控制在45千米/时,过快或过慢则会产生快放或慢放的效果。

1.20 郭亮挂壁公路为什么能入选"世界最险要十条路"?

河南省新乡市辉县沙窑乡郭亮村位于山西和河南两省交界的太行山中,海拔1700米,村庄三面环山,一面临崖,近乎绝境。特殊的地理环境,导致这里的村民世世代代过着与世隔绝的生活,交通极其不便。1971年,为了摆脱世代穷困的宿命,让后代子孙不再行走险峻的天梯,村民们开始筹划修建挂壁公路。

郭亮挂壁公路又称郭亮洞、郭亮隧道,位于悬崖峭壁上,于1972年开工,1977年完工,全部由郭亮村村民手工完成。其中,主要负责开凿的13位村民被称为郭亮洞"十三壮士"。据当时参与开凿的村民回忆,他们3天才能开凿1米,可以想象工程之艰难。郭亮洞被称为"世界最险要十条路"之一、"全球最奇特18条公路"之一。

1.21 为什么说张家界天门山盘山公路是"通天大道"?

天门山盘山公路是位于张家界天门山的一条公路,有"通天大道"之美誉。盘山公路全长 10.77 千米,海拔从 200 米急剧提升到 1300 米。大道两侧绝壁千仞,空谷幽深,共计 99 个弯,似玉带环绕,弯弯紧连,层层迭起,被誉为"天下第一公路奇观"。

天门山盘山公路于 1998 年开始修建,因天门山独特的地质和气候所限,至 2005 年才全面贯通。"通天大道"的建成,促进了当地旅游业的发展,张家界天门山于 2007 年 8 月被评 4A 级景区,于 2011 年 9 月被评为 5A 级景区。

1.22 "一桥飞架南北,天堑变通途"中的"桥"是指哪座桥?

武汉长江大桥,联结湖北省武汉市汉阳区与武昌区,线路全长 1670 米,主桥全长 1155.5 米,上层桥面为双向四车道城市主干道,设计速度 100 千米/时,下层为双线铁路,设计速度 160 千米/时。该桥于 1955 年开工,1957 年通车。这是新中国成立后修建的第一座公铁两用的长江大桥,也是武汉市重要的历史标志性建筑之一,素有"万里长江第一桥"的美誉。

1956 年夏天,毛主席来到武汉,第一次横渡长江,面对初现规模的万里长江第一桥——武汉长江大桥,即兴写下《水调歌头·游泳》,诗中"一桥飞架南北,天堑变通途"正是对武汉长江大桥联结中国南北交通这一重要作用的真实写照。

作为新中国第一个五年计划的主要成就,大桥图案入选 1962 年 4 月发行的第三套人民币,成为新中国国家建设的重要标志。

1.23 为什么说南京长江大桥是一座"争气桥"?

长江南京段地形复杂,最大水深超过 70 米,江面平均宽度达到 1500 米以上,曾有外国专家断言,在此建一座桥是不可能的事。为打破这种不可能,20 世纪 60 年代,上万位建设者,耗时 8 年,用钢筋水泥和中国人的骨气,建造出了南京长江大桥。这座"争气桥"的诞生,实实在在地体现了中国人自强不息、永不服输的精神。

南京长江大桥,全长 6788.55 米,联结南京市鼓楼区和浦口区,是长江上第一座由中国自行设计和建造的双层式公铁两用桥,于 1960 年开工,1968 年通车,是继武汉长江大桥、重庆白沙沱长江大桥之后第三座跨越长江的大桥。

南京长江大桥不仅不依赖国外技术,更是打破了当时公铁两用桥梁长度的世界纪录,在中国桥梁史和世界桥梁史上具有重要意义,是中国桥梁建设的重要里程碑,具有巨大的政治意义和战略意义,因此有"争气桥"之称。

1.24 为什么说南浦大桥是上海滩第一桥?

南浦大桥联结上海市黄浦区与浦东新区,位于黄浦江水道之上,全长 8364 米,主桥全长 836 米,主跨 423 米,桥面为双向六车道城市快速路,设计速度 60 千米/时。该桥于 1988 年开工,1991 年通车。

20 世纪 80 年代中期,国家决定修建跨越黄浦江的南浦大桥。考虑到技术难度,上海市政府原已接受日本提出的免费设计并提供低息贷款的建议。为此,同济大学李国豪老校长带领项海帆等桥梁系骨干多方奔走,力陈中国桥梁界完全有信心、有能力自主完成南浦大桥的设计和建设。

1987 年 8 月 18 日,项海帆教授向上海市领导写信,呼吁自主建设南浦大桥,并得到上海市领导亲笔批示。同济大学团队提出的"钢—混结合梁斜拉桥方案"最终被确定为实施方案,实现了南浦大桥由中国人自己建设的夙愿,且造价只有日本方案的一半。

南浦大桥的建成,极大增强了中国人自主设计建造大跨度桥梁的信心,也提升了中国桥梁的国际地位。南浦大桥为中国桥梁在 20 世纪 90 年代的崛起奠定了基础,被誉为上海滩第一桥。

1.25 万州长江大桥为何可以入选首届"中国十佳桥梁"?

万州长江大桥原名万县长江大桥,位于重庆市万州区,是国道318线上的一座特大型公路桥,是长江上第一座单孔跨江公路大桥,也是当时世界上跨径和规模最大的钢筋混凝土拱桥。全桥长814米,宽23米,桥拱净跨420米,桥面距江面140米。主桥于1994年5月开工,1997年5月通车。2000年7月,国家邮政总局专门为万州长江大桥发行了1枚特种邮票。

该桥先后获得2000年度国家科学技术进步一等奖、2002年国家第十届优秀工程设计金奖、国家优质工程银奖、第二届詹天佑土木工程大奖,并在2006年入选首届"中国十佳桥梁",名列拱桥首位。

1.26 在旧桥边上并列修一座新桥,会是什么样子?

重庆长江大桥,又称"石板坡长江大桥",联结重庆市渝中区和南岸区,1977年开工,1981年通车,是长江上游第一座特大型城市桥梁。与重庆长江大桥并列的复线桥全长1103.5米,采用连续梁与钢—混混合刚构的组合结构,主跨330米,宽19米,于2003年12月开工,2006年9月通车,总投资15亿元。重庆长江大桥复线桥目前仍为世界第一大跨径梁式桥。

复线桥与既有桥平行,相隔净距5米,创造性地在主跨中部采用108米长的钢箱梁,通过弯剪组合接头与两端的预应力钢筋混凝土箱梁结合构成,使连续刚构桥跨越能力增强,结构行为更趋合理,以最优经济效益实现了梁桥跨越330米的难题,其设计理念以及建设技术颇具创新性。

1.27 美轮美奂的菜园坝长江大桥有什么特点?

菜园坝长江大桥是联结重庆市渝中区与南岸区的过江通道，于 2003 年开工，2007 年通车。该桥全长 1651 米，主跨 420 米，桥面上层为双向六车道城市快速路，设计速度 60 千米/时，桥面净宽 30.5 米；桥面下层为双线城市轨道交通，净宽 8.6 米，设计速度 75 千米/时。

菜园坝长江大桥因其美轮美奂的造型，被誉为"长江上的明珠"。该桥首创刚构、钢桁梁、系杆拱组合结构体系，首次采用斜拉扣挂法进行钢箱提篮拱单榀节段安装，在空间 Y 型刚构体系、主动控制体系设计、大节段整体钢桁梁的设计、钢绞线系杆索的应用、大型缆索吊机等方面实现了技术创新。

1.28 昔日世界之最——朝天门长江大桥有哪些技术创新?

朝天门长江大桥是联结重庆市江北区与南岸区的过江通道，建成时为世界上跨度最大的拱桥，现在仍为世界上最大跨径钢桁拱桥。该桥全长 1741 米，主跨 552 米，桥面上层为双向六车道主干道，设计速度 60 千米/时；桥面下层为两条双向轨道交通，并在两侧预留两个车道。大桥采用 BT 模式建设。该桥于 2004 年开工，2009 年通车。

朝天门长江大桥为中承式三跨连续钢桁架系杆拱桥。该桥研制出了 145000 千牛抗震球型支座，是世界同类桥型中承载力最大的球型支座，首次利用地震台激励模拟地震作用，分析大桥结构抗震性能，首次对公轨两用特大钢桁拱桥进行车桥耦合振动分析。

该桥还首次开展了钢桁拱桥特殊构造节点疲劳试验研究，摸清了节点疲劳破坏历程，成功研制 21000 千牛·米中国最大拱上爬行架梁起重机；采用切线拼装取代传统的折线拼装；首次实现主拱与刚性系杆无应力合龙。

1.29 你听说过一条江上有 N 座北盘江大桥吗？

用百度地图搜索"北盘江大桥"，出来的结果竟然有位于晴隆县、水城县、关岭县、贞丰县、镇宁县的多座北盘江大桥，让人彻底蒙圈。其中有两座大桥特别值得关注。

杭瑞高速公路贵州北盘江第一桥，原称尼珠河大桥或北盘江大桥，联结云南省曲靖市宣威市与贵州省六盘水市水城县，于2013年开工，2016年通车。大桥全长1341.4米，主跨720米，桥塔高269米，桥面距离水面565米，相当于约200层楼的高度。经吉尼斯世界纪录认证，北盘江第一桥获"世界最高桥"之称。

水盘高速公路北盘江特大桥，位于贵州省六盘水市，全长1261米，主跨290米，是亚洲目前已通车的最大跨径预应力混凝土空腹刚构桥，被誉为"世界第一斜腿"。该工程获得中国建设工程鲁班奖、中国土木工程詹天佑奖、贵州省科技进步一等奖等荣誉。

1.30 云端之上能建造大桥吗？

平塘特大桥是贵州余庆—安龙高速公路（黔高速S62）的重要组成部分，桥梁宽30.2米，全长2135米，设计速度80千米/时。大桥为主跨2×550米的三塔双索面组合梁斜拉桥，主塔高332米，相当于约110层楼的高度，是当时世界最高的混凝土桥塔，在云朵之间若隐若现。该桥于2016年4月开工，2019年通车。

平塘大桥所处位置的风环境条件十分复杂，而大跨斜拉桥为风敏感结构，所以其抗风设计尤为重要。设计中通过采用空间钻石型索塔，加大中塔顺桥向刚度，有效提高了三塔斜拉桥结构整体刚度。

1.31 坝陵河大桥为何会成为世界级极限运动打卡地？

坝陵河大桥是上海—昆明高速公路（国家高速G60）的重要组成部分，大桥为主跨1088米的单跨钢桁加劲梁悬索桥，桥面宽度24.5米，设计速度80千米/时，抗震设防烈度Ⅵ度，抗风设计标准为百年一遇。桥面至坝陵河水面370米。该桥于2005年开工，2009年通车。坝陵河大桥东岸建有坝陵河贵州桥梁科技馆，可开展公路科普教育活动。

坝陵河大桥于2019年刷新了吉尼斯蹦极世界纪录，成为世界最高的商业蹦极设施。2019年10月1日，坝陵河大桥蹦极活动对外开放。目前，景区内设有高空秋千、滑翔伞、370米蹦极、速降、跳伞、空中漫步、登桥观光等项目，是体验世界极限运动的理想去处。

1.32 长征之路的延续——赤水河红军大桥有什么特点？

赤水河红军大桥位于川黔交界的乌蒙山区和中国工农红军"四渡赤水"的革命老区，是古蔺至习水段高速公路的重点控制性工程，联结川黔两地的重要通道之一。该桥于2017年开工，2019年通车。主桥为双塔单跨钢桁梁悬索桥，全长2009米，主跨1200米。该桥四川岸为隧道式锚碇，主墩索塔高228.5米；贵州岸为重力式锚碇，索塔高243.5米。

该桥主要特点及难点包括：

（1）大桥主跨1200米，是当时世界上同类型桥梁中跨径第二、索塔高度第二的峡谷悬索大桥；

（2）超高索塔施工难，索塔最大高度243.5米；

（3）采用1200米跨径的缆索吊装工艺，加劲梁吊装难度大；

（4）地势险峻，施工运输难；

（5）桥位地处近乎垂直的陡坡上，施工十分艰险。

1.33 山间彩带——矮寨特大悬索桥有哪些创新?

矮寨特大悬索桥位于湖南省湘西土家族苗族自治州境内,是包头—茂名高速公路(国家高速 G65)关键控制性工程。该桥全长约 1073.65 米,主跨为 1176 米;桥面为双向四车道高速公路,设计速度 80 千米/时。该桥于 2007 年开工,2012 年通车。

该桥主要技术创新如下:

(1)首创塔梁分离式悬索桥新结构,实现结构与自然的完美融合。

(2)研发应用 CFRP-RPC(碳纤维增强复合材料—活性粉末混凝土)新材料的高性能岩锚体系,解决了传统岩锚埋深大和耐久性差的问题,攻克了大吨位碳纤维索锚固的难题。

(3)首创"轨索滑移法"悬索桥主梁架设工艺,研制了"轨索滑移法"悬索桥主梁架设装备,解决了山区悬索桥主梁架设难题。

1.34 云南保腾高速公路龙江特大桥有哪些创新?

龙江特大桥,位于云南省西部、横断山脉南段、龙江中游河段,为双塔单跨简支钢箱梁悬索桥,是保山—腾冲高速公路控制性工程。该桥于 2011 年开工,2016 年通车。

桥梁总长 2470.58 米,主跨为 1196 米,桥面宽 33.5 米,为双向四车道,设计速度 80 千米/时,桥面距离江面 280 米,最高的索塔顶距离江面 470 米。该桥主要技术创新如下:

(1)在国内大跨径桥梁中首次采用无人飞行器牵引先导索过江施工技术;

(2)国内首次成功采用索股入鞍段预成型及架设技术;

(3)国内首次采用"圆形缠丝+缠包带+除湿系统"方式进行主缆防护;

(4)国内首次采用喷洒葡萄糖酸钠作为缓凝剂;

(5)配合水枪冲刷的方式进行锚碇混凝土凿毛施工,在桥梁大体积混凝土中成功采用火山灰作为混凝土外掺剂。

1.35 苏通长江大桥创造了哪些世界之最？

苏通长江公路大桥，简称苏通大桥，联结江苏省南通市和苏州（常熟），是沈阳—海口高速公路（国家高速 G15）跨越长江的重要枢纽。该桥于 2003 年 6 月开工，2007 年 6 月主桥合龙，2008 年 6 月 30 日建成通车。

苏通长江公路大桥建设面临"抗风、抗震""防冲、防撞、防腐蚀"等技术难关。从工程前期开始，苏通长江公路大桥关键技术研究作为中国工程领域第一个项目被列入国家科技支撑计划。

（1）最大主跨（斜拉桥）：苏通长江公路大桥跨径为 1088 米，是当时世界同类型桥梁最大跨径。

（2）最深基础：苏通长江公路大桥主墩基础由 131 根长约 120 米、直径 2.5 米至 2.8 米的群桩组成，承台长 114 米、宽 48 米，面积有一个足球场大，是在 40 米水深以下厚达 300 米的软土地基上建起来的，是当时世界上规模最大、入土最深的群桩基础。

（3）最高桥塔：原先世界上已建成最高桥塔为日本明石海峡大桥 297 米的桥塔，苏通长江公路大桥采用高 300.4 米的混凝土塔，为当时世界最高桥塔。

（4）最长拉索：苏通长江公路大桥最长拉索长达 577 米，比日本多多罗大桥斜拉索长 100 米，为当时世界上最长的斜拉索。

1.36 五峰山长江大桥刷新了哪些世界纪录？

五峰山长江大桥是江苏省镇江市境内联结丹徒区与京口区的过江通道，全长 6408.91 米，主跨 1092 米，下层布置为四线高速铁路（预留两线），设计速度 250 千米/时；上层为双向八车道高速公路，设计速度 100 千米/时。该大桥于 2015 年 10 月开工，2020 年 12 月铁路桥通车，2021 年 6 月公路桥通车。

五峰山长江大桥是世界上第一座按中国高速铁路标准设计的悬索桥，由于国际上还没有在悬索桥上行驶高铁的工程案例，其计算理论、设计方法以及施工方法等都克服了许多技术难题，由此刷新了多项世界纪录：

（1）世界首座高速铁路悬索桥；

（2）世界上设计荷载最大的大跨度悬索桥；

（3）世界首座采用板桁结合新型钢桁梁的公铁两用悬索桥；

（4）世界首次尝试在U肋与顶板之间采用全熔透焊缝技术；

（5）世界首次在铁路道砟槽面采用轧制不锈钢复合钢板；

（6）世界上主缆受力最大、直径最大的悬索桥；

（7）世界上平面面积最大的桥梁沉井基础。

1.37 世界首座"一桥三用"跨江大桥——常泰长江大桥有什么特点？

世界首座"一桥三用"跨江大桥——常泰长江大桥联结江苏省常州市与泰兴市，全长5304米，主跨1176米，采用"高速公路+城际铁路+普通公路"方式过江。该桥于2019年1月开工，预计2024年通车。

上层桥面布置为六车道高速公路，设计速度100千米/时；下层桥面上游侧布置为两线城际铁路，设计速度200千米/时，下层桥面下游侧布置四车道一级公路，设计速度80千米/时。该桥的主航道桥是世界上最大跨度的公铁两用斜拉桥，专用航道桥是世界上最大跨度的公铁两用钢拱桥。

该桥主要技术创新：首创超大跨度斜拉桥温度自适应塔梁纵向约束体系；首创钢混组合四塔肢空间钻石型桥塔结构；首创钢箱—核芯混凝土索塔锚固结构；首创台阶型减冲刷减自重沉井基础。

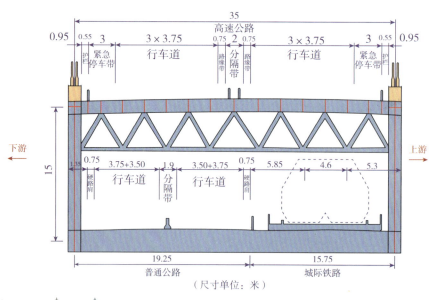

（尺寸单位：米）

1.38 世界最大跨度双层悬索桥有哪些看点?

杨泗港长江大桥是联结武汉市汉阳区与武昌区的过江通道,位于长江水道之上,是武汉市第十座长江大桥。桥梁全长4134.38米,主跨1700米;上层桥面为双向六车道城市快速路,设计速度为80千米/时;下层桥面为双向六车道城市主干道,设计速度为60千米/时。该桥于2014年开工,2019年通车。

除了是世界最大跨径的双层悬索桥外,杨泗港长江大桥还拿下了多项"世界之最":主桥设置双层双向12车道,是世界上通行能力最强的公路桥梁;大桥主缆设计张力6.5×10^5千牛,吊索设计拉力5.0×10^3千牛,主缆钢丝强度等级世界最高;锚碇基础采用直径98米的圆形地下连续墙结构,是世界上最大的圆形桥梁基础。

1.39 长江上有多少座大桥?

长江大桥,有狭义和广义之分,狭义上仅指宜宾岷江口以下长江段上的桥梁,广义上则泛指长江干流上的所有桥梁。据报道,自从万里长江第一桥——武汉长江大桥1957年建成通车,到武汉杨泗港长江大桥2019年10月通车,在四川宜宾合江口至上海吴淞口的这段总长2940千米的长江干流上,已建桥梁数量达115座。

这115座长江大桥中,按桥型分,共有梁桥27座,斜拉桥57座,悬索桥22座,拱桥9座;按功能分,共有公铁两用桥9座,铁路桥9座,公轨两用桥4座,人行桥2座,管道桥1座,其余90座均为公路桥。

马鞍山长江公路大桥

1.40 杭州湾大桥有哪些技术创新？

杭州湾跨海大桥，简称杭州湾大桥，联结浙江省嘉兴市和宁波市，是沈阳—海口高速公路（国家高速G15）组成部分。大桥于2003年6月开工，2008年5月通车运营。

南、北通航孔桥是杭州湾跨海大桥的两个设计重点，北航道桥采用（70+160+448+160+70）米跨径布置，索塔采用钻石型双塔；南航道桥采用（100+160+318）米跨径布置，索塔采用A型单塔。

杭州湾跨海大桥的技术创新如下：

（1）总体设计方案立足于"工厂化、大型化和机械化"的设计理念和"施工方案决定设计方案"的原则，最大限度地减少了海上作业，充分利用了当代桥梁建设的先进技术手段，开创了跨海大桥建设的新模式，启动了我国跨海桥梁新材料、新工艺、新设备的研制和开发。

（2）创建连续运行的GPS工程参考站系统和过渡曲面拟合法，解决了中线贯通前海上工程测量问题。

（3）建立了超长、超大和变壁厚钢管桩整桩制造自动化生产线；采用以高性能熔结环氧涂层为主和辅以阴极保护的新型防腐体系；采用大船、大锤和船载GPS系统的总对策，依靠先进和强大的装备，成功解决了强潮海域中钢管桩沉桩、施工安全和生产效率问题。

（4）采用新型混凝土、温控技术和低应力张拉新工艺，基本解决了整孔预制箱梁早期开裂和耐久性问题。

（5）研制了吊重2500吨和吊重3000吨两条中心起吊运架一体吊船，解决了强潮海域箱梁运输、架设问题。

（6）研制了技术先进、功能匹配的1600吨轮胎式搬运机、桁架结构提梁门式起重机、轮胎式运梁车、宽巷架桥机等施工设备，形成了箱梁预制、场内运输、提升上桥、梁上运输、架设一体化的施工工艺系统。

（7）从整体结构的角度，对跨海大桥混凝土结构耐久性进行了系统的研究，制定了耐久性设计、施工、质量监测评定与运营阶段维护的整套技术文件，并建立了耐久性长期监测系统。

1.41 为什么虎跳峡金沙江大桥只有一个索塔?

香丽高速公路虎跳峡金沙江大桥，主桥长1017米，主跨766米，双向四车道，设计速度80千米/时，主桥为独塔单跨地锚式钢桁梁悬索桥。该桥于2016年开工，2021年通车。

大桥位于虎跳峡景区内，桥位处河谷深切，山势陡峭，桥面距江面260米。桥位区域地质情况极其复杂，地震烈度大，下游电站蓄水水位高。

悬索桥往往都是两个索塔，为尽量减少山体开挖和爆破，避免对景区的自然环境造成破坏，并保证施工期间桥下旅游公路的运行安全，该桥顺应地形、因地制宜采用了独塔单跨地锚式悬索桥，取消了北岸陡峭岸坡上的索塔，将主缆通过集主索鞍和散索鞍于一体的滚轴式复合索鞍转向散索后锚于岩层中。

该桥主要技术创新如下：
（1）首次提出并应用非对称独塔单跨地锚式钢桁梁悬索桥施工成套技术；
（2）首次提出滚轴式复合索鞍成套技术并应用于大跨度悬索桥；
（3）首次提出并应用山区大截面矩形抗滑桩旋挖成孔技术；
（4）首次提出并应用大直径悬索桥高强钢拉杆锚固系统成套技术。

1.42 四渡河大桥的主缆真的是"火箭"发射出来的吗?

四渡河大桥联结湖北省宜昌市与恩施市，大桥全长1100米，主跨900米，桥面宽24.5米，桥面至谷底560米，索塔顶至峡谷底高差达650米。该桥于2004年开工，2009年通车。

山区悬索桥先导索通常用机械牵拉。但是在车辆难以到达的地方，有的用骡马队，也有的用无人机。跨海、跨江大桥的先导索大多是在栈桥上牵拉，也有的采用轮船。

四渡河大桥技术人员曾提出过不少设想：机械架设、人工拖送、直升机拖送等，但都无法实现。最后采用了非常酷炫的技术——大跨度悬索桥先导索火箭抛送技术，巧妙地将军用技术和桥梁建设技术结合在一起。

该技术的成功应用，填补了全世界在峰高谷深复杂地形的山区大跨度悬索桥先导索施工的技术空白。

1.43 我国首座跨海公铁两用桥有什么特点?

平潭海峡公铁大桥位于福建省，是福平铁路、长乐——平潭高速公路的关键性控制工程。大桥线路全长 16.323 千米，跨海段长 11.15 千米，其中上层为双向六车道高速公路，设计速度 100 千米/小时，下层为双线铁路，设计速度为 200 千米/小时。大桥于 2013 年 11 月开工，2020 年通车。

平潭海峡常年刮大风，海风吹着海浪跑，如千军万马过峡口，其风波之"险"与百慕大、好望角齐名，是世界三大风口海域之一，被称为"建桥禁区"。建设者首创"石头上种树"，海浪中搭台。借助"海底扫描"技术，摸清海底地图，再利用打桩船自身的稳定性，将钢管桩放到预定位置，浅埋入岩，连接横梁，造出一个临时"板凳"。

大桥的 116 孔梁采用悬臂挂篮施工，依靠"挂篮"的移动，让桥梁在空中"生长"。高峰期共有 68 对挂篮同时施工，创造了我国跨海大桥悬浇施工数量之最。

1.44 你见过像"过山车"一样好玩的公路吗?

天龙山公路全长 30 千米，为太原西山旅游公路的重要组成部分。这条公路兼具"森林防火"和"山洪防御"的功能，其矫若惊龙的外形，被称为最美"网红路、网红桥"，也被誉为"云端上的旅游公路"。

这条公路最大的亮点，就在于这个三层回旋设计的高架桥。因为地形复杂，天龙山公路从起点到终点的垂直高低落差达 350 米。以一层居民楼 3 米的平均高度估算，大约相当于 116 层楼的高度。

因此，这段路采用环形回旋的设计方案，通过增加路线长度、降低纵坡，既实现了路线通达性，又保证了行车安全性。

1.45 你听说过"火车爬楼"吗?

贵州六盘水野玉海景区有一座特殊的桥——螺旋盘升跨坐式单轨桥,全长11千米,全程高差为220米左右。该景区采用电动式轨道列车,不仅行驶稳定,而且采用电动化防脱轨设计,降低了高空山涧的风势影响。该桥在2017年入选全国优质旅游景点名录。

线路的中部有一段十分惊人的盘升式轨道,全部采用钢梁结构安装,立柱的高度为47米,采用分段式对接,沿着直径为60米、坡度为6%、坡长720米的三层半螺旋式结构上升。当车辆行驶到这里,便会出现"火车爬楼"的神奇景象。

1.46 金门大桥的名字是怎么来的?

金门大桥(Golden Gate Bridge),又称"金门海峡大桥",是美国联结旧金山市区与马林县的跨海通道,位于金门海峡之上,长2780米,于1933年开工,1937年竣工。金门大桥是当时世界上第一座跨径千米以上的悬索桥(主跨1280.2米),在1964年之前保持世界最大跨径悬索桥纪录,被誉为20世纪桥梁工程的一项奇迹,也被认为是旧金山的象征。

金门大桥的结构非常特别,它不是直接利用桥墩支撑梁体,而是利用桥两侧的弧形吊带(即主缆)产生的巨大拉力,把沉重的梁体高高吊起,在桥梁建筑学上也是一个创举。

金门大桥的设计者是工程师施特劳斯。在淘金热的时候,这座橘色的桥如同通往金矿的一扇大门,因此被命名为"金门大桥"。

1.47 粤港澳大湾区有哪些代表性的公路桥梁？

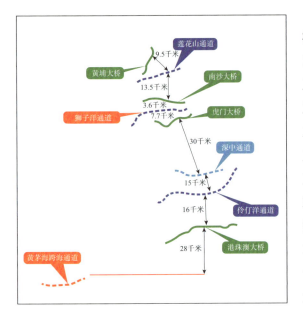

目前，珠江上已通车和在建的知名大桥和过江通道有洛溪大桥（1985年开工，1988年通车），丫髻沙大桥（1998年开工，2000年通车），猎德大桥（2005年开工，2009年通车），虎门大桥（1992年开工，1997年通车），黄埔大桥（2004年开工，2008年通车），虎门二桥（2013年开工，2019年通车，后称为南沙大桥），港珠澳大桥（2009年开工，2018年通车），深中通道（2016年开工，预计2024年通车），黄茅海跨海通道（2020年开工，预计2024年通车），狮子洋通道（尚处于规划设计阶段）等。

1.48 广州历史上第一座跨江桥有什么故事？

海珠桥是联结广州市海珠区和越秀区的跨江通道，是广州最早的中轴线组成之一、中国第一座钢结构开合桥、1963年版的"羊城八景"之一、市区南北交通要道。老海珠桥长180米，宽18.3米，为简支拱形下承钢桁架梁。该桥于1929年开工，1933年通车，由美国马克敦公司承建，最初设计为开合式桥梁，方便船只通过。

1938年，侵华日军派遣飞机轰炸广州，将海珠桥桥体开合器震坏。日军侵占广州后，盗走海珠桥上的整套设备。从此，海珠桥中跨桥面开合部分始终无法修复，大船难以通过，只能停泊在黄埔码头。后虽经修建，中段桥面开合部分已无法复原。由此可见，利用国外技术修建的桥梁，容易受制于人。

历史和实践已经反复印证，关键核心技术是要不来、买不来、讨不来的，必须靠自主创新。只有把关键核心技术掌握在自己手中，才能从根本上保障国家经济安全、国防安全和其他安全。

1.49 听说中国最繁忙的高速公路要扩建了？

广深高速公路，联结广州市、东莞市与深圳市，为京港澳高速公路组成部分，也是沈阳—海口高速公路组成部分。线路全长122.8千米，设计速度120千米/时，标准路基宽度33.1米，双向六车道。该桥于1992年开工，1996年通车。广深高速公路是国内第一条由粤港两地合作投资建设的高速公路项目。

说到广深高速公路，不得不提胡应湘，他是将"BOT模式"引进中国内地的第一人。胡应湘对广深高速公路颇为用心，不但在质量上严格把关，更坚持采用具有前瞻性的标准：双向六车道、计算机收费系统、交通监控系统、光纤通信系统、全线照明系统以及至今仍属稳定可靠的全线双电源供电系统。这样的设计，让广深高速公路成为中国高速公路史上的一座丰碑。

广深高速公路设计通行能力每日车流量8万车次，饱和车流量14.4万车次。该高速公路建成通车20多年以来，车流量由1994年试通车时的日均3.63万车次增长至2020年时的日均65万车次，也被称为"中国最繁忙高速公路"。

如今，广深高速公路正在规划扩建为双向十车道，局部路段为十二车道。鉴于这样超宽断面的扩建在我国尚无先例（此前有江苏S38沿江高速扩建工程已报批，但尚未动工），工程设计、施工及运营管理将面临许多新的挑战，目前扩建方案正处于研究阶段。

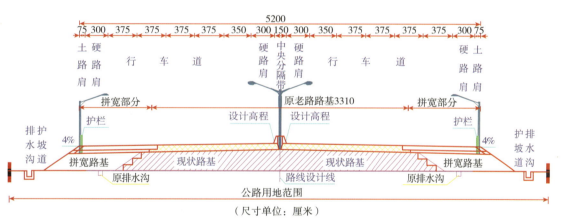

（尺寸单位：厘米）

1.50 耗资 30 亿元的虎门大桥为何成为"堵车胜地"?

虎门大桥是联结广东省广州市南沙区与东莞市虎门镇的跨江大桥,主桥全长 4600 米,双向六车道,设计速度 120 千米/时。主航道桥跨径 888 米,主缆矢跨比 1:10.5。该桥于 1992 年开工,1997 年通车。

虎门大桥之堵车,可谓全国闻名,每逢节假日必然大范围拥堵。究其原因,虎门大桥的车流量由 1997 年建成时的日均 1.84 万车次,到最高日均 17 万车次,远超日均 8 万车次的设计标准,饱和度达 2.1,想不堵车真的很难。

不过,随着 2019 年南沙大桥(虎门二桥)的建成通车,交通拥堵已经大为缓解!

1.51 虎门大桥的"弟弟"取得了什么技术突破?

南沙大桥,原称虎门二桥,联结广东省广州市南沙区与东莞市沙田镇,北距上游黄埔大桥 20 千米、南距下游虎门大桥 10 千米。大桥全长 12891 米,桥面为双向八车道高速公路,设计速度 100 千米/时。其中坭洲水道桥主跨 1688 米,是世界跨径最长的钢箱梁悬索桥。工程项目总投资 111.8 亿元,该桥于 2013 年开工,2019 年通车。

南沙大桥实现了标准强度为 1960 兆帕的主缆用盘条、钢丝、索股全套技术的国产化,并大规模投入实桥应用,其强度及性能达到桥梁用钢丝的国际领先水平,解决了桥梁缆索用钢的核心技术难题。

1.52 "海上小蛮腰"黄茅海大桥有哪些特点？

黄茅海大桥是黄茅海跨海通道的标志性工程，联结广东省珠海市和江门市。该桥是主跨为 2×720 米的三塔斜拉桥，中塔高 263.3 米，边塔高 254.7 米。该桥于 2021 年开工，预计 2024 年建成通车。

该桥面临台风正面袭击、超宽海域船撞、海洋环境腐蚀性强和超厚淤泥覆盖等技术难题，超大跨三塔斜拉桥分体式钢箱梁涡振是工程建设面临的重大挑战。通过开展设计竞赛，该桥主塔采用"小蛮腰"形状的变截面独柱异形塔，建成后将成为当地的地标建筑。

此外，该桥在跨海超大跨多塔斜拉桥抗风设计、独柱异形塔建造、工业化及智能化建造等方面做出了重要创新。

1.53 深中通道与港珠澳大桥有什么主要区别？

深中通道全长 24 千米（海域段 22.4 千米），双向八车道，设计速度 100 千米/时，是深圳—广西岑溪高速公路（国家高速 G2518）的组成部分。该项目于 2016 年底开工，预计 2024 年通车。

深中通道是集"桥、岛、隧、水下互通"于一体的超级跨海集群工程，其中海底隧道长约 6.8 千米，沉管段长约 5 千米，采用国内首次应用、国际首次大规模应用的钢壳混凝土组合结构形式，由 32 节管节和 1 个最终接头组成，是目前世界上最宽的海底沉管隧道，也是珠江口百年门户工程和大湾区核心战略通道。该工程与港珠澳大桥相比，主要指标区别如下：

港珠澳大桥与深中通道主要指标对比

序号	项目	港珠澳大桥	深中通道
1	路线长度	55 千米（海域段 42 千米）	全长 24 千米（海域段 22.4 千米）
2	行车速度	100 千米/时	100 千米/时
3	车道数	双向六车道	双向八车道
4	总投资	1269 亿元	概算 446.9 亿元
5	设计使用年限	120 年	100 年
6	主要工程	桥梁；岛隧总长 6.7 千米	桥、岛、隧、水下枢纽互通
7	沉管结构与材料	混凝土	钢壳混凝土
8	沉管最大埋深	46 米	36 米
9	防腐	提出系统性的海洋工程耐久性设计、防腐技术措施和运维评估、再设计技术体系	牺牲阳极，重涂装，预留腐蚀厚度

1.54 广州首座跨珠江人行桥——海心桥为何会成为网红桥?

广州首座跨珠江人行桥由何镜堂院士领衔、华南理工大学建筑设计研究院与广州市市政工程设计研究总院两个团队联合设计。该桥于2020年5月开工，2021年6月开通。它不仅是"民心桥""艺术桥"，还是"科技桥""创新桥"。

设计团队克服了结构体系新颖、局部构造复杂、制造精度要求高、施工控制难度大等关键技术难点，在短时间内完成了超大跨度曲梁斜拱人行桥结构各阶段静力分析、人致振动、抗风设计、抗震设计、耐久性设计、接岸平台、排水防洪等诸多攻关任务。该桥造型优美，开通后即成为网红打卡地。

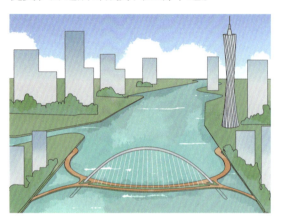

该桥技术创新包括：超大跨度曲梁斜拱多重组合结构体系；新型大直径型钢混凝土抗推桩；超高性能混凝土包裹钢箱混凝土组合结构；新型人行桥桥面铺装结构；大跨度曲线人行桥抑振技术；部分组合钢箱混凝土拱肋构造；拱脚及拱梁结合节点精细化设计；骑跨式亲水堤岸平台构造；新型桥面上张拉吊索的锚拉板构造；桥梁隐形无缝伸缩装置。

1.55 我国有哪些知名的玻璃桥?

张家界大峡谷玻璃桥，位于中国湖南省张家界市慈利县，全长536米，宽为6米，其主跨跨径达430米，跨越峡谷的桥面长达375米，桥面距离峡谷底部的相对高度约为300米，设计荷载为800人。

此外，还有四川省达州市宣汉县巴山大峡谷云顶玻璃桥（长680米，与地面最大高差380米），天津蓟州溶洞玻璃悬索桥（长640米，高差160米），河北省张家口市尚义县大青山京广玻璃桥（长639米，高差150米），广东省清远市连州湟川三峡·擎天玻璃桥（长526米）等。

玻璃桥上景观虽美，但这种特殊结构的桥梁受力复杂，检修维护要求高，其运营安全应当引起高度重视。

1.56 竟然还有能翻滚的车轮桥?

英国伦敦的滚桥,长12米,宽4米,整座桥共由8个小模块组成,每个模块之间都由液压杆连接。在不使用的时候,整座桥就会卷在一起,变成车轮的形状;而在使用的时候打开这座桥,又仿佛一个车轮滚过河面。

1.57 青岛贝壳桥是用贝壳做的吗?

在青岛,有一座联结滨海大道和星光岛的桥梁,当地人称之为"贝壳桥"。难道这座桥是用贝壳做的吗?

该桥长度为290米,宽度为36米,双向六车道,设计速度为40千米/时。桥梁整体造型采用珊瑚拱形钢结构,将寓意吉祥、智慧、平安、美丽的珊瑚精神,植入景观桥梁的形象特质中,就像一朵"绽放"的珊瑚贝。该桥正是因为它外形像贝壳,而被称为"贝壳桥"。

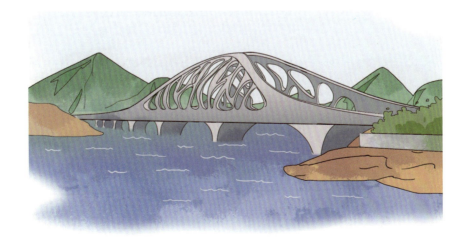

1.58 这座拱桥怎么会建"反"了?

湖南洞口淘金桥位于湖南省洞口县淘金村,是一座自锚上承式悬带桥。该桥长74米,设计跨径70米,矢跨比1/9,桥面宽4.5米,已经通车30年。它的拱形悬带在桥面以下,而且桥墩并不是立在地上,而是高高悬挂在半空中,就像一座建"反"的拱桥。桥的主索悬带为主要受力构件,而整座桥的竖向荷载则是由预应力索承担,这也充分发挥了钢材的抗拉作用。

值得一提的是,淘金桥的设计者吴琦瑛,年幼时因家境贫寒只上到初中便辍学回家,后来靠自学成才,刻苦钻研水利、公路、桥梁等专业技术,并屡创佳绩,1991年9月被全国总工会授予"全国自学成才者"称号,是青少年朋友学习的榜样。

1.59 湖南的麻花桥设计灵感真的来自麻花吗?

在湖南省长沙市的梅溪湖有一座像麻花一样的桥,总长度为183.95米,于2016年9月落成。该桥只有三条步道,所以本质更接近步行桥。这座桥因外观鲜艳且看上去十分喜庆,被称为"中国结"步行桥。

这种设计在我国独一无二,能给初次见到的游客留下深刻的印象,可以说是湖南最有个性的桥。这座桥是中外设计师共同参与的成果,其设计灵感也源自西方经典的莫比乌斯环和中国古代民间艺术中的中国结,在设计理念上可谓中西合璧。

1.60 为何猎德大桥被誉为广州最"上镜"的大桥?

猎德大桥横跨珠江两岸,主桥为独塔双索面空间自锚式悬索桥,长480米,主跨跨径219米。猎德大桥于2005年6月开工建设,2009年7月30日竣工通车。

猎德大桥主桥为独塔空间索面混合梁自锚式悬索桥,采用大量曲线元素设计,将贝壳形的塔和弧形的悬索相结合,使大桥整体造型具有较强流动感。

该桥最独特最上镜的部分,当属巨大的贝壳状三维曲面塔身造型。高高屹立在桥身的白色贝壳三维塔面,与流淌的珠江水交相辉映。白色的塔面从早到晚,迎着朝阳,披着霞光,熠熠生辉,气势雄伟又不失其高雅的气质,令人瞩目。

1.61 在大桥上还可以修建摩天轮吗?

天津之眼,全称为天津永乐桥摩天轮,跨海河联结天津市河北区与红河区,是一座跨河建设、桥轮合一的摩天轮,兼具观光和交通功能。摩天轮直径为110米,轮外装挂64个360度透明座舱,每个座舱可乘坐8个人,可同时供512个人观光。

摩天轮旋转一周所需时间为30分钟,到达最高处时,周边景色一览无余,甚至能看到方圆40千米以内的景观,成为名副其实的"天津之眼"。

在2008年北京奥运会开幕前不久,永乐桥正式通车。奥运会火炬传递到天津站时,就经过了永乐桥和天津之眼。

1.62 郑州的戒指桥是什么样子的?

这座造型独特的"戒指桥"位于郑州蝶湖森林公园,它的真实名字为潮晟路跨潮河桥。该桥因中间有一个大大的圆环,被周围的人们称为"戒指桥"。这座桥是国内首座跨径最大的圆环形独塔双索面斜拉桥,桥梁全长241.4米,外圈的圆弧半径为28米,内圈的圆弧半径为24米,于2016年5月建成通车。

该桥设计灵感来源于古代玉璧,斜拉塔采用弧线优美的圆环形式,造型似如意玉环一般圆润柔美,曲线顺畅,如平塘晓月,夜幕降临时,犹如智慧之眼,营造出"慧眼识珠"的意境。

1.63 大连挑月桥的拉索怎么像是在撒渔网?

大连星海湾挑月桥位于星海湾广场东南角,横跨马栏河,游客可以从桥上步行至桥对岸的滨海路西段。这是一座单柱斜拉步行桥,由索塔、箱梁、缆索、锚碇等部分组成,桥长130米,宽9米。

桥面由42根直吊索和38根斜吊索拉起。这80根吊索与5根主索连接,主索与索塔连接,索塔则由2根长92米、重11吨的背索拽住,像是正在撒鱼网。

挑月桥的建成,不仅为大连增添了一道靓丽的风景,更缩短了从滨海路到星海湾的距离,为游客和市民提供了方便。

1.64 "美人故里昭君村，水面微波卧长龙"是指哪条公路？

在湖北省宜昌市兴山县隐藏着一条绝美的水上公路——湖北省兴山县古夫镇至昭君大桥公路（古昭公路）。这条公路全长10.5千米，总投资4.4亿元，于2015年8月正式通车。

为保护生态环境，避免开山毁林，古昭公路有4千米的路段建在峡谷溪流中，宛如一条玉带，又恰似一条游龙，盘桓蜿蜒在香溪河上。此路此景，正可谓"美人故里昭君村，水面微波卧长龙。"

1.65 获奖大桥为何通行仅三天就被叫停？

盖茨黑德千禧桥位于英国英格兰北部的泰恩河上，是世界上唯一一座尝试摇摆式设计的大桥，也是一座专门供行人和自行车通行的桥梁。当时共有150个设计师提供了设计方案，后来经当地居民投票，选出了摇摆式大桥这一方案。

这座桥通过十几组钢索将桥面固定，可以将主桥面拉升到5米的高空。而这种创新的开闭式设计，能够让大型船只从桥下通行。桥面和索塔完全升到顶部后，看起来就像一只巨大的眼睛，所以也被称作"眨眼桥"。

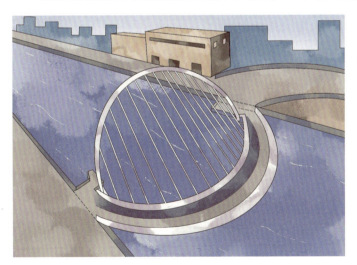

2000年5月13日，千禧桥正式开放通行。然而大桥才运行了3天，就因为剧烈的晃动和振动而停用。后来，又花费500万美元对其进行了长达一年的修整，才解决了这个问题。

1.66 别的桥是桥上行车，为什么德国的马格德堡水桥上行船？

大桥通常用来行车和行人，然而世界上有座奇特的大桥，却用来行船。德国的马格德堡水桥就是这样一座在河道上修建的水桥，也称跨河水道、渡槽。该桥为一桥三用，即中间用来过水与行船，两边供行人和游客通行。

这座奇特的多用桥，联结德国两条重要的运河：易北—哈维尔运河和马格德堡附近的米德兰运河，并直通德国工业重镇鲁尔山谷的中心地区。

1.67 你知道越南的佛手桥吗？

这座桥的官方名称为"岘（xiàn）港金桥"，俗称"佛手桥"，建于越南岘港市巴拿山景区内，于 2018 年 6 月初正式投入使用。佛手桥修建于海拔 1400 多米的山腰上，分八个跨度，全长 150 米。游客们可以在桥上欣赏无限的美景与雄伟壮阔的巴那山。

"佛手"看起来像是用石头雕刻的，但实际上并非如此。工程师们首先设计了手的骨架，然后用玻璃纤维建造而成，工程耗时约一年。人走在桥上就仿佛走在手掌中，还能欣赏沿途美丽的山景，因而吸引了很多慕名而来的游客。

1.68 重庆江上有"活桥"？

重庆车渡的历史始于20世纪30年代，以前的鱼洞—钓鱼嘴、李家沱—九渡口、菜园坝—铜元局、储奇门—海棠溪、中渡口—石门等多个车渡，最繁忙时一年渡运超过100万车次，这些车渡也因此被称为"江上活桥"。

最后的渡口——北碚三土渡口早在2011年7月已经完全停止收费，成为社会公益渡口，所有车辆均可免费过渡。目前，渡口已建成平台6000余平方米，所属三胜公路服务站也在原址复建，两岸渡口规划了100余个停车位，码头边坡全部绿化美化，更好地为社会公众服务。

1.69 巴西的开关桥宛如"花开并蒂"，是怎么做到的？

著名的开关桥——弗里德里希·拜耳桥（Friedrich Bayer）位于巴西圣保罗市。它横跨巴西水库"瓜拉皮兰加"和"皮涅罗斯河"，既可供两岸行人、自行车通行，也可作为市民的休闲步道。

同时，为了保持运河的通航功能，桥梁中间采用电动机旋转，形成可移动、可分开的"断桥"结构。远看，该桥好似"花开并蒂"的两朵"睡莲"。

在圣保罗，几乎没有仅为骑车和行人而建造的桥。该桥建成使平行于河岸的自行车路得到了延展，方便了市民通行。这样的桥，你想不想去体验一下呢？

1.70 神奇的伦敦塔桥是基于什么原理呢?

伦敦塔桥的两岸,有两座用花岗石和钢铁建成的高塔,塔高约 60 米,分上下两层。塔桥的设计是为了同时满足航运和路面交通两方面的需要。塔身内部装有水力机械,可以开合重达 1000 吨的桥梁。

巨轮鸣笛致意后,桥塔里的上升机械开始工作,提升中间跨桥梁体,只需 1 分钟便

能将桥梁自动往两边翘起,形成航行通道。此时,行人可改道从上层通过。桥内设有商店和酒吧,即使在雨雪天,行人也能在桥中购物、聊天或凭栏眺望两岸风光。

从 1895 年全面投入使用以来,桥面一共张开过 6 万多次,平均每星期张开 10 次。整座桥需要 25 个人负责操作和维护。

1.71 广州第一座能升降的跨江大桥在哪里?

有这样一座桥,它是广州市第一座、广东省内第二座直升式开启桥,还是广东省内最大跨径、最大提升重量的开启桥。它的开启及闭合时间均约为 2.5 分钟,可将整座桥面提升近 8 米,兼顾人、车和船的通行。

这座桥就是番禺光明大桥,大桥全长约 116 米,其中桥梁全长 98.6 米,主桥主跨 53.6 米,桥宽 24 米,采用双向四车道,两侧各设 4 米人行道,于 2017 年开工,2019 年通车。该桥的开通,可加强两岸交通联系,缓解城区拥堵,改善市民出行环境。

1.72 为什么说黄桷（jué）湾立交桥是最容易让人迷路的立交桥？

重庆黄桷湾立交桥于 2009 年开工，2016 年通车。主线设计为双向四车道和六车道，匝道密集程度堪称全国第一。因为其有八个方向，高达五层，还有 20 条匝道，是重庆主城最大、最复杂、功能最强大的枢纽型立交。

黄桷湾立交联结广阳岛、江北机场、南岸、大佛寺大桥、朝天门大桥、弹子石、四公里、茶园八个方向，并联结朝天门大桥、慈母山隧道、内环高速、机场专用快速路，正是由于匝道密集，联结方向多，成为最容易让人迷路的立交桥。网友们也笑称，在没有导航的情况下，一旦走错路，可能就是"重庆一日游"。

虽然这座立交桥层数多，但通行非常顺畅。因为在工程设计之初，设计师们就反复推敲验证，即使大家走错路，也可以通过附近其他立交桥进行道路转换，周边相邻立交桥的间距均在 4 千米以内，转换车程通常在 10 分钟之内。

1.73 大瑶山隧道采用了哪种先进的施工方法？

大瑶山隧道是中国第一条超长双线电气化铁路隧道，位于广东省北部韶关市的京广铁路衡广（衡阳—广州）复线上，自北向南穿越大瑶山，全长 14295 米，是当时中国最长的铁路隧道。该隧道于 1981 年 11 月开工，1989 年 12 月建成。

大瑶山隧道施工过程中遇到了地质极为复杂和我国隧道建设史上罕见的 9 号断层，最高涌水量达到每昼夜 5 万吨，因采用了当时国外最先进的设计和施工方法——新奥法，最终把这一难题克服。

新奥法是新奥地利隧道施工法的简称，由奥地利学者拉布谢维茨最早提出。它以控制爆破为主要掘进手段，以喷射混凝土和锚杆为主要支护措施，通过监测控制围岩的变形，动态修正设计参数和调整施工方法，其开挖作业强调尽量减少对围岩的扰动，充分发挥岩体的承载能力。

1.74 你见过每天都有警卫守护的隧道吗?

在我国有一座联结陕西省西安市与商洛市的隧道,该隧道于 2001 年 1 月开工,2007 年 1 月通车。这条隧道在开通后就震惊了全世界,因为它是全球最长的双洞高速公路隧道,双洞全长达 36 千米。它就是秦岭终南山公路隧道,也被人称作"天下第一隧"。这条隧道还有一个特别之处,就是每天都有警卫守护。很多朋友可能会产生疑问,为什么它需要警卫守护呢?

对于长度高达 36 千米的隧道来说,一旦发生事故,救援难度极大,因此其安全问题至关重要。为了防止意外发生,对于进入隧道的车辆、人员都要进行排检查,所以安排了警卫日夜守护。同时,警卫们还要关注工作区域内天气情况和路况,及时汇报极端天气和异常路况信息等。

1.75 雅西高速公路为什么设计有双螺旋隧道?

雅安—西昌高速公路于 2007 年 3 月开工,2012 年 4 月全线通车。其中,石棉段起终点之间的直线距离 12.3 千米,但海拔高度从 1649 米爬升至 2362 米,高差达 713 米。

如果采用常规的路桥方案,纵坡过大,行车不安全,而修盘山公路,路线太长,不经济。如果采用常规的直线隧道,纵坡将远远超过高速公路允许的最大纵坡标准,方案不可行。

考虑到地形、地质的复杂,纵坡又不能突破极限,最终设计了两座小半径双螺旋隧道——干海子隧道和铁寨子 1 号隧道。两座隧道中间相距约 5.7 千米,总长度约 10 千米。经双螺旋展线降坡后,车辆行驶在上面如履平地,不到 10 分钟的时间,就能爬升 300 多米的高度。

1.76 金家庄螺旋隧道创造了怎样的吉尼斯世界纪录？

延崇高速金家庄特长螺旋隧道左幅长 4228 米，右幅长 3104 米，隧道在山体内迂回达 360 度，内部螺旋线半径达 850 米。从河北省张家口市赤城县金家庄隧道进口位置到崇礼区棋盘梁隧道出口位置，直线距离大约 7 千米，但是需要克服 250 米左右的高差。如果不采用螺旋隧道，会造成路线纵坡太大，无法保证车辆的安全行驶。

该隧道于 2017 年开工，2019 年贯通。经过吉尼斯世界纪录官方认证，延崇高速金家庄螺旋隧道项目成功创造"世界最长的公路螺旋隧道"的世界纪录。

1.77 世界最长海底高铁隧道有哪些世界级技术难题？

金塘海底隧道是甬舟铁路的控制性工程，全长 16.2 千米，其中海域段长 11.2 千米，建成后会成为世界上最长、承受水压最高的海底高铁隧道，也是国内首条海底高铁隧道。该隧道于 2020 年开工，计划工期 60 个月。其技术难题主要有：

（1）地质条件差。隧道海中段所在的地层软硬不均，区域共有九处断层和六处节理密集带，大大增加了大直径、长距离、高水压条件下更换刀具的风险和施工难度。

（2）水压高。隧道承受最大水深 39 米、最大水压约 0.85 兆帕。

（3）防灾救援难度大。受地质条件所限，金塘海底隧道采用单洞设计，无法设置直通地面的出入口，对隧道内的防灾救援要求极高。

（4）海中对接难度大。金塘海底隧道建设采用两头盾构掘进、中途对接贯通模式。长距离相向掘进，其对接精度要求更高。

1.78 耗时八年的胡麻岭隧道，是怎样解决世界级难题的？

胡麻岭隧道是兰渝铁路工程自兰州东向重庆方向的第一条长大隧道，全长 13.61 千米，地质复杂，施工难度极大，被专家定性为"国内罕见、世界难题"，安全风险极高。

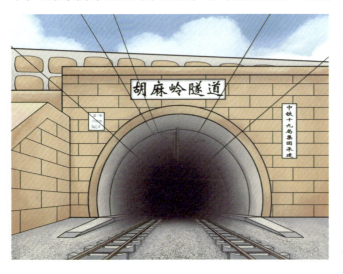

但胡麻岭隧道建设团队积极探索，最终采用"双侧壁九步开挖法""CRD 六步开挖法施工""真空降水""双液回退劈裂注浆"等先进工艺，应用"台阶负压轻型井点真空降水、超前水平真空降水、洞内重力式深井真空降水、地表重力式深井真空降水"等综合降水技术，有效解决了突水涌砂的难题。该隧道于 2009 年开工，2017 年贯通。

1.79 大柱山隧道为什么被称为"最难掘进的隧道"？

大柱山隧道位于云南省大瑞铁路之上，全长 14.5 千米，工程地质和水文地质条件复杂，地热高、地应力高、地震烈度高，存在六条断层破碎带（路段总长 1200 米，其中水寨断层路段长 640 米），岩溶及岩溶水、暗河、溶洞等岩溶形态，以及高地应力引起的岩爆和软岩大变形，放射性（路段长 1600 米）和高地热（39℃）等不良地质。

隧道于 2008 年 8 月开工，由于施工环境的恶劣，工期从最初的 5 年一度调整为 8 年，又再度调整为 12 年，被认为是"最难掘进的隧道"。在大柱山隧道里，各种灾害已经成为日常，被工友们戏称"豆腐山打洞"。该隧道已于 2020 年 4 月 28 日贯通。真可谓通行 7 分钟，施工 12 年！

1.80 被25个国家放弃，中国却成功打通的隧道在哪里？

甘塔斯隧道是北非阿尔及利亚北方干线铁路上的重要工程，长度为15千米，于2011年开工，2017年贯通。它所在的地质非常特殊，隧道四周全是石灰岩，容易和水发生化学反应后被腐蚀，因而在修建的过程中很容易引发塌陷。因此，有25个国家直接宣布放弃这个项目。

但中国毅然接手，还制定了专门的设计和施工方案，把原设计的1层支护结构调整为3层，从而更好地解决因石灰岩独特性质存在的安全隐患。同时，还攻克了建筑材料不够全等种种困难。7年之后，隧道终于成功贯通，且完全符合欧洲的工程验收标准。

1.81 世界上最长的隧道，火车一个小时都跑不完？

圣哥达隧道是欧洲南北轴线上穿越阿尔卑斯山最重要的通道之一。它实际上是两条平行的隧道，每条隧道的长度将近57千米，加上其他通道，这条贯穿瑞士阿尔卑斯山区的隧道总长达151.84千米。这么长的距离，普通火车一个小时都不一定能跑完。

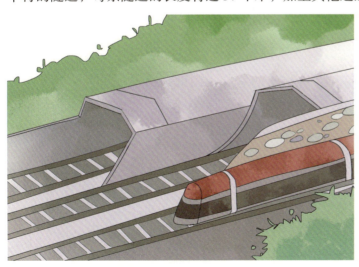

其实早在1947年，瑞士就已经有了设计初稿。但因为当时技术水平有限，不能完全保证隧道可以顺利挖通，所以一直被搁置到1999年才开始建设。该隧道修建耗时17年，耗资103亿美元，于2016年正式开通。

1.82 为什么新疆天山胜利隧道会被分为三个洞？

在 G0711 乌鲁木齐至尉犁高速公路，海拔 3200 米的天山胜利隧道，全长 22.11 千米，被称为世界在建最长高速公路隧道，是乌尉高速的"咽喉"工程。该隧道于 2020 年开工，预计 2025 年建成通车。天山胜利隧道分布着 16 个断裂带，地质复杂、围岩破碎，施工非常困难，时刻面临 TBM（Tunnel Boring Machine，隧道掘进机）卡机、坍塌、突泥涌水等安全风险，被视为隧道施工最大的"拦路虎"。

在天山胜利隧道的施工中，为加快掘进速度，提高施工效率，建设方采用"三洞四竖井"的施工方案，即左、右双主洞和中导洞三洞同时施工，运用新型 TBM 在中导洞内快速掘进，再通过横通道将双主洞分隔成若干个短隧道，使传统钻爆法施工的主洞实现"长隧短打"，比传统施工效率提高约 3 倍。

1.83 云南有座桥，为什么火车路过要鸣笛 30 秒？

地形复杂的云南省，近年来经济高速发展，离不开日益完善的交通体系。在云南省内，有许多著名的交通线路和要道，其中有座修建于 20 世纪 70 年代的龙骨甸大桥。

当初，在修建龙骨甸大桥 7 号桥墩时，一位名叫熊汉俊的铁道兵战士不幸掉入深度达 40 多米的空心桥墩中。

而此时正在浇筑桥墩，还没有等大家反应过来，水泥就把熊汉俊一层一层地包裹住了。就这样，年仅 21 岁的熊汉俊壮烈牺牲，与大桥熔铸成了一体。

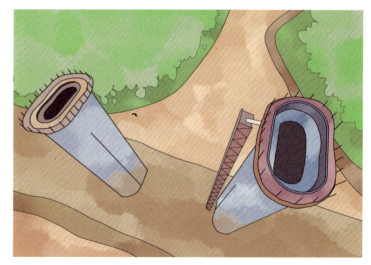

几十年来，只要有火车经过 7 号桥墩，都会鸣笛 30 秒，以此来表达对熊汉俊烈士的敬意。

1.84 能把一棵参天大树掏空修隧道吗?

不可以。美国加利福尼亚的红杉公园有一棵千年古树。当时施工队按照上级的命令要在此修建一条公路,但被这棵大树阻挡,如果直接砍伐就会引起当地人的不满。所以,人们希望找到一种两全其美的方法,既不影响道路修建,又不砍伐这棵大树。后来他们决定将大树凿空变成隧道,而这个大树隧道也成为当地著名的旅游景点。但几年之后,一场暴风雨导致千年大树从根部折断。

经过调查才发现,大树的根基因为施工遭到了严重的损毁。树木最重要的部位就是根基,而施工队当时的举动破坏了大树根基,导致它无法吸收养分,最终在暴风雨中折断。这种以破坏大自然来搞建设的行为,不值得提倡。

1.85 中国第一条"空中自行车高速路"在哪里?

2016年1月26日,中国首条、世界最长的空中自行车道——厦门云顶路自行车高速路开通,这是中国对"自行车高速路"的首次尝试。

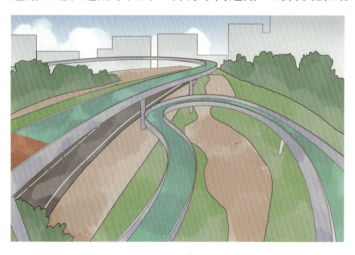

这条自行车高速路采用全高架模式,禁止行人、电动车、三轮车等进入,并与其他交通方式隔离,拥有完全独立的自行车路权,属国内首例。截至2021年6月,该自行车高速路总骑行量约600万人次,日最高骑行量达12000人次。

2017年11月,该项目荣获"中国人居环境奖"范例奖。

1.86 你知道有一条路被称为"爱情天梯"吗？

20世纪50年代，20多岁的重庆江津中山古镇高滩村村民刘国江爱上了大他10岁的寡妇徐朝清。为了躲避世人的流言，他们住进海拔1500米的深山老林，自力更生，靠野菜和双手养大7个孩子。为了妻子徐朝清的出行安全，刘国江一辈子都忙着在悬崖峭壁上开凿通向外界的石梯，几十年如一日，最终凿出了6200多级石梯。这条山路后来被大家称为"爱情天梯"。

两位老人的爱情故事被媒体曝光后，在全国范围内引起了强烈的反响。他们被评为2006年首届感动重庆十大人物，同年他们的感人事迹入选"中国十大经典爱情故事"。随着两位老人先后过世，"爱情天梯"成为绝唱，但他们为了爱情修筑的"天路"将一直被世人铭记。

第二章 公路设计知多少

2.1 交通行业有哪些知名的设计院？

公路、铁路、水运行业的设计院主要分为央企、地方国企和民营企业。

公路交通：中国交通建设集团有限公司下属的公规院（中交公路规划设计院有限公司，北京），一公院（中交第一公路勘察设计研究院有限公司，西安），二公院（中交第二公路勘察设计研究院有限公司，武汉），中咨（中国公路工程咨询集团有限公司，北京），重庆交科院（招商局重庆交通科研设计院有限公司），及各省和高校下属的交通勘察设计研究院等。

轨道交通：铁一院（中铁第一勘察设计院集团有限公司，西安），铁二院（中国中铁二院工程集团有限责任公司，成都），铁三院（中国铁路设计集团有限公司，原名铁道第三勘察设计院集团有限公司，天津），铁四院（中铁第四勘察设计院集团有限公司，武汉），铁五院（中铁第五勘察设计院集团有限公司，原名铁道建筑研究设计院，北京）等。

水运港航：中国交通建设集团有限公司下属的水规院（中交水运规划设计院有限公司，北京），一航院（中交第一航务工程勘察设计院有限公司，天津），二航院（中交第二航务工程勘察设计院有限公司，武汉），三航院（中交第三航务工程勘察设计院有限公司，上海），四航院（中交第四航务工程勘察设计院有限公司，广州），长江设计院（长江勘测规划设计研究院有限责任公司，武汉），黄河设计院（黄河勘测规划设计研究院有限公司，郑州）。

2.2 高速公路建设前期，应该做哪些专题研究工作？

高速公路项目前期工作是指项目可行性研究报告获得立项批复阶段的工作，包括项目工程可行性研究报告的编制和项目立项所需的环境影响评价、土地预审、节能评估、水土保持、矿产压覆、地质灾害、通航评价、项目选址意见书、文物调查、地震安全性评价、生态环境敏感区生物多样性评价、社会稳定风险评估、项目筹资方案等一系列支撑性报告的编制，以及配合有关部门开展的报批工作。通过全面分析、论证和评价，从而确定高速公路项目是否可行或选择最佳实施方案。

2.3 从想修路，到路修好，大致要经历哪几大步骤？

不论是新建的公路工程项目还是改建的大中型的公路工程项目，都必须严格按照交通运输部颁布的《公路工程建设基本管理办法》执行。

（1）根据长远规划或项目建议书，进行可行性研究；

（2）根据批准的计划任务书，进行初测初勘，编制初步设计文件和概算；

（3）开展定测定勘，编制施工图设计文件和预算；

（4）列入年度基本建设计划；

（5）进行施工前的各项准备工作；

（6）编制实施性施工组织设计及开工报告，报上级主管部门审批；

（7）严格执行有关规范和规定，做好施工记录，建立技术档案；

（8）交工验收阶段：检查施工合同的执行情况，评价工程质量，对各参建单位工作进行总结评价；

（9）编制竣工文件和工程决算报告，通过审计，办理竣工验收。

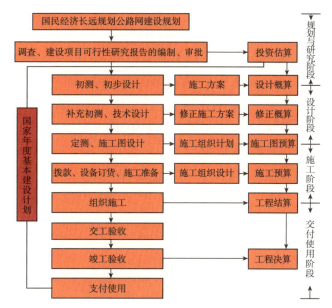

2.4 修路前，怎样进行交通量分析和预测？

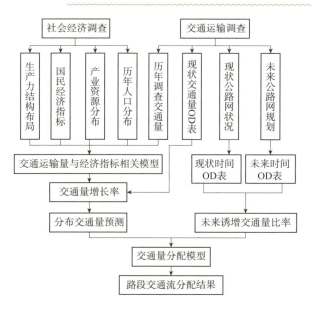

交通量分析和预测是公路建设项目前期工作的重要内容。通过全面了解拟建公路所在地区公路交通量的特性和构成，掌握公路交通流量流向、车辆构成、时空分布特征、货物种类等资料，分析项目相关线路及其影响区域的公路交通发展水平和规律，然后结合社会、经济、技术调查与分析，使用公路可行性研究通用的预测技术和方法，分析预测远景年交通量发展规模和水平，为确定拟建公路的技术等级、工程设施标准规模和经济评价等提供依据。

2.5 公路建设中常见的 BOT、BT、EPC、PPP 模式是什么意思？

我国高速公路建设现行主要融资方式包括国家财政资金拨款、金融机构尤其是商业银行贷款、发行建设债券等。

BOT 是英文"Build Operate Transfer"的缩写，通常直译为"建设—经营—转让"。BOT 实质上是基础设施投资、建设和经营的一种方式，以政府和私人机构之间达成协议为前提，由政府向私人机构颁布特许，允许其在一定时期内筹集资金建设某一基础设施并管理和经营该设施及其相应的产品与服务。当特许期限结束时，私人机构按约定将该设施移交给政府部门，转由政府指定部门经营和管理。

BT 是英文"Build Transfer"的缩写，即"建设—移交"。BT 模式是 BOT 模式的一种变换形式，指一个项目的运作通过项目公司总承包，融资、建设验收合格后移交给业主，业主向投资方支付项目总投资加上合理回报的过程。通俗说，BT 投资是一种"交钥匙工程"。

EPC 是英文"Engineering Procurement Construction"的缩写。EPC 是指公司受业主委托，按照合同约定对工程建设项目的设计、采购、施工、试运行等实行全过程或若干阶段的承包，即项目总承包，也是一种"交钥匙工程"。

PPP 是英文"Public Private Partnership"的简称，是一种政府和社会资本合作的融资与项目管理模式。在该模式下，鼓励私营企业、民营资本与政府进行合作，参与公共基础设施的建设，从而实现合作各方达到比预期单独行动更为有利的结果：政府的财政支出更少，企业的投资风险更低。

PPP模式典型结构图

2.6 修建高速公路，每千米得花多少钱？

高速公路的路线线形和建筑材料都有严格的标准和要求，在高速公路的造价中，仅材料费用就占到40%~50%，征地拆迁费用、通信监控等交通设施费用在造价中也占有很大比重。至于具体造价，与道路的宽度、桥梁和隧道所占的比例、路面类型、施工条件、征地拆迁等因素相关。一般来说，山区修路比平原区修同等宽度的道路要贵得多。

根据以往项目经验估算，在平原微丘地区，双向四车道高速公路每千米的造价为5000万~7000万元，双向六车道高速公路每千米的造价为7000万元~1亿元。而在山岭重丘区，填挖方大，桥隧比高，双向四车道高速公路每千米的造价为1.5亿~2亿元。

2.7 GPS、BDS、CAD、BIM在道路设计中有什么作用?

GPS 全称是 Global Positioning System,即全球卫星定位系统,可用于建立各种道路工程控制网及测定航测外控点、特大桥梁的控制测量以及隧道测量中。在工程测量中,除了常规的水准仪、经纬仪、全站仪,遥感技术、全球定位系统、全自动绘图系统以及地理信息系统是当今测绘技术的四大新技术。

BDS 全称是 Beidou Navigation Satellite System,即北斗卫星导航系统,是中国自行研制的全球卫星导航系统,和美国 GPS、俄罗斯 GLONASS、欧盟 GALILEO 同是联合国卫星导航委员会已认定的供应商。

CAD 全称为 Computer Aided Design,即计算机辅助设计软件。电脑绘图替代手工绘图,便于修改,大大提高绘图效率。

BIM 全称是 Building Information Modeling,即建筑信息模型,不仅能解决各专业之间的设计碰撞问题,还可以用于施工工艺模拟、钢筋套料优化、模板设计及项目进度—质量—计量—档案协同管理等。BIM 的五大特点:可视化、协调性、模拟性、优化性、可出图性。常用的 BIM 建模软件有:Autodesk 公司的 Revit 建筑、结构和设备软件,Bentley 建筑、结构和设备系列,ArchiCAD。

2.8 设计速度60千米/时也能叫高速公路吗?

设计速度是指在气候良好、交通密度低的条件下,一般驾驶员在路段上能保持安全、舒适行驶的最大行驶速度。即:汽车运行只受道路本身条件的影响时,中等驾驶技术的驾驶员能保持安全、舒适行驶的最大行驶速度。

高速公路的设计速度一般在80千米/时以上。但是,根据《公路路线设计规范》(JTG D20—2017)可知,高速公路局部特殊困难路段,且因新建工程可能诱发工程地质病害时,经论证,该局部路段的设计速度可采用60千米/时,但长度不宜大于15千米,或仅限于相邻两互通式立体交叉之间的路段。

公路等级	高速公路	一级公路	二级公路	三级公路	四级公路
设计速度 (千米/时)	120	100	80	40	30
	100	80	60	30	20
	80	60	40	—	—

2.9 为何有的高速公路路况看起来很好，却限速100千米/时?

为什么路况看起来很好的高速公路却限速100千米/时，看起来差不多路况的高速公路又有不同的限速，这是驾驶员们经常提出的疑问。首先，"看起来差不多、看起来很好"是一种直观感觉，并没有经过科学评价。其次，道路的设计速度和公安交警部门设置的限速不完全一样。再者，设计速度一般是对整条高速公路而言，而限速可能是针对整条高速公路，也可能是针对局部路段。下面简要介绍下设计速度与限速。

设计速度又称计算行车速度，并不是实际道路限速值。根据《公路路线设计规范》（JTG D20—2017），各级公路设计速度根据公路的功能、等级、交通量，并结合沿线地形、地质等状况，经论证确定，高速公路应根据交通量、地形等情况选用高的设计速度。有的高速公路之所以设计速度为100千米/时，是因为经过计算、模拟，在现有的条件下，即使设置了交通安全设施、标志、标线后，局部路段在更高车速下的安全仍然得不到保证。

为了保障行车安全，提高通行效率，公安交警部门在实际设定道路限速值时，除了考虑道路设计速度外，还需要考虑道路线形条件、路侧环境影响、沿线设施、机动车安全运行速度（第85%位速度）、车型构成、交通流量、交通违法和交通事故等相关因素，

经过充分论证后得出一个安全合理的限速值，并通过路边限速标志牌或电子导航方式提醒告知即将驶入该路段车辆的驾驶员。

驾驶员谨记：不要抱有侥幸心理，要相信科学！

2.10 既然我国公路限速120千米/时，为什么车速表盘最高是200千米/时以上?

我国公路限速120千米/时，汽车厂商在生产汽车的时候把汽车最高可行驶速度设计到220千米/时甚至260千米/时，二者是不是相互矛盾呢？我国公路限速120千米/时是基于道路、驾驶员反应速度、车辆本身性能、环境等因素综合确定的。值得一提的是，中国的限速水平正好处于国际水平中间，德国部分道路不限速，而日本、希腊等国家限速为100千米/时。

在无风无雨、测试车状态极佳、没有多余的载重这种完美环境下，多数家用车的最高车速都可以达到200千米/时左右。所以，为了满足车速不爆表，时速表的最大刻度都在200千米/时以上。

2.11 什么是公路建筑限界?

根据《公路工程名词术语》(JTJ 002—1987),公路建筑限界是为保证车辆、行人通行的安全,对公路和桥面上以及隧道中规定的高度和宽度范围内不允许有任何障碍物的空间界限,又称净空,即净高和净宽。

公路隧道的横断面净空,除了包括建筑限界之外,还包括管道、照明、防灾、监控、运营管理等附属设备所需空间,以及富余量和施工允许误差等。

隧道留有足够的空间,在危急时刻,也可以为应急救援提供一定的操作空间,起到了生命通道的作用!

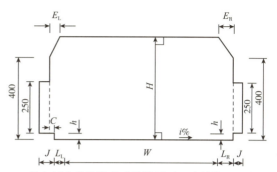

单向行车公路隧道建筑限界(尺寸单位:厘米)

注:H-建筑限界高度,$H=5m$;W-行车道宽度;L_L-左侧侧向宽度;L_R-右侧侧向宽度;C-余宽;J-检修道宽度;h-检修道或人行道高度;E_L-建筑限界左顶角宽度,$E_L=L_L$;E_R-建筑限界右顶角宽度,当$L_R<1m$时,$E_R=L_R$;当$L_R>1m$时,$E_R=1m$。

2.12 能否在高速公路的两侧开挖或修建房屋?

根据《公路安全保护条例》规定,公路两侧都有一个建筑控制区,从公路两侧边沟外缘起,国道不少于20米、省道不少于15米、县道不少于10米;从高速公路两侧隔离栅外缘起不少于30米;从互通立交和特大型桥梁两侧隔离栅外缘起不少于50米。

高速公路边坡两侧的隔离栅就是防护高速公路的"防弹衣",是高速公路的重要组成部分。一方面,护栏可以阻止外部的人员、动物等障碍物闯入,保障行车安全;另一方面,作为防护的边界,提醒人们不得在护栏外侧一定范围进行开挖或修建违法建筑,保护路产路权。

2.13 我国各地区的气候条件差别这么大，修建高速公路时应如何考虑？

公路自然区划是指根据全国各地气候、水文、地质、地形等条件对公路工程的影响而划分的地理区域。根据公路工程的地理、气候差异特点，自然区的划分按其重要性和规模的大小分为三个等级。

一级区划是按自然气候、全国轮廓性地理、地貌划分的，全国共划分为 7 个一级区。

二级区划是在一级区划基础上，考虑水温状况不同，以潮湿系数为主导标志，按公路工程的相似性及地表气候的差异，进一步划分二级区以及与二级区划相当的副区，全国共分为 33 个二级区和 19 个副区。

三级区划是二级区的进一步划分。由各省、自治区、直辖市自行划分，以便更切合当地的实际情况。

2.14 道路转弯的平曲线和上下坡的竖曲线在设计时是可以随意搭配的吗？

不是。道路转弯属于平面线形设计，上下坡属于纵断面线形设计。平纵面线形组合设计是指在满足汽车运动学和力学要求的前提下，研究如何满足视觉、心理和生理方面的连续性、舒适感，与周围环境的协调和良好的排水条件，并使平纵面线形良好地组合起来，成为连续、圆滑、顺适美观的空间线形，从而达到行车安全、快速、舒适、经济的目的。所以，线形设计不仅要符合技术指标要求，还应结合地形、景观、视觉、安全、经济性等因素进行协调和组合，使道路线形设计更加合理。

《公路路线设计规范》（JTG D20—2017）对路线设计方法、设计标准做了详细的规定，对最小曲线半径、最大纵坡、最小纵坡、最大坡长、最小坡长、平均纵坡等有明确的要求，这些弯弯曲曲的线不是随意画的！

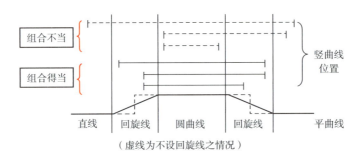

2.15 两点之间直线最短，为何还要设计那么多弯路呢？

高速公路之所以设置许多弯道，主要与控制点（建筑物、保护区等）、地形地质条件和行车安全等因素有关。山区丘陵地带，地势崎岖，不适合修建过长的直线公路。此外，部分地方是塌陷、滑坡、泥石流等地质灾害高发地区，为了安全起见，修建公路时只能绕道而行。

直线虽然具有缩短行程、容易测设的优点，但过长的直线从美学角度上讲线形呆板、行车单调，易使驾驶员视觉疲劳，容易发生超车和超速行驶，且在直线上夜间行车时，对向车会产生眩光。长直的道路反而安全性差。

我国现行《公路路线设计规范》（JTG D20—2017）指出直线的长度不宜过长。在城镇附近或其他景色有变化的地点，直线的最大长度大于 20 倍设计车速是可以接受的。在景色单调的地点，直线段长度最好控制在 20 倍设计车速以内，即 72 秒的行程。如设计速度为 100 千米/时的高速公路最大直线长为 2000 米。

2.16 公路坡度越大，上坡越困难，那是不是坡度越小就越好？

道路纵坡，是指顺着道路前进方向的上坡、下坡。它与汽车的动力特性、行车安全直接相关。《公路路线设计规范》（JTG D20—2017）对路面坡度做了严格规定：当设计速度为 120 千米/时，最大纵坡为 3%。也就是说，每前进 100 米，最多只能升降 3 米的高度。

同时，坡度也不是越小越好，因为在挖方路段、低填方路段和横向排水不畅通的路段，为保证排水要求，防止积水渗入路基而影响其稳定性，均应设置不小于 0.3% 的最小纵坡，一般情况下以不小于 0.5% 为宜。

当必须设计平坡或纵坡小于 0.3% 时，边沟应单独做排水设计。在弯道路段，为使行车道外侧边缘不出现反坡，设计最小纵坡不宜小于超高允许渐变率。对于干旱地区，以及横向排水良好、不产生路面积水的路段，可不必设置最小纵坡。

2.17 为什么高速公路采用停车视距，三、四级公路采用会车视距？

停车视距指的是同一车道上，车辆行驶时遇到前方障碍物而必须采取制动停车时所需要的最短行车距离。高速公路和一级公路为双向分车道行驶（具有中央分隔带），一个行车方向至少有两个车道，没有会车，也不存在超车占用对向车道问题，只要满足停车视距就能保证行车安全。故而，高速公路采用停车视距。

而二、三、四级公路车道数量少，双向车道之间无隔离设施，应采用会车视距，同时应间隔设置满足超车视距的路段。例如具有干线功能的二级公路宜在3分钟的行驶时间内，提供一次满足超车视距要求的超车路段。

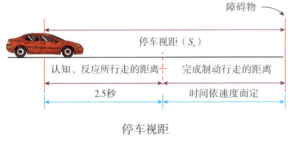

停车视距

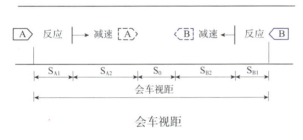

会车视距

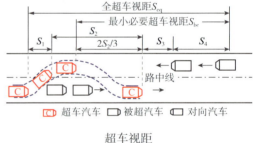

超车视距

2.18 车道的宽度有什么标准？

不同等级道路的横断面组成略有不同，高速公路、一级公路横断面由行车道、硬路肩、土路肩、中央分隔带组成。

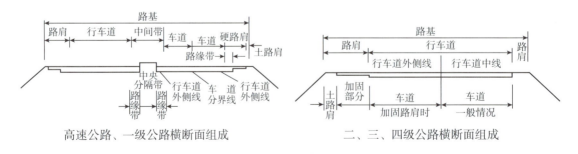

高速公路、一级公路横断面组成　　二、三、四级公路横断面组成

八车道及以上公路在内侧车道（内侧第1、2车道）仅限小客车通行时，其车道宽度可采用3.5米。

以通行中、小型客运车辆为主且设计速度为 80 千米/时及以上的公路,经论证,车道宽度可采用 3.5 米。

四级公路采用单车道时,车道宽度应采用 3.5 米。

设置慢车道的二级公路,慢车道宽度应采用 3.5 米。

设计速度(千米/时)	120	100	80	60	40	30	20
车道宽度(米)	3.75	3.75	3.75	3.50	3.50	3.25	3.00

2.19 公路设计时,为什么转弯处外侧路面特意加高呢?

在道路直线段,为了路面排水,路面通常设计成中间高、两侧低的拱形,专业上给它起一个很形象的名字,叫做"路拱"。但在转弯路段,你会发现,道路是外侧高,内侧低。这是由于在曲线段,当汽车转弯时,会受惯性作用产生离心力(就是你坐在车里有往外甩的感觉)。转弯越急,车速越快,这个力就越大。

这时,仅依靠地面的摩擦力不足以抵抗车辆的离心力,就需要将弯道的外侧路面修得高些,内侧低些,整体向弯道内侧倾斜,用专业术语来说就是"超高"。这样汽车经过时,汽车的重力会产生指向弯道内侧的水平分力,成为汽车的向心力,抵消惯性离心力,帮助汽车平稳转弯,避免侧翻。

弯道超车不可取,"安全第一"要牢记!

2.20 什么是土压力？

主动土压力： 当挡土墙即将远离土体运动时，土体有下滑的趋势。当挡土墙后的土体处于平衡临界状态时，也就是土体即将滑落（将动未动）时，作用在挡墙上的压力为主动土压力，一般用 E_a 表示。可以理解为土体处于主动状态。

被动土压力： 挡土墙在某种外力作用下即将向后发生移动而推挤填土，致使墙后土体的应力达到极限平衡状态时，也就是土体即将被拱起时，填土施加在墙背上的土压力，为被动土压力，一般用 E_p 表示。可以理解为土体是处于被动状态，受到外部的挤压而产生的压力。如拱桥的拱圈对桥台施加附加推力后，台背填土被动地对桥台产生了更大的推力。

静止土压力： 刚性挡土墙在压力作用下不发生任何方向的位移，墙后填土处于弹性平衡状态时，作用在挡土墙背的土压力，为静止土压力，一般用 E_0 表示。

一般认为，极限土压力的发生条件与墙体位移、墙体结构形式、地基条件、填土种类、填土密实度等因素有关。

举例： 上下班高峰期，你在排着长长的队挤地铁，你相对后面紧贴的人而言就是挡土墙，你被后面拥挤的人流（主动土压力）推上了车。当你勉强挤进车门时，车内拥挤的人群一转身又给你一个向外的推力，使你一个趔趄，有向车门外移动的趋势，而你身后的人只能被迫使出更大劲儿（被动土压力）来扛着你，他们勉强能保持平衡。

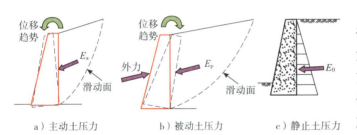

a）主动土压力　　b）被动土压力　　c）静止土压力

当你上车了之后，虽然人很挤，相互挨着、推着，但是大家勉强都能站稳脚跟，不发生任何方向的位移，这时身后人群（土体）处于极限平衡状态，它对你施加的力就类似于静止土压力。

2.21 什么是土的抗剪强度？

土的抗剪强度是土体抵抗剪切破坏的极限能力，是土的重要性质之一。它包括内摩擦力和内聚力（黏性土还包括其黏聚力 c）。抗剪强度可通过剪切试验测定，按排水条件不同具体可以分为不固结不排水剪（又称快剪）、固结不排水剪（又称固结快剪）、固结排水剪（又称慢剪）。

土的抗剪强度受土的组成（颗粒级配、颗粒棱角、

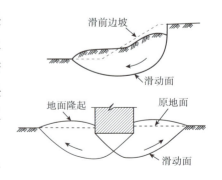

矿物类别等）、原始密度、孔隙比及含水率、土的结构性、应力历史等因素影响，它是计算岩土体变形和稳定性的重要参数。

根据库伦公式（1776年）：

$$\tau_f = \sigma \mathrm{tg}\varphi \quad （砂土）$$

$$\tau_f = c + \sigma \mathrm{tg}\varphi \quad （黏性土）$$

式中：σ——土壤的正应力；

τ_f——土的抗剪强度；

φ——土的内摩擦角；

$\mathrm{tg}\varphi$——摩擦系数；

c——黏聚力。

2.22 什么是孔隙水压力？

孔隙水压力是指土壤或岩石中地下水的压力，该压力作用于微粒或孔隙之间。其分为静孔隙水压力和超静孔隙水压力。对于无水流条件下的高渗透性土，孔隙水压力约等于没有水流作用下的静水压力。

当土体受到外力挤压，土中原有水压力也会上升，上升的这部分压力就是超孔隙水压力。一般来说，超孔隙水压力都有消散的趋势，随着时间的推移会消散掉。但上层土层不透水时，超孔隙水压力可能长期存在。下图所示为孔隙水压力计。

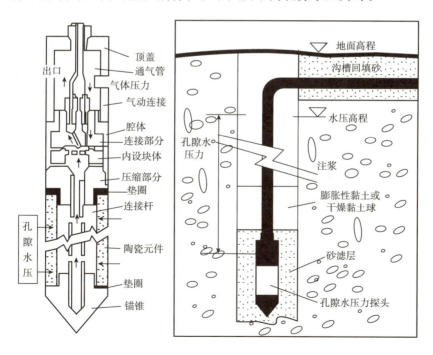

2.23 土工试验有哪些类型？什么是土的液限、塑限？

土工试验有含水率试验、密度试验、比重试验、颗粒分析试验、界限含水率试验、收缩试验、稠度试验、标准吸湿含水率试验、毛细管上升高度试验、渗透试验、砂的相对密度试验、击实试验、加州承载比（California Bearing Ratio，简称CBR）试验、回弹模量试验、固结试验、直接剪切试验、三轴压缩试验、无侧限抗压强度试验、膨胀性试验、黄土湿陷试验、盐渍土盐胀与溶陷试验、冻土试验、化学成分试验、矿物成分试验等类型。

由于含水率不同，土体分别处于流动状态、可塑状态、半固体状态、固体状态。流动状态和可塑状态的分界含水率称为土的液限；可塑状态和半固体状态的分界含水率称为土的塑限。

2.24 岩石有哪些类型？

岩石依据其成因可分成岩浆岩、沉积岩和变质岩三大类。

岩浆岩是火成岩，分为侵入型岩浆岩和喷出型岩浆岩，是由地壳下面的岩浆沿地壳薄弱地带上升侵入地壳或喷出地表后冷凝而成的。常见的岩石有花岗岩、闪长岩、辉长岩、辉绿岩、流纹岩、安山岩、玄武岩等。其中，花岗岩一般为淡红色、肉红或火红色，常用于中级和高等级公路面料和铁路道砟，抗磨性高；玄武岩颜色深，有时为深绿甚至全是绿色，是高速公路面层的最好原料。

沉积岩是水成岩，其特点是具有层理构造，可能含有化石。常见的岩石有石灰岩、砂岩、页岩等。其中，石灰岩是道路基层、烧制石灰和水泥、电厂和钢厂脱硫、混凝土的重要原料。

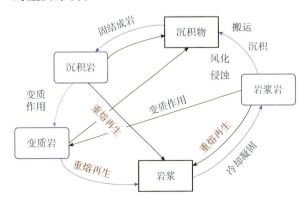

变质岩的特点是有片理构造。常见的岩石有大理岩（由石灰岩经高温、高压变质而成）、石英岩、板岩（由页岩经高压变质而成）、千枚岩、片麻岩等。变质岩的应用：①建筑及装饰材料，如板岩、汉白玉（大理岩）等；②工艺品原料，如大理石、翡翠等；③非金属工业原料，如石英岩、石墨、刚玉、石棉等。

2.25 路基为什么往往修建得比地面要高?

国外普遍采用低路堤,而国内常采用高路堤。为了保证高速公路两侧居民通行,就必须为他们预留横穿高速公路的通道。在高速公路上面修天桥一般要比在高速公路下面修同等宽度的通道更贵,而且天桥的安全防护要求高,因此采用了抬高路基、预留通道的做法。此外,有一些公路的高路堤是为了防洪。所以,高路基的做法沿用至今。

由于高路堤占地较多,近年来,低路堤逐渐受到重视。但是填方路基也不是越低越好,还要考虑公路涵洞、通道的排水、运输等需要。如果设计不合理,可能给当地群众生产生活带来不便,引发矛盾纠纷。

《公路路基设计规范》(JTG D30—2015)对路基设计方法、设计指标与标准做了详细规定。

2.26 挡土墙有什么样的形式?

挡土墙是指支承路基填土或山坡土体、防止填土或土体变形失稳的构造物。根据挡土墙位置的不同,分为路堤墙、路堑墙和山坡墙等。根据挡土墙稳定的机理不同,挡土墙又有很多形式,主要有重力式挡土墙、衡重式挡土墙、悬臂式挡土墙、锚杆式挡土墙、加筋土挡土墙等。

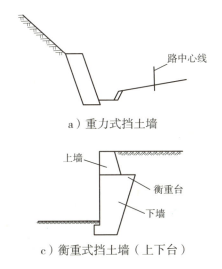

a) 重力式挡土墙

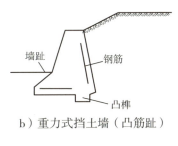

b) 重力式挡土墙(凸筋趾)

c) 衡重式挡土墙(上下台)

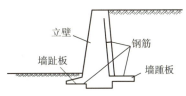

d) 悬臂式挡土墙(钢筋混凝土)

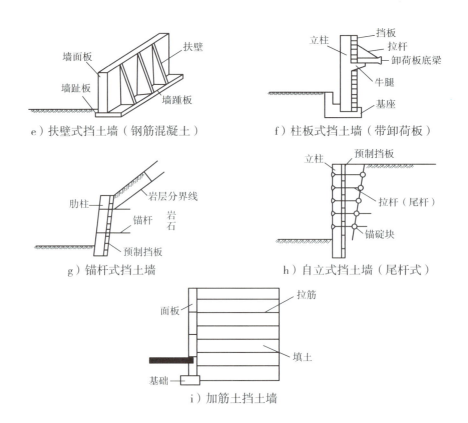

2.27 为什么边坡上有那么多混凝土方格、人字形骨架？

工程护坡有坡面防护和支挡结构防护两类。坡面防护常用的措施有喷射混凝土、浆砌片石护面墙、锚喷护坡、锚喷网护坡、三维网植草、人字形骨架护坡、锚杆格梁、预应力锚索格梁、主动防护网等。支挡结构防护的类型较多，如挡土墙、锚杆挡墙、抗滑桩等。这些支挡结构既有防护作用，又有加固坡体的作用。

绿化植被在一定程度上对固坡、保持土壤有作用。当植物防护措施与工程支挡措施相结合，可发挥各自的优势，既保证了边坡的稳定，又可以减小坡面冲刷、水土流失，提升景观效果。

2.28 为什么高速公路边坡上的草很快就能长出来?

根据水利部门对于水土保持的要求，防止雨季水土流失，要求在边坡施工过程中做到开挖一级、防护一级、绿化一级，将绿化方案严格落实。常见的边坡绿化方案主要有三维网植草、客土喷播、人字形骨架植草等形式，对于局部复绿困难的地方还可以采用植生袋、植生混凝土。

为了让这些草种快速生根发芽，设计单位对草种配比进行了针对性设计，在喷播土质添加了有机质、肥料，并要求定期洒水养护，所以这些植物比一般地里的草长得更快更茂盛。

2.29 什么是土工离心模型试验?

土工离心模型试验能将岩土构筑物的变形部位、发展过程及工作状态直观地显示出来，其原理是将原型构筑物按几何尺寸缩小 n 倍，用和原型构筑物相同的土料制成模型，将其置入离心机吊篮内，使之产生 ng（g 为重力加速度）的离心加速度，模拟构筑物的实际状态，以求得原型构筑物的应力和变形，从而预知设计的构筑物是否经济合理、安全可靠及应采取的加固或优化措施。

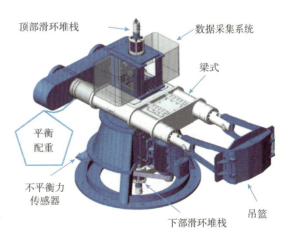

2.30 道路路面由哪些结构层组成？

路面结构由面层、基层、底基层和必要的功能层组合而成。面层位于整个路面结构的最上层，直接承受行车荷载的垂直力、水平力的反复作用，同时受到降雨和气温变化的不利影响，是最直接地反映路面使用性能的层次。与其他层次相比，面层应具有较高的结构强度、刚度和温度稳定性，并且耐磨、不透水，其表面还应具有良好的抗滑性和平整度。

路面基层是整个道路的承重层，起稳定路面、扩散荷载的作用。基层分为无机结合料（水泥、石灰、粉煤灰和工业废渣等）稳定类基层、碎砾石基层、沥青稳定碎石基层和水泥混凝土基层。

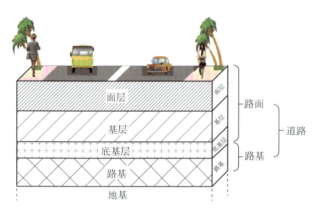

功能层主要起隔水（地下水、毛细水）、排水（渗入水）、隔温（防冻胀、翻浆）作用，并传递和扩散由基层传来的荷载应力，保证路基在容许应力范围内工作。如防冻层、疏水层、封层、透层、黏层等。

2.31 路面中垫层的作用有哪些？

路面垫层是指基层或底基层与土基之间的结构层次，主要起扩散荷载应力和改善路基湿度、温度状况的作用，以保证面层和基层的强度、刚度和稳定性不受土基温度、湿度状况变化而造成不良的影响。

垫层往往是为排水、隔热、防冻等目的而设置的，所以通常设在路基处于潮湿或过湿以及有翻浆的地段。在地下水位较高的地区铺设的能起隔水作用的垫层称隔离层，在冰冻较深地区铺设的能起防冻作用的垫层称防冻层。

此外，垫层不仅能扩散由基层传下来的应力，以减小土基的应力和变形，而且也能阻止路基土挤入基层中，从而保证基层的结构性能。

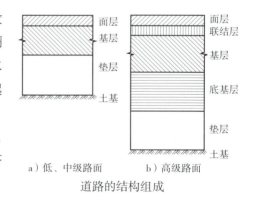

a）低、中级路面　　b）高级路面
道路的结构组成

2.32 每条路的路面结构是一样的吗?

常用路面有水泥路面、沥青路面和复合式路面等形式。路面类型的选择主要受公路等级、交通组成、气候、材料、造价、施工条件等因素影响。所以,在不同的地区,同一条路的不同路段可能采取不同的路面结构。

以某高速公路为例,下图中,GAC(改进的 Asphalt Concrete)为改进型沥青混凝土,ATB(Asphalt-Treated Base)为密级配沥青稳定碎石混合料。E_0 是路基顶面回弹模量,表征路基的竖向承载能力,可以反映路基在瞬时荷载作用下的可恢复变形性质。

复合式基层路面的 ATB-25 为大粒径柔性基层,作为应力吸收层,抗反射裂缝性能较好。刚性基层路面适用于弯沉较大、承载力不足的情况,如设置在主线的预制梁场、地下水丰富的路段等。

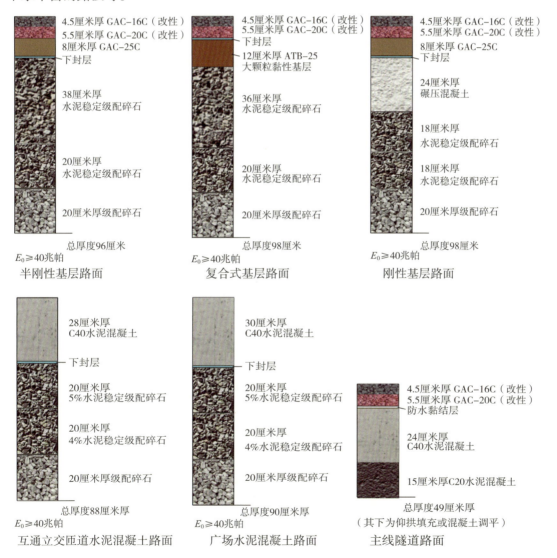

2.33 沥青路面是怎么设计出来的？

（1）调查分析交通参数，确定交通荷载等级。

（2）根据路基土类型、地下水位高度确定路基干湿类型和湿度状况，确定路基顶面回弹模量及必要的路基改善措施。

（3）根据设计要求，收集所在地区的常用路面结构组合和材料性质要求，分析影响路面结构设计的其他因素，初拟路面结构组合与厚度方案，选取设计指标。

（4）确定各结构层模量等设计参数，检验粒料的 CBR 值，无机结合料稳定类材料的无侧限抗压强度，沥青低温性能要求，沥青混合料的低温破坏应变、动稳定度、贯入强度和水稳定性等。

（5）收集工程所在地区气温资料，确定各设计指标对应的温度调整系数或等效温度。

（6）采用多层弹性体系理论程序计算各设计指标的力学响应量。

（7）进行路面结构验算。

（8）对通过结构验算的路面结构进行技术经济分析，选定路面结构方案。

（9）计算设计路面结构的验收弯沉值。

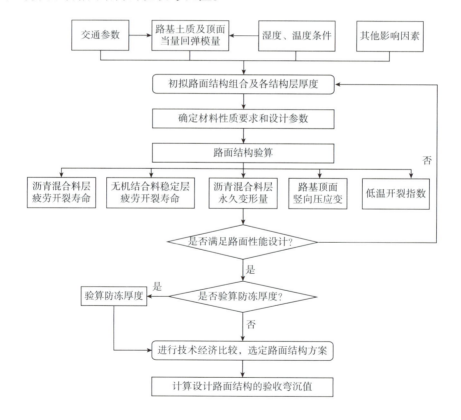

2.34 沥青混合料有哪些原材料？

（1）沥青材料：沥青路面一般采用道路石油沥青，或经过乳化、稀释、调和、改性等工艺加工处理的石油沥青做结合料。有时也用煤沥青，但很少。道路石油沥青以针入度分为7个标号，每一种标号的沥青分为A、B、C三个等级，分别适用于不同等级的公路和不同的结构层次。

（2）粗集料：是指集料中粒径大于2.36毫米（水泥混凝土为4.75毫米）的那部分材料，包括碎石、破碎砾石、筛选砾石、钢渣、矿渣等。粗集料按粒径大小分14种规格。

（3）细集料：是指集料中粒径小于4.75毫米（或2.36毫米）的那部分材料。

（4）填料：粒径小于0.6毫米的那部分材料。

上述材料通过合理的级配组合，并对材料进行适宜温度拌制就得到沥青混合料。对有特殊性能要求的还可以通过外加剂、水泥或纤维等材料进行改性。

2.35 什么是沥青混合料的级配？

级配是集料各级粒径颗粒的分配情况，可通过筛分试验确定。粗细不同的粒径按照一定的比例组合搭配在一起，以达到较高的密实度。对不同尺寸规格、质量比例的集料进行搭配组合，可得到以下几种不同级配类型：

（1）连续级配：连续级配是某一矿料在标准套筛中进行筛分后，矿料的颗粒由大到小连续分布，每一级都占有适当的比例。这种由大到小逐级粒径都有，并按比例互相搭配组成的矿质混合料。

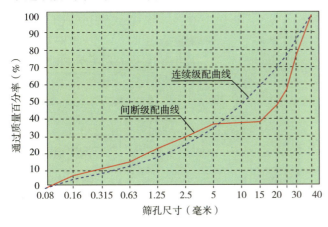

（2）间断级配：在矿料颗粒分布的整个区间里，从中间剔除一个或连续几个粒级，形成一种不连续的级配。

（3）连续开级配：整个矿料颗粒分布范围较窄，从最大粒径到最小粒径仅在数个粒级上以连续的形式出现。

2.36 沥青混合料有哪些结构形式？

沥青混合料是一种复合材料，主要由沥青、粗集料、细集料、矿粉组成，有的还加入改性剂或纤维。沥青混合料一般有三种结构类型：

（1）悬浮—密实结构：黏结力较大，内摩擦力受沥青材料的性质和物理状态的影响较大，高温稳定性较差，密实、抗疲劳和低温性能强。

（2）骨架—空隙结构：强度主要取决于内摩擦力，黏结力小，其结构强度受沥青材料的性质和物理状态的影响较小，高温稳定性较好，抗水损害、抗疲劳和低温性能差。

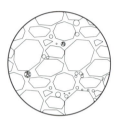
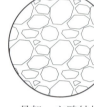
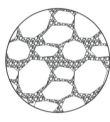

悬浮—密实结构　　骨架—空隙结构　　骨架—密实结构

（3）骨架—密实结构：黏结力和内摩擦力较大，高温稳定性较好，抗水损害、抗疲劳和低温性能较好。

2.37 什么是SMA？

SMA（Stone Mastic Asphalt，沥青玛蹄脂碎石混合料）是一种由沥青、矿粉、纤维稳定剂及细集料组成的沥青玛蹄脂填充于间断级配粗集料的骨架间隙中形成的密实沥青混合料，有点像"沙琪玛"的结构。

SMA的结构组成特点可概括为"三多一少"，即：粗集料多、矿粉多、沥青多、细集料少。SMA中粒径5毫米以上的粗集料比例高达70%~80%，矿粉用量达7%~13%（"粉胶比"超出通常值1.2的限制）；沥青用量较多，高达6.5%~7%。

SMA是当前国际上公认的一种抗变形能力强、耐久性能较好的沥青面层混合料，由于粗集料的良好嵌挤作用，混合料有非常好的高温抗车辙能力；同时由于沥青玛蹄脂的黏结作用，低温变形性能和水稳定性也有较多的改善；添加纤维稳定剂，使沥青结合料保持高黏度，其摊铺和压实效果较好；间断级配在表面形成大孔隙，构造深度大，抗滑性能好；同时混合料的空隙又很小，耐老化性能及耐久性都很好。

2.38 为什么沥青路面比水泥路面的噪声要小呢?

沥青路面孔隙大，小孔连通，孔隙内空气不会被急速压缩和释放，排出较顺畅。当轮胎滚动时，被压缩的气体能够通畅地钻入路面孔隙内，而不是向周围排射，因而减小了轮胎花纹的泵气噪声，所以沥青路面嘶嘶声小；而水泥路面横缝、纵缝多，为了防滑而刻有密密麻麻的凹槽，路面刚度大，减震缓冲效果差，所以噪声大。

沥青路面

水泥路面

2.39 怎么评价沥青路面的耐低温性能?

沥青路面在高温时会变软，在冬天会变硬。沥青低温性能主要包括延性、脆性。沥青延性是指当其受外力拉伸作用时，能够承受塑性变形的能力，是沥青内聚力的体现。脆性是指材料在低温条件下受到瞬时荷载作用时抵抗脆性破坏的能力，常表现为脆性破坏。沥青延度试验是判断沥青延性的方法。

《公路工程沥青及沥青混合料试验规程》（JTG E20—2011）对沥青及沥青混合料各种性能的试验方法、评价指标与标准做了详细的规定。沥青 5 摄氏度的延度大致范围：普通沥青为 5~10 厘米，SBS 改性沥青为 20~60 厘米，SBR 改性沥青常常大于 100 厘米。

说明：SBS 为 Styrene Butadiene Styrene（苯乙烯–丁二烯–苯乙烯）的缩写，是一种热塑性弹性体改性剂；SBR 是 Polymerized Styrene Butadiene Rubber（聚苯乙烯丁二烯共聚物）的缩写，一种聚合改性橡胶，通常称为丁苯橡胶。

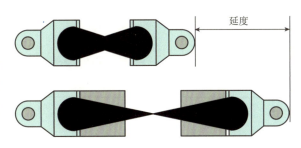

2.40 为什么要重视沥青路面的抗水损害能力？

沥青混合料的水稳定性是指沥青混合料抵抗由于水侵蚀而发生沥青膜剥落、松散、坑槽等破坏的能力。水稳定性差的沥青混合料在有水存在的情况下，会使沥青与矿料颗粒表面产生局部分离，同时在车辆荷载作用下沥青与矿料的剥落加剧，形成松散薄弱块，从而造成路面材料局部缺失并逐渐形成坑槽。当沥青混合料的空隙率较大，路面排水系统不完善时，将加剧沥青路面的水损害现象。

沥青混合料水稳定性试验方法主要有沥青与集料黏附性试验、浸水马歇尔试验、浸水劈裂强度试验、真空饱水冻融劈裂强度试验、浸水车辙试验等。

2.41 为什么有的路面在冬天看到很多裂缝，到夏天又几乎看不到了？

沥青路面具有一定的黏滞性、塑性及温度敏感性。塑性是指沥青在外力作用下产生变形而不破坏，除去外力后，仍能保持变形后的形状的性质。塑性也反映了沥青开裂后的自愈能力和受机械应力作用后变形而不破坏的能力。

冬季，沥青路面随着温度下降，劲度增大，塑性降低。在外界荷载作用下，使得一部分应力来不及松弛，应力逐渐累积下来，当这些应力超过材料抗拉强度时即发生开裂，从而会导致路面的破坏。夏季，沥青路面温度升高，劲度减小，塑性增加，沥青路面发挥自愈能力，裂缝又消失了。

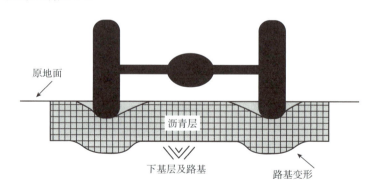

2.42 什么是改性沥青？沥青有哪些外加剂？

改性沥青是掺加橡胶、树脂、高分子聚合物、磨细的橡胶粉或其他填料等外掺剂（改性剂），或采取对沥青轻度氧化加工等措施，使沥青或沥青混合料的性能得以改善。聚合改性沥青主要有橡胶及热塑性弹性体（SBS）改性沥青、塑料与合成树脂类改性沥青、共混型高分子聚合物改性沥青，其中SBS改性沥青使用最为广泛。非聚合沥青改性剂是由矿物质和改性剂两类构成的，矿物质改性剂包括硅藻土、湖沥青、天然沥青、硫黄、不溶性硫黄、石棉、岩沥青等。

沥青改性的机理有两种，一是改变沥青化学组成，二是使改性剂均匀分布于沥青中形成一定的空间网络结构。从功能上讲，市场常见产品类型有抗车辙剂、抗剥落剂、温拌剂、乳化剂、高黏剂、阻燃剂、抗凝冰剂、环氧树脂等，还有加入各种纤维（聚丙烯纤维、钢纤维、聚丙烯腈纤维、仿钢纤维等）。

2.43 我们天天见到的水泥与混凝土，竟然有这么多学问？

通常讲的混凝土是指用水泥作胶凝材料，砂、石作集料，与水（加或不加外加剂和掺合料）按一定比例配合，经搅拌、成型、养护而得的水泥混凝土，也称普通混凝土。由于水泥的水化反应过程会释放热量，所以需要在施工期间洒水养护、降温，对于大体积混凝土还需要专门的降温措施和温控系统。

为了适应不同环境条件和施工需要，工程师们研制出各种外加剂，用于调节施工效率，控制工程质量，保障工程耐久性和使用寿命。混凝土外加剂种类繁多，根据《混凝土外加剂定义、分类、命名与术语》（GB/T 8075—2005）规定，混凝土外加剂按其主要功能分为以下四类：

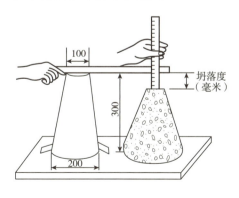

（1）改善混凝土拌合物流变性能的外加剂，包括各种减水剂、引气剂和泵送剂等。

（2）调节混凝土凝结时间、硬化性能的外加剂，包括缓凝剂、促凝剂、早强剂和速凝剂等。

（3）改善混凝土耐久性的外加剂，包括引气剂、防水剂、缓蚀剂和阻锈剂等。

（4）改善混凝土其他性能的外加剂，包括膨胀剂、着色剂、防冻剂、防水剂和泵送剂等。

2.44 什么是水泥混凝土的配合比?

水泥混凝土配合比,指的是每立方米混凝土中水泥、水、砂子、石子等组成材料之间的质量比例关系。确定这种质量比例关系的工作,称为混凝土配合比设计。

配合比设计的依据:混凝土设计强度等级;工程特征(工程所处环境、结构断面、钢筋最小净距等);水泥品种和强度等级,外加剂种类和用量;砂、石的种类、规格、表观密度以及石子最大粒径;施工方法等。

混凝土配合比的表示方法有两种:

(1)单位用量表示法:以1立方米混凝土中各种材料的用量表示。

如1立方米 C30 混凝土中,水:水泥:砂:石 =175 千克:461 千克:512 千克:1252 千克。

(2)相对用量表示法:以水泥质量为1,各组成材料用质量比表示。

水:水泥:砂:石 =0.38:1:1.11:2.72,水灰比 W/C(即 Water/Cement)=0.38。

2.45 什么是混凝土的强度等级?

混凝土的抗压强度是通过试验得出的,我国最新标准规定 C60 强度以下的采用边长为 150 毫米的立方体试件作为混凝土抗压强度的标准尺寸试件。按照《混凝土物理力学性能试验方法标准》(GB/T 50081—2019),制作边长为 150 毫米的立方体试件,在标准养护(温度 20 摄氏度 ±2 摄氏度、相对湿度在 95% 以上)条件下,养护至 28 天龄期,用标准试验方法测得的极限抗压强度,称为混凝土标准立方体抗压强度,以 f_{cu} 表示。

按照《混凝土结构设计规范》(GB 50010—2010)规定,在立方体极限抗压强度总体分布中，具有95%强度保证率的立方体试件抗压强度，称为混凝土立方体抗压强度标准值（以兆帕计），用$f_{cu,k}$表示。

按照标准试验方法测得的具有95%保证率的抗压强度作为混凝土强度等级。

影响混凝土强度等级的因素主要有水泥等级、水灰比、集料、龄期、养护温度和湿度等。

混凝土强度种类

强度等级	轴心抗压强度		轴心抗拉强度		弹性模量 E_c
	标准值 f_{ck}	设计值 f_{cd}	标准值 f_{tk}	设计值 f_{td}	
C30	20.10	14.30	2.01	1.43	3.00×10^4
C35	23.40	16.70	2.20	1.57	3.15×10^4
C40	26.80	19.10	2.39	1.71	3.25×10^4
C45	29.60	21.10	2.51	1.80	3.35×10^4
C50	32.40	23.10	2.64	1.89	3.45×10^4
C55	35.30	25.30	2.74	1.96	3.55×10^4
C60	38.50	27.50	2.85	2.04	3.60×10^4

2.46 什么是水泥的初凝时间、终凝时间？

水泥的成分通常为硅酸盐，这在初中化学课就能学到。

水泥的凝结时间有初凝与终凝之分。自加水起至水泥浆开始失去塑性、流动性减小所需的时间，称为初凝时间。自加水起至水泥浆完全失去塑性、开始有一定结构强度所需的时间，称为终凝时间。

国家相关标准规定，硅酸盐水泥的初凝时间不得早于45分钟，终凝时间不得迟于390分钟。普通硅酸盐水泥的初凝时间不得早于45分钟，终凝时间不得迟于600分钟。凝结时间不符合标准的水泥为不合格品。

凝结时间对混凝土施工有着重要的意义，初凝时间短，将会影响混凝土拌合物的运输和浇筑；终凝时间太长，则影响混凝土工程的拆模时间和施工速度。

2.47 为什么说现浇混凝土结构的拆模时间很重要?

混凝土浇筑后,在平均气温 20 摄氏度、使用早强水泥、养护良好条件下,3 天强度可达 50%~70%,7 天可达 80%~90%。钢筋混凝土模板拆卸日期应按结构特点和混凝土所达到的强度来确定。现浇混凝土结构的拆模期限如下:

不承重的侧面模板,应在混凝土强度能保证其表面及棱角不因拆模板而受损坏时,方可拆除,一般 12 小时后。承重的模板,应在混凝土达到下列强度以后,方能拆除(按设计强度等级的百分率计):板及拱跨度为 2 米及小于 2 米时取 50%,跨度为大于 2 米至 8 米时取 75%;梁跨度为 8 米及小于 8 米时取 75%;承重结构跨度大于 8 米时取 100%;悬臂梁和悬臂板取 100%。

在 2016 年 11 月江西省某在建项目冷却塔施工平台倒塌事故中,冷却塔未按要求制定拆模作业管理控制措施,对拆模工序管理失控。事发当日,在 7 号冷却塔第 50 节

筒壁混凝土强度不足的情况下,违规拆除模板,致使筒壁混凝土失去模板支护,不足以承受上部荷载,造成第 50 节及以上筒壁混凝土和模架体系连续倾塌坠落,损失惨重。

因此,拆模时间相当重要!

2.48 为什么水泥路面总是被切成豆腐块形?

由于物体普遍存在热胀冷缩性质,水泥路面在夏季高温时会膨胀,在冬季低温时会收缩。水泥路面作为刚性结构,如果在夏季受热膨胀时没有预留足够的空间,可能会因挤压过度而压碎或拱起,而在冬季收缩时出现横七竖八的裂缝,不便于修补,也影响美观。因此,根据路面力学计算,通常将水泥路面切成豆腐块形。

水泥混凝土路面的接缝主要有三种类型:

(1)缩缝。在混凝土硬化过程,每隔一定间距(4~6 米)切割的横缝与纵缝,防止因混凝土降温收缩、干缩等形成无规则裂缝。

(2)胀缝。在有障碍物限制混凝土路面热胀冷缩的地方设置胀缝。

(3)施工缝。路面混凝土浇筑施工不连续进行,在停顿部位设置的缝,应尽可能与缩缝或胀缝重合。

《公路水泥混凝土路面设计规范》(JTG D40—2011)对水泥路面的设计方法、设计指标与标准做了详细的规定。

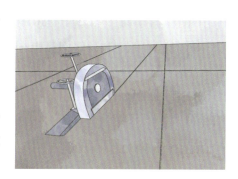

2.49 为什么混凝土路面用得越来越少，沥青路面越来越多了？

水泥路面的优点：强度高，稳定性好；耐久性好；养护费用低；抗滑性能好；水泥路面受温度影响小；造价低，施工方便。缺点：接缝较多；强度形成慢，需洒水养护，修补后开放交通较迟。水泥路面由于有接缝，在车辆荷载反复作用下，容易出现唧泥现象，造成路面板底脱空，出现错台，影响行车舒适性和安全性。因此，水泥路面常用于低等级公路、收费站、匝道、机场、码头、小区路等。

沥青路面的优点：表面平整、无接缝、行车舒适、振动小、噪声小、耐磨、不扬尘、养护便捷、能快速开放交通，同时黑色的路面画上白色标线非常清晰，视觉诱导效果好。但沥青材料有温度稳定性差、易老化、耐水性差等缺点，冬季易脆裂，夏季易软化。因此，沥青路面常用于高等级公路、城市道路、公园绿道等。

坑槽裂缝

裂缝

路面破损

断角断板

2.50 长寿命路面到底能使用多少年？

传统的沥青路面设计寿命为15年，适当增加路面强度及基层厚度的长寿命路面，可以获得50年或50年以上使用寿命。长寿命路面不仅适用于大交通量道路，经适当的调整后也可用于中、低等级交通量道路。

长寿命路面的提出，为交通量急剧增长的道路，特别是重载货物交通道路，提供了较好的设计理念，其路面技术还可以用于对旧路的维修、重建或扩建。虽然长寿命路面养护成本低、使用年限长，但一次性建设成本较高，目前还没有大规模推广。

2.51 公路有哪些养护维修措施？

公路养护大致分为几类：对于局部破坏区域进行针对性处理，如对已有裂缝进行灌缝处理，防止地表水下渗；对已有坑槽、坑洞，进行扩大挖除，清除松散的旧料，进行修补处理，圆洞方补；对于路面出现大面积的影响行车舒适性和安全的车辙、裂缝、错台、沉陷等病害，可以采取铣刨加铺等处理措施。

当路面破旧不堪，被拆除的路面该怎么处理？当路面结构出现了整体性破坏，水泥路面可就地打碎作为基层材料，沥青路面经破碎、提纯后加以回收利用。随着国家对环境保护的日益重视，交通行业也在研究、推广路面废料回收利用的新技术。

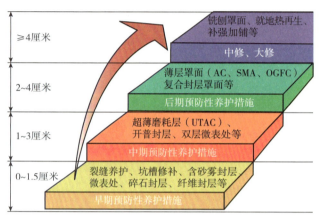

但与公路建设相比，我国公路养护是一个薄弱环节，技术能力和保障能力不足，这成为制约公路养护发展的瓶颈。公路养护发展的方向：快速、准确、可靠的路网技术状况监测技术与管理系统；科学的公路养护分析决策技术；先进的公路病害检测、原因诊断与养护设计技术；节能、环保型的公路养护材料及工艺。

2.52 高速公路沥青路面预防性养护技术有哪些？

公路预防性养护技术一般是指0~4厘米之间的表面处理技术，各种预防性养护技术可按照加铺层厚度以及应用时间分为早期预防性养护措施、中期预防性养护措施、后期预防性养护措施、中修、大修等。下表为各种养护措施的适用情况。

序号	养护措施			适用条件			
	加铺层类型	加铺层厚度（厘米）	联结层	公路等级	交通状况	使用年限（年）	路况指标要求（PCI/RQI）
1	含砂雾封层	—	—	各级公路	中等及以下	2	>90
2	稀浆封层	1~1.5	—	二级及以下	中等及以下	2~3	>85
3	微表处（MS-2/MS-3）	1~1.5	—	各级公路	各等级交通量	2~3	>85
4	碎石封层（含纤维封层）	1~1.5	—	二级及以下	中等及以下	2~3	>85
5	复合封层（微表处+碎石封层；稀浆封层+石屑封层等）	2~3	—	各级公路	各等级交通量	3~4	>85
6	超薄磨耗层（Novachip）	1.5~2.5	改性沥青、改性乳化沥青	各级公路	各等级交通量	3~4	>85
7	薄层罩面（AC-10/SMA-10/SAC-10/OGFC-10/Sup-10等）	2.5~3.5	改性沥青、改性乳化沥青	各级公路	各等级交通量	3~4	>85
8	复合罩面（碎石封层+薄层罩面）	3~4	碎石封层	各级公路	各等级交通量	4~5	>85

注：PCI是路面状况指数（Pavement Condition Index）的简称；RQI是路面行驶质量指数（Riding Quality Index）的简称；MS是微表处（Micro-Surfacing）的简称；SMA是沥青玛蹄脂碎石（Stone Mastic Asphalt）的简称；Sup是Superpave（Superior Performing Asphalt Pavement）的简称；OGFC是大孔隙开级配沥青磨耗层（Open-Graded Friction Course）的简称。

2.53 高速公路一般多久进行一次大修？

《公路工程技术标准》（JTG B01—2014）规定，沥青路面设计年限：高速公路、一级公路为 15 年，二级公路为 12 年，三级公路为 10 年，四级公路为 8 年；水泥路面设计年限：高速公路、一级公路为 30 年，二级公路为 20 年，三级公路为 15 年，四级公路为 10 年。

由于重载超载运输对公路的损坏，路面承载能力大大减弱，公路大修时间比设计年限提前，公路使用寿命大大缩短。

据统计，水泥路面使用寿命平均缩短 40%，沥青路面缩短 50%~60%，也就是说使用 15 年的公路，只能使用 6~8 年。随着技术水平的提高和管理的规范化，沥青路面大修年限可以提高至 10 年甚至更长。

2.54 泡沫混凝土是什么样的？

泡沫混凝土一般指气泡混凝土或轻质混凝土。它是以发泡剂、水泥、粉煤灰、石粉等搅拌成有机胶结料的聚合物，通过气泡机的发泡系统将发泡剂用机械方式充分发泡，并将泡沫与水泥浆均匀混合而成，内含均匀气孔，具有轻质、保温、吸声、耐火、防火、防水和抗冻等特点。泡沫混凝土密度小，能浮在水上。

泡沫混凝土具有不可压缩、高强、轻质特性，对工后沉降的控制较传统填料更有优势，常用于软基换填或桥台（涵洞、挡墙）背的路堤填筑，可显著降低基底应力，有效控制工后沉降、减少桥头跳车。

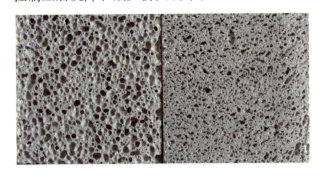

泡沫混凝土可以自流平、自密实，施工和易性好，便于泵送及整平，常用于市政管网的沟槽回填，使得施工便捷高效，大幅度缩短施工工期。

也有一些工程用泡沫混凝土填筑挡土墙，利用其自立性，减少挡土墙侧应力，从而减小挡土墙墙身尺寸。

2.55 为什么雨天车辆在路上会出现"漂移"现象?

在潮湿或雨天时,路面会覆盖上一层水膜。汽车在水膜上高速行驶时,水膜会对轮胎产生动压润滑作用;当达到一定车速时,动压润滑和水膜浮力共同作用会使轮胎与路面脱离,出现轮胎滑行于水膜之上的现象,被称为"漂移"现象。

路面抗滑性能是指车辆轮胎受到制动时沿路面滑移所产生的力。通常,抗滑性能被看作是路面的表面特性之一,并用轮胎与路面间的摩阻系数来表示。影响抗滑性能的因素有路面表面特性(纹理、构造深度等)、路面潮湿程度、轮胎花纹、胎压和行车速度。

抗滑性能的测试方法有:制动距离法、偏转轮拖车法(横向力系数测试)、摆式仪法、纹理深度测试法(手工铺砂法、电动铺砂法、激光构造深度仪法)。

2.56 公路排水设计有多重要?

路基和路面结构外露在地表,直接受到自然的影响。轻微的大气降水会导致地面积水,影响正常交通,严重时会造成路基水毁、沉陷、边坡滑塌、中断交通等。水是造成边坡滑塌的关键因素,对公路安全运营至关重要。

据统计,我国在2008—2010年间,共有351个城市62%发生过内涝。近年来,更有北京、上海、广东、武汉等多地发生了严重的内涝事件。

虽然发生内涝的原因不一,但是从中我们能看出排水设施出现了问题,对公路排水设计也要有足够的重视和前瞻性。

2.57 涵洞的结构组成及作用是什么？

涵洞是利用连通器的原理，用于过水、过人、过车、连通管道等。涵洞由洞身、洞口、基础和附属工程组成。洞身由若干节段组成，是涵洞的主体。端墙和翼墙位于入口和出口及两侧，起挡土和导流作用，同时还可以保护路堤边坡不受水流冲刷。按建筑材料，涵洞可分为砖涵、石涵、混凝土涵、钢筋混凝土涵；按照构造形式，涵洞可分为圆管涵、拱涵、盖板涵、箱涵等。

平原地区，每千米平均有 1~3 座涵洞；山岭重丘区，每千米平均有 4~6 座涵洞。

涵洞的结构相对比较简单，但是在公路建设中却具有非常重要的作用。如果其功能设计不合理，运营后将给当地群众的生产生活带来麻烦，补救的代价非常大！

比如，由于前期考虑不周，把需要过车的涵洞设计为小断面的过水涵，导致大型农机过不去；本应该做大断面过车涵洞的，却做成了 1 米×1 米、2 米×2 米这样小断面的过水涵甚至圆管涵；填方路基的上游一侧高山环抱的山坳因被路基阻挡、封闭，却没有预留通道和道路到达！

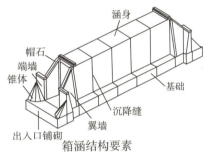

箱涵结构要素

2.58 装配式涵洞是什么样子的？

目前，在我国高速公路及铁路的涵洞施工中，仍然普遍采用传统的现场浇筑方式。涵洞施工点分散，受天气、季节、材料周转周期、混凝土龄期等因素制约导致施工周期长；加上作业人员施工水平参差不齐，现场作业受地形等外界因素影响，养生条件差，质量不易控制；现场施工工序繁多，多作业面施工，材料消耗大且浪费严重；作业面较分散，人工投入大，管理难度大。

广东云茂高速公路项目在调研安徽、江苏等地装配式涵洞的基础上，推广应用工厂化预制、现场"搭积木"式拼装，大大缩短了野外施工时间，破解了恶劣天气影响施工进度的难题，提高了施工效率和工程质量。装配式涵洞因需要摊销建预制场时采购设备及征地等增加的费用，在涵长规模达到 2500 米以上时经济效益明显。

2.59 为什么不少桥梁在桥头会出现"咯噔"一下跳车的现象？

这个现象叫"桥头跳车"，是由于公路桥头及伸缩缝（桥头引道）处的差异沉降或伸缩缝破坏而使路面纵坡出现台阶引起车辆通过时产生跳跃的现象。路面在台背回填处出现不同程度的沉降，使车辆通过时产生跳跃和冲击，从而对桥涵和路面造成附加的冲击荷载，使驾驶员和乘客感到颠簸不适，甚至造成车辆大幅度减速，严重的可导致交通事故。

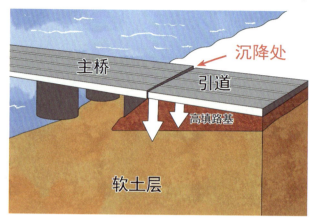

桥头跳车从本质上讲是因为桥梁混凝土和路基填土在材料刚度方面的明显差异，也受桥头地基处理和路基填筑质量、车辆荷载反复作用的影响。

你有解决"桥头跳车"问题的奇思妙想吗？

2.60 高速公路两个相邻收费站之间的距离有多远？

以往，车辆是通过收费站上、下高速公路的。收费站是用来对通行车辆收取通行费用的设施。收费站的位置一般有两种：一种是直接设在主线上，也称为路障式，多用于主线收费路段的起、终点处；另一种是设在立体交叉匝道或连接线上，一般用于主线收费路段之间的互通式立体交叉，以控制被交道路上的车辆进、出主线的收费。2020年1月1日0时起，取消了全国高速公路省界收费站，实现了"一张网运行、一体化服务"。

根据《公路路线设计规范》（JTG D20—2017）公路与公路立体交叉中互通式立体交叉的间距规定：相邻互通式立体交叉的最小间距不宜小于4千米，最大间距以不超过30千米为宜。也就是说，通过立交匝道（收费站）上下高速，一般还要走上几千米的路程。

2.61 为什么有的高速公路两个服务区之间离得很远，有的却比较近？

高速公路服务区的设施具有住宿（含停车）、餐饮、加油、汽车修理等功能。根据《高速公路交通工程及沿线设施设计通用规范》（JTG D80—2006）的规定，高速公路上设置的服务区平均间距不宜大于50千米、最大间距不宜大于60千米。因此城市周边的服务区会更密集，如果在繁华地区一般间隔30~40千米，如果在偏远地区最远不超过60千米。服务区的设置，还要考虑当地的地形条件和环境，所以实际的距离不是固定的。

以广东云茂高速公路为例，全线长130千米，共设互通式立交13处、服务区3处、停车区2处、管理中心1处、集中住宿区1处、养护工区3处、收费站11处。可见，各服务区之间的距离一般在30~40千米之间。

2.62 桥梁有哪些常见的类型？各有什么特点？

桥梁按结构体系划分，有梁式桥、拱式桥、斜拉桥、悬索桥四种基本体系。此外，还有由基本体系组合而成的组合体系，如刚架桥、连续刚构、梁、拱组合体系等。

梁式桥以受弯为主的主梁作为承重构件，其主梁可以是实腹梁或桁架梁，广泛用于中、小跨度桥梁。

拱式桥的主要承重结构是拱肋或拱圈，以承压为主，是由伸臂木石梁桥、撑架桥等逐步发展而成的。

斜拉桥是以受压弯的桥塔、受拉的拉索与受弯压的主梁组合起来的一种结构体系。悬索桥是以受压弯的索塔、受拉的主缆与受弯的加劲梁组合起来的一种结构体系。这两种桥是现代大跨桥梁的主要结构形式，特别是在跨越峡谷、海湾、大江、大河等不易修筑桥墩的地方架设大跨径的特大桥梁时，往往都选择悬索桥和斜拉桥的桥型。

刚架桥是一种介于梁与拱之间的结构体系，它是由受弯的上部梁（或板）结构与承压的下部柱（或墩）整体结合在一起的结构，桥身主要承重结构为刚架。一般用于跨径不大的城市桥或公路高架桥和立交桥。

2.63 各种桥型的单跨跨径能达到多少米？

简支梁桥常用跨径在5~50米之间，其中，钢筋混凝土简支梁桥跨径一般不超过15米，预应力钢筋混凝土简支梁桥跨径一般不超过50米。

连续梁桥、连续刚构桥是大跨径梁式桥建设中常用的一种结构体系，其常用跨径在100~250米之间，最大达到330米。代表性工程：重庆长江大桥复线桥（主跨330米，混凝土—钢混合连续刚构桥）。

拱桥单孔跨径在500米以内。拱桥跨径大小与材料直接相关，石拱桥跨径一般在5~100米之间，最大达到146米；混凝土拱桥跨径一般在50~300米之间，最大达到445米；钢管混凝土拱桥、钢拱桥跨径一般在100~500米之间，最大达到575米。代表性工程：广西平南三桥（主跨575m，中承式钢管混凝土拱桥），重庆朝天门大桥（主跨552米，三跨连续钢桁系杆拱桥），北盘江大桥（沪昆高铁贵州西段，主跨445米，上承式劲性骨架钢筋混凝土拱桥），山西丹河大桥（主孔净跨径146米，净矢高32.444米，石拱桥）。

斜拉桥跨径一般在200~500米之间，最大达到1100米以上。代表性工程：常泰长江大桥（主跨1176米），苏通长江公路大桥（主跨1088米）。

悬索桥跨径一般在500~1000米之间，最大达到2100米以上。代表性工程：南沙大桥（即虎门二桥，主跨1688米），狮子洋通道（广州南沙—东莞，主跨2180米），日本明石海峡大桥（主跨1991米，主塔高达298.3米），舟山西堠门大桥（主跨1650米）。

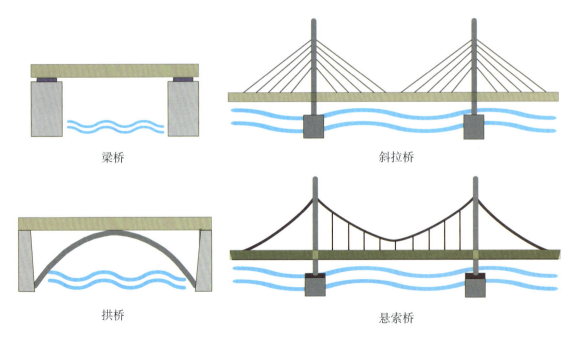

梁桥　　　　　　　　　　　　斜拉桥

拱桥　　　　　　　　　　　　悬索桥

2.64 桥梁由哪些结构组成？

桥梁一般由上部结构、下部结构、支座和附属构造物组成。上部结构又称桥跨结构，是跨越障碍的主要结构；下部结构包括桥台、桥墩和基础；支座为桥跨结构与桥墩或桥台的支承处所设置的传力装置；附属构造物则指桥头搭板、伸缩缝、锥形护坡、护岸、导流工程等。

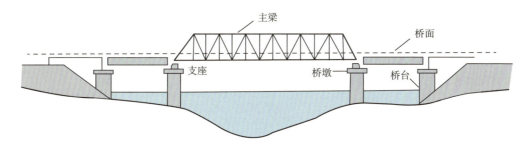

2.65 桥梁中的"跨"和"联"是什么意思？

桥梁工程中相邻两座桥墩之间的结构称为一跨，如果是拱桥，则称为一孔。对于简支梁而言，梁跨在桥墩位置是断开的；对于连续梁而言，多个梁跨连成一个整体。考虑到混凝土的热胀冷缩（梁体在高温时伸长、低温时缩短）比较明显，所以连续梁每隔适当距离需要设置一道变形缝以调节热胀冷缩的影响。相邻两道变形缝之间的梁跨结构称为一联。这里的"联"，指多个相互连接而又共同受力的结构物。

简支梁的长度相对较短，每跨梁都是断开的，不需要设置变形缝来补偿热胀冷缩，所以简支梁是没有"联"的说法。连续梁的变形缝位置通过伸缩缝装置连接，保证相邻两联之间的平滑过渡，以防止出现错台、产生"跳车"现象。伸缩缝通常设置在桥墩或桥台位置，一般3~5跨为一联。某桥跨布置为4×（5×30）米，是指该桥一共4联，每联有5跨，每跨长30米。

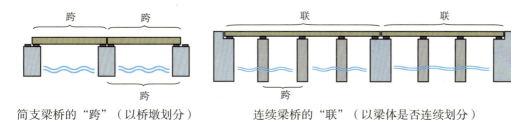

简支梁桥的"跨"（以桥墩划分）　　连续梁桥的"联"（以梁体是否连续划分）

2.66 特大桥、大桥、中桥、小桥是怎么区分的？

桥梁净跨径一般用 L_0 表示，对于梁式桥，是设计洪水位上相邻两个桥墩（或桥台）之间的净距；对于拱式桥，是每孔拱跨两个拱脚截面最低点之间的水平距离。

计算跨径，对于具有支座的桥梁，是指桥跨结构相邻两个支座中心的距离；对于拱式桥，为两个相邻拱脚截面形心点之间的水平距离。

（1）按多孔跨径总长分：特大桥（$L > 1000$ 米）；大桥（100 米 $\leq L \leq 1000$ 米）；中桥（30 米 $< L < 100$ 米）；小桥（8 米 $\leq L \leq 30$ 米）。

（2）按单孔跨径分：特大桥（$L_k > 150$ 米）；大桥（40 米 $\leq L_k \leq 150$ 米）；中桥（20 米 $\leq L_k < 40$ 米）；小桥（5 米 $\leq L_k < 20$ 米）。

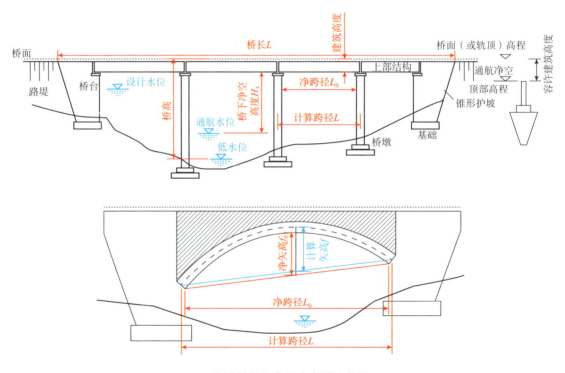

公路桥梁基本尺寸术语示意图

2.67 拱桥由哪些结构组成？是如何分类的？

拱桥是以承受轴向压力为主的拱圈或拱肋作为主要承重构件的桥梁，拱结构由拱圈（拱肋）及其支座组成。钢拱桥多数采用上承式或中承式双铰拱形式。

（1）按拱圈（肋）结构的材料分：石拱桥、钢拱桥、混凝土拱桥、钢筋混凝土拱桥、钢管混凝土拱桥。

（2）按照拱轴线的形式分：圆弧拱桥、抛物线拱桥、悬链线拱桥。

（3）按桥面与拱脚的位置关系分：上承式拱桥、中承式拱桥、下承式拱桥。

（4）按拱圈结构形式分：板拱、肋拱、双曲拱、箱形拱、桁架拱。

（5）按拱圈（肋）的静力图式分：无铰拱、双铰拱、三铰拱。前二者属超静定结构，后者为静定结构。

钢管混凝土拱桥是将钢管内填充混凝土，由于钢管的径向约束而限制受压混凝土的膨胀，使混凝土处于三向受压状态，从而显著提高混凝土的抗压强度。

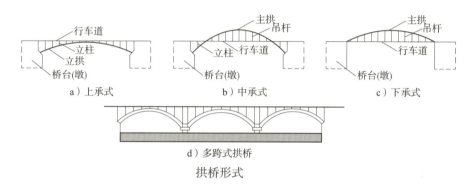

拱桥形式

2.68 悬索桥的结构组成和受力原理是什么？

悬索桥又名吊桥，是以承受拉力的缆索或链索作为主要承重构件的桥梁，由悬索、索塔、锚碇、吊杆、桥面系等部分组成。缆索一般用抗拉强度高的钢材（钢丝、钢缆等）制作。悬索桥的构造方式是在19世纪初被发明的，适用范围以大跨径及特大跨径公路桥为主，是大跨径桥梁的主要形式。

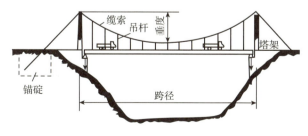
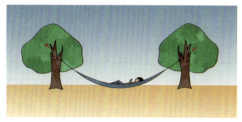

2.69 斜拉桥的结构组成和受力原理是什么？

斜拉桥是由承受压弯的塔、受拉的索和受弯压的梁体组合起来的一种结构体系，比梁式桥的跨越能力更大，是大跨径桥梁的最主要桥型。斜拉桥由许多直接连接到塔上的钢缆吊起桥面。斜拉桥主要由索塔、主梁、斜拉索组成。

索塔形式有 A 形、倒 Y 形、H 形、独柱形，材料有钢和混凝土。空间索面布置有单索面、平行双索面、斜索面，桥面很宽时也可以布置成三索面甚至四索面。斜拉索的索面形式主要有三种：辐射形、竖琴形和介于两者之间的扇形。

斜拉桥是一种自锚式体系，斜拉索的水平力由梁承受。梁除了支承在墩台上外，还支承在由塔柱引出的斜拉索上。按梁所用的材料不同可分为钢斜拉桥、钢—混结合梁斜拉桥和混凝土梁斜拉桥。

在设计时要统筹考虑索塔的布置，跨径布置，拉索与主梁的关系，塔高与跨径的关系，以及材料性能。

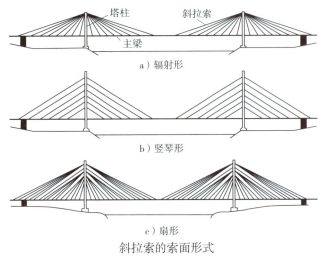

斜拉索的索面形式

2.70 为什么高速公路设计经常提到"桥隧比"？

桥隧比是指桥梁和隧道占公路总里程的比例，一般用于体现公路、铁路工程的难易程度。桥隧比越大，说明桥梁和隧道占总里程的比例越大，通常该工程难度就越高。

一般情况下，其计算公式为：桥隧比 =（桥梁长度 + 隧道长度）/ 路线总长度。

互通立交的桥隧比可以单独计算。

2.71 什么是预应力混凝土？

为了避免钢筋混凝土结构裂缝，增强耐久性，充分利用不同材料的特性和强度优势，人们在长期的生产实践中创造了预应力混凝土结构。

所谓预应力混凝土结构，是在结构构件受外力荷载作用前，先人为地对它施加压力，由此产生的预应力状态用以减小或抵消外荷载所引起的拉应力。

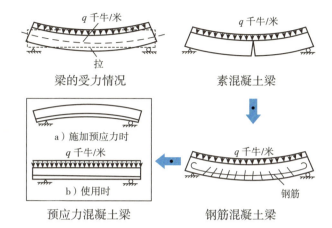

2.72 先张法和后张法施加预应力各有什么优缺点？

先张法是先张拉预应力钢筋（钢绞线），后浇筑混凝土；后张法是先浇筑混凝土，预留钢筋（钢绞线）孔洞，后张拉钢筋（钢绞线）。先张法与后张法相比具有如下优点：

（1）先张法施工简单，靠黏结力自锚，不必耗费特制锚具，临时锚具（一般称工具式锚具或夹具），可以重复使用，大批量生产时经济，质量稳定。后张法锚具不能重复使用。

（2）先张法适用于中小型构件工厂化生产。后张法适用于施工现场生产大型预应力混凝土构件。

先张法与后张法相比具有如下缺点：

（1）先张法需要较大的台座或成批的钢模、养护池等固定设备，一次性投资较大；后张法不需固定的台座设备，不受地点限制。

（2）先张法预应力筋布置通常为直线形，难以适应曲线布置。

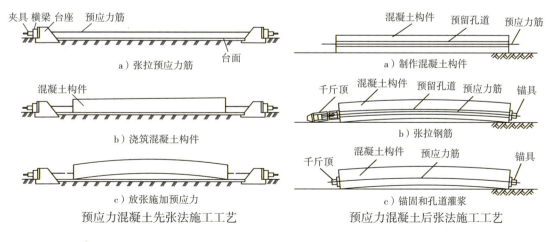

2.73 什么是拱桥的矢跨比？

矢跨比指拱桥中拱圈（或肋拱）的计算矢高 S 与计算跨径 L 之比（S/L）或净矢高与净跨径之比，用于表征拱的坦陡程度。它不但影响主拱圈内力的大小，还影响拱桥的构造形式和施工方法的选择，同时影响拱桥与周围景观的协调，它是反映拱桥受力特性的一个重要指标。矢跨比小于 1/5 的拱桥称坦拱，大于或等于 1/5 的称陡拱。

净矢高：从拱顶截面下缘至相邻两拱脚截面下缘最低点之连线的垂直距离。

计算矢高：从拱顶截面形心至相邻两拱脚截面形心之连线的垂直距离，用 S 表示。

净跨径：对于拱式桥，是每孔拱跨两个拱脚截面最低点之间的水平距离。

计算跨径：对于拱式桥，是指两相邻拱脚截面形心点之间的水平距离，即拱轴线两端点之间的水平距离 L。

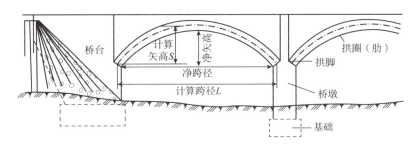

2.74 为什么桥梁不直接放在桥墩上，而是要放在支座上？

支座设置在梁底与垫石之间。它的主要作用是把上部结构的荷载（包括恒载和活载引起的竖向力和水平力）传递到墩台上，并能够适应活载、温度变化、混凝土收缩等因素所产生的变位（位移和转角），使上下部结构的实际受力情况符合设计的计算图式，同时对车辆荷载可以起到一定的缓冲作用。简支体系、连续体系的桥梁需安装支座。

桥梁支座按结构形式分类：球形支座、盆式橡胶支座、板式橡胶支座、铰轴支座、转体球铰等。对于高速公路桥梁和一些小型公路桥梁，由于其跨径小、上部结构的反力及变形小，一般选用板式橡胶支座。对于跨公路、跨铁路、跨江河、跨海的桥梁，由于其跨径较大、上部结构的反力及变形大，一般选用盆式橡胶支座或球型支座。

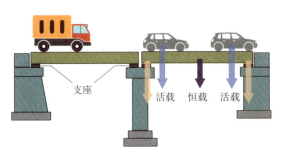

橡胶支座不但能承受荷载，还能化解摩擦、震动、热胀冷缩位移产生的应力，延长桥梁的寿命。

2.75 连续刚构桥有什么特点？是"刚"还是"钢"？

刚构桥的主要承重结构是梁与桥墩固结的刚架结构，由于墩梁固结，使得梁和桥墩整体受力，桥墩不仅承受梁上荷载引起的竖向压力，还承担弯矩和水平推力。刚构桥在竖向荷载作用下，主梁的跨中正弯矩比同等跨径简支梁或连续梁小很多，其跨越能力远大于简支梁或连续梁桥；墩梁固结，省去了大型支座，结构整体性强、抗震性能好。

连续刚构桥是大跨径桥梁常用的一种结构体系，其常用跨径在 100~300 米之间，边跨变截面连续梁跨径是其 0.5~0.8 倍。

对于大部分连续刚构桥来说，其横断面基本为箱形断面，箱形断面具有很好的整体性、结构刚度，特别是其抗扭能力很强。

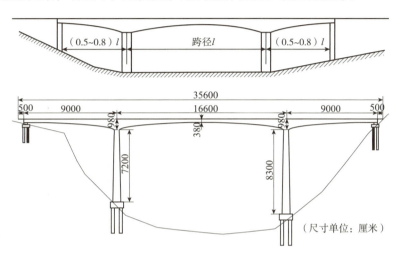

(尺寸单位：厘米)

2.76 为什么有的桥墩是圆形的，有的是矩形的？

圆墩在各向同性和避免应力集中方面优势更明显一些，可以适应各种复杂受力状态，计算方便一些。从流体力学角度考虑，无论是风载还是水载，圆形截面都有着明显的优势。尤其是在水中，圆形截面可以减小阻水面积，同时减小冲刷。从施工角度考虑，圆形截面在施工时，无论从钢筋到模板，再到混凝土各个环节都比矩形截面更容易控制质量。

由于矩形墩的截面积大，抗弯、抗剪、抗扭性能更好，桥墩高于 40 米时，一般采用矩形实心墩或空心薄壁墩。

2.77 在高山峡谷中修建大桥，那么高的桥墩为什么不会倒？

桥墩是有基础的，可能是桩基础，也可能是坐落在天然地基的扩大基础，可能进入岩层，也可能不进入岩层，但是《公路桥涵地基与基础设计规范》（JTG 3363—2019）把上部荷载、水流、撞击等因素都考虑了，并有一定的富余量，所以安全是有保证的。也就是说，因为基础可靠，所以桥墩在正常使用的情况下不会倒。

桥梁桩基主要有两种受力模式，一是桩基底部坐落在坚硬的岩石上，主要靠基岩提供抵抗力，被称为嵌岩桩或端承桩，桩长在十几米到三四十米不等；二是基岩太深时，桩基要靠周围的泥土包裹，提供向上的摩擦力，被称为摩擦桩，桩长达四五十米甚至上百米，这就跟一个大人竖着抱一个小孩一样，掉不下去。

2.78 桩基打到多深就算可以了？

在勘察设计阶段，在地质勘察的基础上，根据工程地质、水文地质条件和承载力等要求设计桩基的长度。地质分布虽然有规律，但也存在不确定性，桩基在钻挖过程中，需要地质工程师和设计人员根据渣样的岩性进行动态分析，确定桩底的标高，也就是确定钻孔的最终深度和桩长，这在专业上称为"桩基终孔"。

对于冲击钻施工的嵌岩桩，综合考虑锤重、冲程、泥浆比重等因素，通过有原位钻孔的桩基成孔确定进尺速率，无原位钻孔的结合参考桥位工程地质平面图、工程地质纵横断面图和地质钻孔柱状图，当钻进速率平稳、渣样岩性稳定，且满足最小桩长、嵌岩深度和持力层承载力等要求时，基本可以判定进入中、微风化岩层。

不管对于摩擦桩和嵌岩桩，桩基的长度都是要根据实际情况来确定的。允许调整的长度范围对业主方、设计方、施工方和监理方的不同岗位有不同权限，以确保结构安全可靠、经济、施工高效。

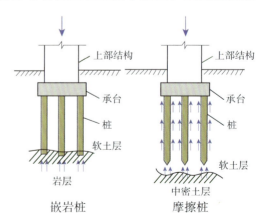

2.79 桥梁桩基往往插入地下几十米甚至上百米深，怎么知道下面的地质情况？

在修筑桥梁前，会进行工程地质勘察，主要是为查明影响工程建筑物的地质因素。所需勘察的地质因素包括地质结构或地质构造：地貌、水文地质条件、土和岩石的物理力学性质，自然（物理）地质现象和天然建筑材料等。这些通常称为工程地质条件。

查明工程地质条件后，需根据设计建筑物的结构和运行特点，预测工程建筑物与地质环境相互作用（即工程地质作用）的方式、特点和规模，并做出正确的评价，采用适当的防护措施，确保建筑物稳定与正常使用。

工程地质勘探包括工程地球物理勘探、钻探和坑探工程等内容，详见《公路工程地质勘察规范》（JTG C20—2011）。下图为武汉桥梁博物馆展示的地质钻探芯样。

2.80 对于钢筋混凝土结构，"C 位"的钢筋有何作用？

由于实际工程构件不仅承受压力，往往还受到拉力、弯矩、扭矩等作用。素混凝土抗压承载力较好，但是其抗拉强度则不到其抗压强度的1/5。较大的拉力会使混凝土发生开裂甚至倒塌，混凝土承载力不能完全利用，工程上不经济。

而钢筋混凝土结构利用钢筋具有较高的抗拉强度和良好延性等优点，在混凝土中配置一定数量的钢筋，用于弥补混凝土抗拉强度低的弱点，对分担结构拉应力起到关键作用。

钢筋与混凝土协同受拉，可以大幅提高结构的承载力，同时可以减小混凝土结构尺寸、减轻结构自重，使工程更加经济。

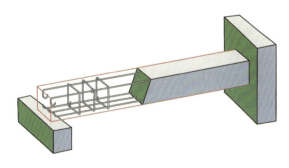

2.81 什么是框架墩?

近年来,随着城市高架桥的大规模建设和公路路网的不断密集,相交道路在平面上发生冲突的问题也就随之增多。框架墩通过设置刚性横梁将墩柱放在路幅以外。框架墩

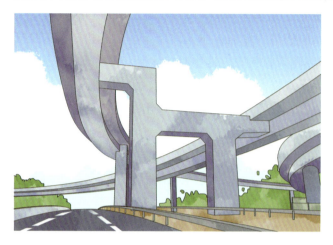

的方案在美观上相对较差,给人节外生枝、不对称、不协调、力学上不平衡的感觉,对于有较高景观要求的桥梁,应尽可能避免使用。

但框架墩墩柱间距较大,通常将盖梁设计为预应力结构,在桥下有通行需求和降低工程造价方面有一定的优势,故在城市高架桥梁中比较常见。框架墩与普通桥墩相比,在构造与计算上也有其特殊性。

2.82 什么是全漂浮体系斜拉桥?

斜拉桥,按梁体与塔、墩的连接方式可以分为四大类:刚构体系、塔梁固结体系、半漂浮体系、全漂浮体系。

全漂浮体系斜拉桥就是承重索塔不设下横梁和支座,主梁处于全悬浮状态,犹如飘浮在空中,整座大桥的荷载通过斜拉索传到索塔,再由索塔垂直传递至基础。全漂浮体系斜拉桥可以很好适应运营工况及温差、大风、地震等外力作用下的位移变形,避免结构共振,达到抗震效果。

特别是在发生地震或飓风时,全漂浮体系斜拉桥可以不受桥墩的约束而极大限度地实现纵向摆动,从而避免结构共振,达到抗震消能的最佳效果。当桥梁发生温度变形或正常的徐变变形时,相互脱离的悬浮结构也能避免桥中产生过大的内部应力。

由于斜拉索不能对主梁提供有效的横向支承,为了防止风力和地震荷载使漂浮体系斜拉桥产生过大的摆动,影响安全,工程上往往在塔柱和主梁之间设置高阻尼的主梁水平弹性限位装置。

2.83 为什么有的桥梁梁体中间是空心的，有的是实心的？

桥梁梁体截面选择空心还是实心取决于桥梁跨径，对于跨径小于 10 米的桥梁，可以做实心，且施工简单。但随着跨径的增加，实心的桥梁相对于空心梁体自重大，实心桥梁的刚度虽然大于空心桥板，但随着其跨径增加，所需要的抗弯能力也随之提高，可能导致梁体带裂缝工作，影响桥梁的耐久性。而空心板在保证刚度的条件下，减小桥梁自重，降低成本，耐久性好。当然，空心板一般在小跨径使用，箱梁也是空心的。

2.84 公铁两用桥设计时为什么大多铁路在下、公路在上？

首先，公路运输容易出现超高、超重、超宽问题，车辆大小、速度不一，交通变数大，行车视距要求高，而铁路运输的同类问题小得多，也较易控制，从结构及空间考虑，铁路在下层比较合理。

其次，由于火车和汽车的爬坡能力不同，目前中国大多数铁路路线纵坡在 0.1% 以内，而高速公路纵坡在平原区一般不大于 3%，山区不大于 5%，公路设计在上层便于桥梁两端道路调坡。

再次，铁路的荷载大于公路的荷载，铁路在下层时可以降低结构重心，增加桥梁稳定性。

最后，如果铁路布置在上层，噪声比较大，影响下层公路上车辆驾乘人员的舒适性。

所以，大多铁路在下、公路在上。

2.85 为什么钢筋混凝土梁桥的跨径不会无限大?

钢筋混凝土虽然具有强度高、耐久性好、取材简单等优点,但也存在不足之处。例如钢筋混凝土截面尺寸比相应的钢结构大,因而自重大;混凝土抗裂性能差,受环境气候影响大等。随着跨径的增加,一方面钢筋混凝土梁自重增大,如果混凝土梁带裂缝工作,这些裂缝会影响钢筋混凝土的耐久性。

当普通钢筋的抗拉能力不足以继续抵抗混凝土开裂时,如果增加配筋率,则不仅对防止混凝土开裂作用不明显,还增加自重,提高成本。对混凝土梁施加预应力使得桥梁跨径大幅增加。

桥梁的跨径与建筑材料、施工水平密切相关,期待对这些知识感兴趣的读者朋友深入钻研哦!

2.86 桥梁构造一般包括哪些部分?

桥面铺装层既能为车辆、行人提供一个平整、舒适的行走界面,也能对桥梁的主要结构起保护作用。与桥梁的主体结构相比,桥面构造工程量小,但所包含的项目却很繁杂,其选择与布置是否合理,不但直接影响桥梁的使用功能,还对桥梁的布局和美观有很大影响。

桥面构造包括行车道铺装、排水防水系统、人行道(或安全带)、缘石、中央分隔带护栏栏杆、路侧护栏(防撞墙)、照明灯具和伸缩缝等。

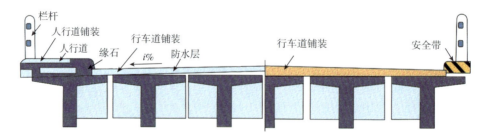

2.87 为什么梁与梁之间要留一道道钢接缝?

桥梁在温度变化时，桥面有膨胀或收缩的纵向变形，车辆荷载也将引起梁端的转动和纵向位移。为使车辆平稳通过桥面并满足桥面变形，需要在桥面伸缩缝处设置一定的伸缩装置，这种装置称为桥面伸缩缝。

在选择伸缩缝的类型时，主要取决于桥梁的伸缩量，其大小由计算确定，并考虑留有一定的附加量。除此之外还应注意构造措施。伸缩缝主要分为对接式、钢制支承式、板式、模数支承式、无缝式等类型。

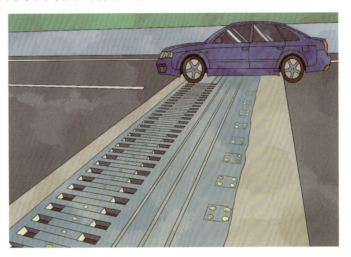

桥梁伸缩缝虽小，但是作用巨大。2020年，某高速公路发生桥梁伸缩缝断裂、翘起，导致车撞桥交通事故，造成4人轻伤、1人重伤。看来小小的伸缩缝也有大大的影响，千万不可忽视啊!

2.88 为什么跨江跨海大桥往往需要很长的引桥?

引桥指的是位于主桥两端、代替高路堤的桥梁跨段，作用是连接正桥和路堤。建造水上桥梁时，为了让桥下能顺利通行大型船舶，桥孔下必须留有足够的净空高度，这样就必须把桥造得高一些。桥造高了，桥与两岸间的坡度就会增加，这将严重地影响上下桥面的交通。

引桥就是桥和路基之间的"过渡"，把路面逐渐抬高或逐渐降低，使车辆能平缓地上下桥面。同时，坡度降低后，有利于行车安全。

2.89 跨海或跨江隧道的人工岛是怎样建成的?

以港珠澳大桥人工岛为例,设置东、西2个人工岛,施工时先挖除海床表层浮淤泥,将120个(东岛61个、西岛59个)直径22米、厚2厘米的大钢圆筒插入海床下不透水黏土层29米深,并用弧形钢板将钢圆筒连接起来,快速形成围堰,再往岛中和钢圆筒回填中粗砂,并进行超载预压,同步在围堰外侧堆砌10~100千克大小不等的块石,在石堆表面铺满单个重3吨的扭工字形混凝土预制块,形成具有削浪作用的斜坡堤。

同时,为了能够保证人工岛防淹排水安全,在岛上还设置了挡浪墙结构和排水系统,每个岛设置越浪泵房4个、雨水泵房2个。如果有较大强度的台风或降雨,将开启水泵进行排水,以保证整个人工岛和海底隧道的安全运营。目前,这2个人工岛成功经受住了"天鸽""山竹"超强台风的考验。

2.90 风洞试验是用来做什么的?

风洞是指能人工产生和控制气流,以模拟飞行器或物体周围气体的流动,并可量度气流对物体的作用以及观察物理现象的一种管道状试验设备,它是进行空气动力试验最常用、最有效的工具。风洞设备和技术与汽车、航空航天飞行器的发展紧密相连,风洞在桥梁的设计方面也有重要的应用,利用风洞实验,在设计桥梁时用以提高桥梁的抗风能力。

桥梁应具有抵抗风作用的能力,特别是大跨度桥梁,其柔性较大,设计时必须考虑颤振、抖振和涡激振动等空气动力问题。通过抗风设计、风洞试验和抗风措施来确定桥梁风荷载和抗风性能是大跨度柔性桥梁抗风研究的主要手段。常见的三种桥梁风洞试验为静力三分力试验、弹簧悬挂刚体节段试验和全桥气动弹性模型试验。

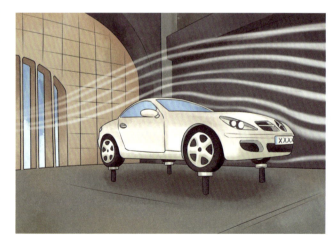

目前交通运输行业建有风洞试验室的高校有西南交通大学、同济大学、湖南大学等。

2.91 世界最著名的塔科马海峡大桥风毁事件是怎么回事?

塔科马海峡大桥位于美国华盛顿州塔科马（Tokoma），于1940年7月1日通车，4个月后竟然被微风引发的振动摧毁。1940年11月7日上午11时，当时风速18.6米/秒（8级），桥面由上下振动转化为扭转振动，后因振动剧烈，结构承载力达到极限，大桥瞬间垮塌。

该桥的特点如下：

（1）大跨度悬索桥，主跨853米，边跨336米，全长1527米，是当时世界第三长的悬索桥；

（2）最细长的结构，左右主缆的间距11.9米，与跨度之比为1/72，加劲桁高2.44米，仅为跨度的1/350。

冯·卡门1954年在《空气动力学的发展》一书中写道：塔科马海峡大桥的毁坏，是由振动与涡旋的共振引起的。出现涡振时，流体对物体会产生一个周期性的交变横向作用力。如果这个力的频率与物体的固有振动频率相接近，就会引起共振，甚至使物体损坏。大桥最终坍塌的画面至今仍然对学习工程学、建筑学和物理学的学生起着警示的作用！

2.92 桥面的水是如何排出去的呢?

为了迅速地排除桥面积水，防止雨水积滞于桥面、渗入梁体而影响桥梁的耐久性，在桥面上除设置纵横坡排水外，还需要设置一定数量的泄水管道，以便组成一个完整的排水系统。桥梁排水方式分为进水口接泄水管直接下排方式、进水口接排水管和落水管沿桥墩下排方式、防撞栏杆外加排水槽的排水方式。

为了防止桥面发生车辆运输危化品或有毒液体泄漏，对桥下的河道、鱼塘、养殖场、水源保护区等环境敏感点造成污染，桥下会设置应急沉淀池，用于临时收集、集中处置。但是，桥梁太长时，对桥面泄漏的液态危化品收集还没有好的解决办法。

2.93 跨海大桥这么长，中途为什么没有厕所？

我们知道，高速公路每隔30~40千米会有一个服务区，服务区内不仅能休息，还有厕所、便利店、加油站等设施，能够满足车主的需求。但是跨海大桥上不仅没有服务区，中途也没有加油站，汽车也不能停靠，所有来往的汽车都是快速通过这里。

比如，港珠澳大桥全长55千米，和高速公路上服务区间隔的距离差不多，驾驶员一般开30~40分钟就能驶出大桥了。另外，大桥上虽然没有服务区，但是在进入大桥之前会设有加油站和厕所，驾驶员可以在上桥之前加油或者上厕所，稍作休息。

2.94 公路隧道有哪些类型？分类依据是什么？

（1）按照隧道所处的地质条件分：土质隧道和石质隧道。

（2）按照隧道的长度分：短隧道（长度≤500米）、中长隧道（500米＜长度≤1000米）、长隧道（1000米＜长度≤3000米）和特长隧道（长度＞3000米）。

（3）按照国际隧道协会（ITA）定义的隧道横断面积的大小划分标准分：极小断面隧道、小断面隧道、中等断面隧道、大断面隧道和特大断面隧道。

（4）按照隧道所在的位置分：山岭隧道、水底隧道和城市隧道。

（5）按照隧道埋置的深度分：浅埋隧道和深埋隧道。

2.95 隧道由哪些结构组成？分别有什么作用？

隧道的结构包括主体建筑物和附属设备两部分。主体建筑物由洞身和洞门组成，附属设备包括横洞、消防设施、应急通信和排水设施，长的隧道还有专门的通风和照明设备。

横洞的作用是当车辆通过隧道时，为了保证洞内行人、维修人员及维修设备的安全，需要在隧道两侧边墙上均匀交错地修建洞室，用于躲避车辆，或应急救援时左右洞之间转运物资。

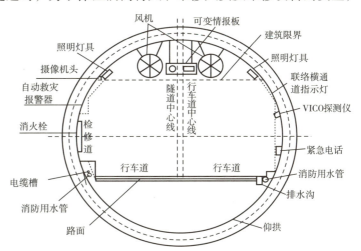

消防设施主要有消火栓系统、喷水灭火系统、消防报警系统等，其作用是为了及时发现隧道内部火灾并进行应急救援。

从力学性质来说，圆形的结构承压效果好，受力均匀。公路隧道断面普遍采用椭圆形。

2.96 隧道位置的选择有什么讲究吗？

隧道位置应选择在稳定的地层中，尽量避免穿越工程地质和水文地质极为复杂地段以及严重不良地质地段。路线沿河傍山地段，当以隧道通过时，其位置宜向靠山侧内移，避免隧道一侧洞壁过薄（偏压）、河流冲刷和不良地质对隧道稳定的不利影响。

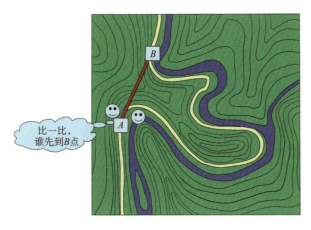

隧道洞口不宜设在滑坡、崩坍、岩堆、危岩落石、泥石流等不良地质地段及排水困难的沟谷低洼处或不稳定的悬崖陡壁下。濒临水库地区的隧道，应注意由于库水长期浸泡造成库壁坍塌对隧道稳定的不利影响，并采取相应的工程措施。

在进行隧道、挖方边坡、调整线位方案对比时，应从技术可行性、经济性、交通功能、环保等方面综合考虑。

2.97 在岩溶地区修路容易出现哪些病害？

在岩溶地区修建公路要谨慎，由于地下岩溶水的活动，或因地面水的消水洞穴阻塞，经常会出现路基基底冒水、水淹路基、水冲路基以及隧道涌水等病害，或者由于地下洞穴顶板的坍塌，引起位于其上方的路基、边坡、桩基及其附属构造物发生坍塌、下沉或开裂。

因此，在岩溶地区修建公路时，应全面了解路线通过地带岩溶发育的程度和岩溶形态的空间分布规律，以便避让或采取合理的防治措施。

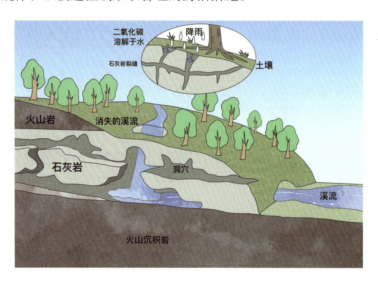

2.98 什么是隧道的掌子面？

掌子面，是开挖坑道（采煤、采矿或隧道工程中）不断向前推进的工作面。顾名思义，就像张开的手掌一样的工作面。这是隧道施工中一个非常重要的名词。

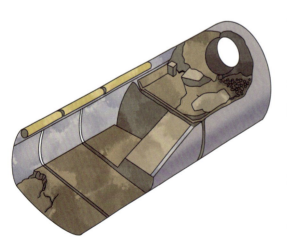

隧道的开挖使得支撑隧道洞身的围岩被挖掉，掌子面后方出现临空面（失去支撑），围岩应力重新分布，导致围岩向隧道临空方向变形。这种变形包括掌子面面内竖向、横向变形和面外纵向变形（挤出变形）。软弱围岩隧道设置超前支护和初期支护的主要目的，就是抑制这些变形的发展，保证结构安全。

2.99 什么是隧道的初期支护？

锚喷暗挖法隧道一般有"新奥法"和"浅埋暗挖法"两种。土方开挖后，土层应力释放，容易变形和坍塌，需要及时施作初期支护来形成闭环、提供支撑，同时保证施工安全，提供作业空间。初期支护一般有钢筋网片—钢拱架、钢筋网片、锚杆—钢拱架，架立后及时固定并喷射混凝土。

初期支护完成并等变形稳定后，可施作二次衬砌。浅埋暗挖隧道施工强调"管超前，严注浆，短开挖，强支护，早封闭，勤量测"的十八字方针。

如果说初期支护的作用是给人穿上了保暖内衣，那二次衬砌相当于给人穿上了羽绒服。

2.100 什么是隧道的二次衬砌？

二次衬砌是隧道工程施工在初期支护内侧施作的带模浇筑混凝土或钢筋混凝土衬砌，与初期支护共同组成复合式衬砌。

二次衬砌是在隧道已经进行初期支护的条件下，用混凝土等材料修建的内层衬砌，以达到加固支护、优化路线防排水系统、美化外观，方便设置通信、照明、监测等设施的作用。

2.101 什么是超前支护、系统锚杆、锁脚锚杆？

超前支护：Ⅳ级围岩采用超前锚杆或钢插管，Ⅴ级围岩采用超前小导管（打眼），在拱顶100°~120°的范围，斜着向路线前进的方向打设。

系统锚杆：通常Ⅲ级围岩在拱顶，Ⅳ级围岩在拱脚以上，Ⅴ级围岩在整个断面（含仰拱），沿着隧道断面径向布设。

锁脚锚杆：Ⅳ、Ⅴ级围岩的钢拱架采用小导管、锚杆进行锁脚加固。

下图为某隧道断面示意图。

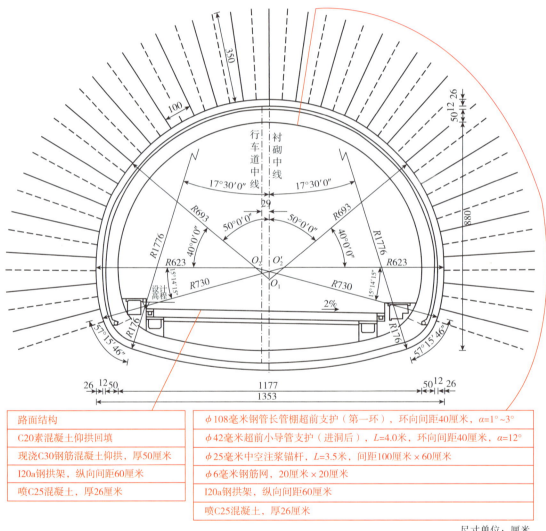

尺寸单位：厘米

2.102 为什么双向四车道要分开修在两个隧道里？

目前，单洞设置两车道和三车道的隧道较为常见。如果隧道断面过大，那么在设计上存在相当大的技术难度，施工风险也会随之增加。双向四车道分为两个隧道通行，既降低了隧道施工难度，也有利于保障施工安全。同时，使用两个隧道，在隧道发生火灾时可以有效分割火源，防止火势蔓延，便于应急救援。

随着设计、施工技术水平的不断提高，隧道的断面尺寸也有了新的突破。2020 年 12 月，厦门海沧疏港通道工程贯通，这个建在蔡尖尾山"肚子里"的立交工程，最大开挖断面宽度达 30.51 米。

2.103 隧道洞门造型各种各样，仅仅是为了好看吗？

洞门主要分为端墙式洞门、柱式洞门、翼墙式洞门、台阶式洞门、环框式洞门、削竹式洞门、遮光棚式洞门等。隧道洞口满足受力要求的同时，还应满足环保、景观等要求。因此，隧道洞门选型不仅取决于修建隧道的地质条件，满足交通安全、结构受力需求，还应考虑隧道与自然环境的协调性，适当融入当地文化特色，体现当地风土人情和艺术美感，缓解驾乘人员视觉疲劳。

2.104 为什么进出隧道时会出现黑洞、眩光的不舒适感？

隧道作为道路上的特殊路段，当车辆在驶入、通过和驶出隧道的过程中，会出现一系列的光线明暗突变问题。白天，当车辆驶入隧道时，会感觉洞内光线跟外面相比明显变暗，好像进入了一个黑洞一样，产生"黑洞"效应，给驾驶员造成心理上的紧张感和压迫感；当车辆驶出隧道时，会感觉洞外光线跟洞内相比明显变亮，好像出现一片白色的亮光，产生"眩光"效应，影响驾驶员心理和操作。

广东云茂高速公路隧道推广应用了多功能储能发光涂料、节能照明灯具和跟随式照明控制系统，可根据白天、夜间及不同天气隧道外的亮度，自动调控隧道内部的亮度，实现"车来灯亮、车走灯熄"，提高隧道内车辆行驶的安全性和舒适性。该控制系统在车流量较小的隧道具有推广价值。

a）隧道进口　　　　　　　b）隧道出口　　　　　　　c）进口采用新技术的效果

2.105 为什么隧道里不能变道超车？

隧道内视线普遍不如洞外，特别是在曲线路段，变道容易引发事故，所以禁止变道。驾驶员在隧道内强行变道或乱超车的话，很容易引发追尾碰撞或剐蹭交通事故。事故一旦发生，隧道救援难度大于隧道外，且容易发生二次事故。

一般情况下，隧道内的车道都是以白色单实线。另外，隧道口通常都会设置禁止超车标志，有的隧道还装有摄像头抓拍跨实线变道行为。为安全起见，驾驶员勿冒险在隧道内违章变道或超车。

2.106 高速公路隧道内消防系统是怎么设计的？

隧道内火灾主要以汽车交通事故或汽车燃烧引起的火灾为主，火灾类型分 A 类（含有碳固体火灾）、B 类（可燃液体火灾）、C 类（可燃气体火灾）、D 类（金属火灾）及 E 类（带电燃烧火灾），主要以 B 类火灾为主，隧道消防系统根据此特点进行设计。

根据隧道长度和交通量大小确定隧道消防系统设置规模，高速公路隧道 A+、A 级必须设置灭火器、室内外消火栓、固定式水成膜泡沫灭火装置。同时在隧道口设置取水井、蓄水池、高位水池等，消火栓和水成膜泡沫灭火装置安装在隧道消防箱内。

对于高速公路隧道分级为 B 级的必须设置灭火器，宜设置室内外消火栓、固定式水成膜泡沫灭火装置。对于 C 级及 C 级以下的必须设置灭火器，同时对于长度小于 500 米的高速公路隧道，可不设消火栓系统及固定式水成膜泡沫灭火装置。

隧道内沿行车方向右侧布置消防设备洞室，洞室纵向间距为 50 米，洞室内设消火栓系统、灭火器和水成膜系统。当隧道内发生火灾时，消防救援人员或驾乘人员可根据现场实际情况，利用上述提到的消防器材进行灭火工作。

2.107 隧道里如果发生火灾该怎么逃生？

隧道里如果发生车辆起火，就一定要在火势还未扩散前快速撤离！重点在于逃生方向是与起火点以及烟雾流相反的方向，否则很容易会被毒烟雾气追上造成伤亡。

逃生时，找点水沾湿毛巾或衣物（可用矿泉水或隧道内消防水）捂住口鼻，借以滤烟、防毒，尽量低身弯腰行走！而且不要高声喊叫，不然会吸入更多的烟雾和有毒气体。隧道每隔几十米就会有一个防火门，门口有"安全通道"（横洞）的标志，门后都会有逃生的通道。

重要的事情说三遍：

确保人员安全后，立即拨打救援电话！

确保人员安全后，立即拨打救援电话！

确保人员安全后，立即拨打救援电话！

2.108 中国第一条海底隧道在哪里？

福建厦门的翔安隧道是我国第一条海底隧道，位于九龙江入海口处。翔安隧道为双向六车道的城市主干路，全长8.695千米，其中跨海部分全长6.05千米。该隧道于2005年4月动工兴建，2009年11月完成隧道贯通工程，2010年4月通车运营。

翔安隧道最深处位于海平面下约70米，最大纵坡3%，主洞隧道建筑限界净宽13.50米，净高5米，是中国大陆第一座大断面的海底隧道，由我国完全自主设计、施工，对我国隧道建设技术的进步和发展，缩小与世界先进水平的差距，具有里程碑式的意义。

2.109 常见的隧道开挖方法有哪些？

（1）钻爆法，用钻眼爆破方法开挖断面而修筑隧道及地下工程。

（2）沉管法，是将若干个预制段分别浮运到海面（河面）现场，并一个接一个地沉放安装在已疏浚好的基槽内。香港多条海底隧道采用沉管法施工。

（3）掘进机法，是用特制的大型切削设备，将岩石剪切挤压破碎，然后通过配套的运输设备将碎石运出。英法海峡隧道就是采用此法开挖。

（4）盾构法，是将盾构机械在地下推进，通过盾构外壳和管片支承四周围岩防止发生往隧道内的坍塌，同时在开挖面前方用切削装置进行土体开挖，从而形成隧道结构。日本东京湾海底隧道就是采用盾构法施工。

港珠澳大桥珠海连接线的关键性工程——拱北隧道，双向六车道，为我国第一座采用管幕冻结暗挖法施工的隧道。管幕冻结法是"管幕+冻结预支护、矿山法暗挖"的施工方法。其中，管幕是围绕隧道四周、沿隧道全长布置的大型钢管，以保护隧道施工安全；而冻结则是把钢管与周围土体冻结成整体，形成止水帷幕。

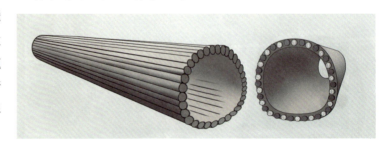

2.110 立交桥有哪些类型？

立交按交通功能分为分离式、半互通式、互通式。全分离式立交桥是广义立交桥中最简单的一种，即两条以上的线路通过立交工程使它们自然分层错开，目的是为了将不同线路的交通车辆完全从平面隔离，以实现各行其道、避免互相干扰。

互通式立体交叉按功能可分为一般互通式立体交叉和枢纽互通式立体交叉。一般互通式立体交叉主要用于高速公路等干线公路与地方公路的交叉，主要有喇叭形、半直连式T形、子叶形、部分苜蓿叶形、菱形、环形等。

枢纽互通式立体交叉常用形式有三岔Y形、三岔T形、四岔交叉直连式、涡轮形、完全苜蓿叶形、变形苜蓿叶形及组合型等。

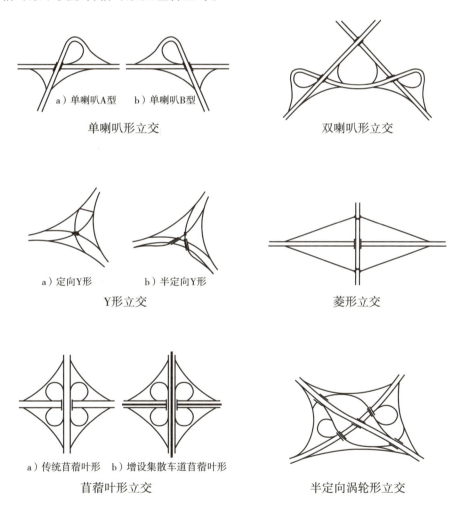

2.111 有一种立交匝道像眼镜圈一样,究竟有什么特点呢?

这种像眼镜圈一样的立交叫作苜蓿叶立交,由于其形式简单,造价合理,交通流向明确,各条匝道都便捷,因而成为通用的四路立交的基本形式,尤其是在城市立交中广泛应用。

传统的苜蓿叶四路立交是唯一一种只需要一座跨线桥的全立交形式,桥梁造价低且外形美观,易于绿化造型,能够很好解决城市机非混行的问题,交通运行连续而自然,可由部分苜蓿叶分期修建而成。

苜蓿叶形立交的缺点是占地多,左转弯绕行距离较长,环形左转匝道线形差,行车速度低,上下线左转匝道出入口之间存在交织运行,限制了通行能力;即便采用集散车道将交织安排在主线之外,在交通量大时,因交织产生的瓶颈效应仍然十分明显。

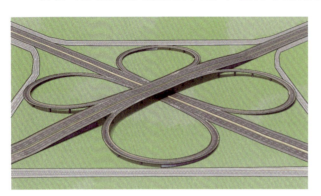

苜蓿叶形立交用于公路立交时,由于出入口多且分散,一般不设置收费站,否则需要配合主线拦截式收费站。

2.112 平面交叉口的设计内容和步骤是什么?

(1)根据相交道路等级,选择合理的交叉口形式,确定各组成部分的几何尺寸。

(2)根据交通量预测结果进行渠化设计(各进口、出口车道个数),合理布置各种交通设施。

(3)验算交叉口行车视距,保证安全通视条件。

(4)交叉口竖向设计,布置雨水口和排水管道,交叉口最好设计为中间高、四周低,不然交叉口会成为积水塘。

2.113 你听说过可以掉头的高速公路吗？

高速公路上一般是不允许掉头的。驾驶员一旦在行车过程中走了神，错过下高速的路口，就必须继续往前开，直到下一个出口。而在我国云南和贵州的大山里建造的两条高速公路——昆巧高速公路、紫望高速公路，设计得就非常人性化，因为它们都有一条可掉头的弧形路段。当车辆行驶到此发现"跑过头"了，驾驶员完全不必慌张，沿"回头曲线"转一个圈即可完成掉头。这巧妙的设计，让不少人为之叹服！

其实，这些特殊的匝道设计方案，其初衷并不是为了方便车辆掉头，而是为了方便在地形受限制的条件下设置收费站，控制工程规模和造价，降低施工难度。这真是打破常规、活学活用的典范！

2.114 拱桥跨径有望突破 800 米吗？

特大跨径拱桥尤其是跨径 800 米以上的拱桥，面临的主要技术瓶颈有：

（1）普通混凝土拱桥自重过大，材料强度基本被其自重消耗殆尽；

（2）钢拱桥厚板焊接困难、造价昂贵；

（3）施工时主拱需临时支撑，所产生的措施费用过高。湖南大学邵旭东教授团队提出了一种新型钢—UHPC（超高性能混凝土）组合桁式拱桥方案。这种新型拱桥采用

UHPC 箱形拱肋承受巨大的轴力，采用钢腹杆、钢横联规避开裂风险。

新型拱桥相比传统混凝土拱桥，自重大幅度降低。相比钢拱桥，UHPC 拱肋无焊接，造价不到钢拱肋的一半，其余为薄型钢构件，因而不存在厚板焊接困难的问题；采用斜拉扣挂分多次合龙的施工方法，施工临时措施费用大大降低。

2.115 高速公路的隔音板如何降噪？

噪声对居民的正常工作、生活影响很大，当交通噪声超过《声环境质量标准》（GB 3096—2008）规定的限值时，应采取适当措施降低噪声污染的影响。声屏障（隔音板）是高速公路控制噪音的主要方式。声波在空气中传播，碰到声屏障时将产生反射、透射和衍射等现象。

高速公路两侧的隔音板的作用是阻止直达声的传播，隔离透射声，并使衍射声有足够的衰减，使高速路上的隔音板后面形成的"声影区"内的噪声明显下降。

2.116 离高速公路近的房子，怎么控制噪声？

高速公路噪声污染主要取决于车流量、车速、车辆类型、路段长度、道路纵坡、路面材料等因素。此外，建筑物和自然地形的隔离作用也会对高速公路噪声污染产生一定的影响。高速公路噪声污染的评价主要包括环境噪声测量、计算模拟和影响分析。声屏障是一种常用的隔音降噪措施。其主要分为纯隔声的反射型声屏障、吸声与隔声相结合的复合型声屏障，后者是更为有效的隔声方法。

（1）在设计阶段，调查道路沿线各敏感点桩号及对应的村庄名称、位置、距离、高差等参数，绘制高速公路与敏感点位置关系图。

（2）根据高速公路与敏感点之间位置关系进行分类建模，对每个噪声敏感点逐个进行分析，核实预测结果；核实高差比较大的桥梁路段敏感点噪声预测结果及采取措施后的降噪效果。

（3）考虑到高速公路线形和高程实际情况与初步设计阶段编制的《环评报告》存在差异，在实施阶段要对原环评方案进行核查，按照模型预测结果及现场实际需要合理设置声屏障。

声屏障按材质不同可以分为金属声屏障（金属百叶、金属筛网孔）、混凝土声屏障（轻质混凝土、高强混凝土）、PC板声屏障、玻璃钢声屏障等类型。路基段声屏障通常高3米；桥梁段声屏障通常高2米。

2.117 为什么公路不同路段的护栏会不一样？

护栏是防止车辆驶出路外，或闯入对向车道，而沿道路边缘或在分隔带上设置的一种安全防护设施，可分为很多种，作用也不尽相同。路侧护栏是设置于道路横断面两边土路肩外侧的护栏，用来防止失控车辆越出路外。

中央分隔带护栏，是指设置于公路中央分隔带内的护栏，用来防止失控车辆穿越中央分隔带闯入对向车道。人行道护栏设置在行人比较集中的地方，保护行人，防止行人进入机动车道。凡设置于桥梁上的护栏称为桥梁护栏，防止车辆突破、下穿、翻越桥梁。

考虑到行车安全，桥梁两侧的护栏一般采用防撞等级较高的混凝土护栏，路基两侧的护栏一般采用波形钢板护栏，中央分隔带护栏通常采用混凝土护栏或波形钢护栏。但波形护栏容易被车辆撞坏，新建的高速公路中央分隔带有改用混凝土护栏的趋势。

2.118 高速公路护栏上安装的绿板有什么作用？

我们常见的中央分隔带护栏上的绿板是防眩板，绿色的铁丝网是防眩网或防抛网，种的小树是灌木。可能有人会问，中央分隔带安装防眩板更省事，为什么还要种那么多树呢？

防眩板虽然能解决对向车灯的眩光问题，也不需要日常养护，但是景观效果较差，而且一直用同一种方案会给驾驶员造成视觉疲劳，所以在高速公路上两者都能看到。高速公路的防眩板间距大致在1米，防眩网每4米一节。

因为在路基段中央分隔带有回填土，可以用于绿化种植（灌木间距2~3米），且需要定期洒水、修剪、喷药养护；而在桥梁段，由于左右幅之间边梁是分离的，内侧护栏之间没法填土，所以种植不了草和树，就安装了防眩板。从建设成本来说，绿化比防眩板、防眩网便宜，但后期养护成本高。

另外，不同地区的中央分隔带绿化灌木的选择也是有讲究的，比如要求枝叶浓密、常绿、不空脚（露杆）、长得慢、耐干旱、耐贫瘠、易于修剪、耐污染等。

在桥梁段，为了防止高速公路上往下乱扔杂物，危及桥下安全，在桥梁的内外侧护栏一般都设置有防抛网。由此可见，工程师们有多细心啊！

2.119 路灯的设计怎么兼顾照明、安全和节能?

道路照明节能应根据各城市的实际情况来选择合适的节能技术和产品,并综合考虑其安全性、稳定性以及长期的经济效益等问题。设计环节是城市照明节能的关键,因此,在进行道路照明设计时,应合理选择照明方式(包括布置模式、路灯的间距、高度等),正确选择照度标准值,并严格执行照明功率密度值,选用高光效、反射效率高、寿命长、密封性能好的优质灯具和节能电气附件,采用合理的配电及控制方式。

2.120 高速公路上为什么很难见到路灯?

高速公路一般除了重要的桥面和隧道外,都不安装路灯,原因如下:

(1)高速公路线路长,车辆流量随机性太强,全线安装路灯,势必造成巨大的能源浪费,这是最主要的原因。

(2)路灯的照射距离有限,城市主干道一般路灯间距为30~33米,灯杆下为最亮点,两灯杆之间中心点为最暗点。如果高速公路按城市干道的模式设置路灯,则假设按120千米/时的车速行驶时,车辆每秒钟行进的路程是33.3米,也就是说,每一秒钟要从最亮点到最暗点循环一次,这种频率为1赫兹的频闪光线持续进入眼睛,极易产生视觉疲劳。因此,如果在高速公路全线设置路灯,既不节能,也不科学。

车辆在高速公路上行驶,照明主要依赖于车辆自身的大灯,自身车灯的照明是连续性的,另外,高速公路护栏上安装的反光标识,能清晰地显示线路,足以完成方向引导的功能。

少数高速公路会在重要的桥面(跨海大桥)、立交或匝道位置、隧道进出口、浓雾路段,安装一些高杆灯、护栏灯进行辅助照明,甚至会安装恶劣天气监测、诱导及预警系统。同时,这些路段往往都会限速行驶。

2.121 高速公路机电系统由哪些子系统组成?

高速公路机电系统主要包括：通信系统、监控系统、收费系统、供配电系统、照明系统、隧道通风系统和隧道消防系统等。

（1）高速公路通信系统主要为高速公路语音、数据、视频等业务提供传输通道，一般包括以下子系统：光纤数字传输系统、数字程控交换系统、视频会议系统、光电缆系统、通信电源系统、隧道紧急电话及广播系统等。

（2）高速公路监控系统主要通过摄像枪、雷达等设备对道路交通状况、路面、天气状况和设备工作状况等参数进行实时观察，促进行车安全，迅速响应突发事故。监控系统主要包括以下子系统：交通监控子系统、闭路电视监视子系统、隧道通风控制子系统、隧道照明控制子系统、消防监测子系统、火灾自动报警子系统等。

（3）高速公路收费管理体制一般采用三级管理模式，即：省联网收费结算中心—路段收费中心—收费站。收费系统由车道收费控制子系统、ETC门架系统、计算机子系统、视音频监控子系统、内部对讲子系统、紧急报警子系统、光电缆工程及附属设施等构成。

（4）高速公路供配电系统为高速公路的运行管理提供可靠稳定的电源，一般由地方供电部门为高速公路提供10千伏电源到高速公路的变配电所，高速公路沿线一般在收费站、服务区、隧道等需要电源的处所设置变电所或箱式变电站。供配电系统主要由高压配电柜、变压器、低压配电柜、EPS（Emergency Power Supply 的缩写，应急电源）、UPS（Uninterruptible Power Supply 的缩写，不间断电源）、交流稳压器、低压配电箱、高低压电力电缆及电力监控系统设备构成。

（5）照明系统一般分为广场照明、隧道引道照明、隧道照明。

（6）高速公路隧道通风系统主要由不同类型的风机组成，作用是降低隧道内的一氧化碳和烟尘浓度，确保车辆运行安全，通风系统还要保证在火灾工况下能启动排烟。其通风方式一般有自然通风、射流风机通风和轴流风机通风三种方式。

（7）隧道消防系统由隧道外取水及供水系统、隧道内、外消防管网系统、阀门、灭火器、泡沫灭火系统以及隧道内防火、防烟、封堵设施等几部分组成，其作用是一旦隧道发生火灾，能够以最快速度实施灭火行动，将灾害限制在最小范围内。

2.122 机电工程对交通安全有多重要?

2011年7月23日20时，甬温线浙江省温州市境内，由北京南站开往福州站的D301次列车与杭州站开往福州南站的D3115次列车动车组发生列车追尾事故。此次事故造成六节车厢脱轨，即D301次列车第1至4位，D3115次列车第15、16位。事故造成40人死亡、200多人受伤，中断行车32小时35分。

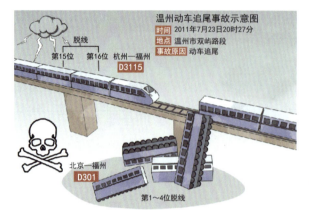

事故原因：列车控制中心设备存在严重设计缺陷，上道使用审查把关不严，雷击导致设备故障后应急处置不力等。

10多年过去了，相信很多人已经忘记，那时很多人还没出生……为了忘却的记忆，我们再次提到了"机电与交通安全"。铁路如此，公路也一样。

2.123 交通安全设施家族由哪些成员组成?

交通安全设施包括交通标志、交通标线（含突起路标）、护栏和栏杆、视线诱导设施、隔离栅、防落网、防眩设施、避险车道和其他交通安全设施（含防风栅、防雪栅、积雪标杆、限高架、减速丘和凸面镜）等。

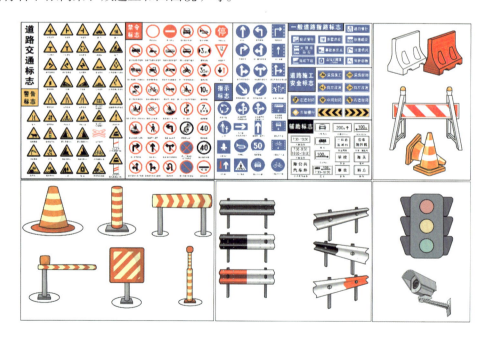

2.124 避险车道真的能"避险"吗?

避险车道是指在长陡下坡路段行车道外侧增设的供速度失控（制动失灵）车辆驶离正线安全减速的专用车道，连接主车道，是主车道的一个分叉，是一条"救命道"。当车辆驶入长下坡路段后，持续使用制动踏板容易造成制动毂（gǔ）过热，致使车辆制动性能降低甚至制动失灵，从而发生追尾、对撞及冲下悬崖、车毁人亡的恶性交通事故。避险车道一般设计成长 50~100 米的斜坡，车道上铺着厚厚的一层碎石，用来增大轮胎与地面摩擦力，入口处及尽头堆着起缓冲作用的轮胎。

2.125 沙漠里面能修路吗?

塔里木沙漠公路是中国第一条沙漠公路，全长 522 千米，也是目前世界上在流动沙漠中修建的最长公路，穿越流动沙漠段 446 千米，时速可达 100 千米以上。路基宽 10 米，路面宽度为 7 米。塔克拉玛干沙漠年平均降雨量仅为 25 毫米，年平均蒸发量却是其 150 倍。沙漠公路绿化工程于 2003 年开工建设，全长 436 千米，宽 72~78 米。

绿化带全线采用滴水灌溉技术，每约 2 千米设立一个浇灌增压站，长年有护林员管理，年耗水总量不超过 600 万立方米，苗木栽植总量达到 1800 余万株，也被誉为世界上第一条"沙漠绿色走廊"。

2.126 道路的设计图纸出来后，还能修改吗？

通过前面的知识我们大概了解了，路桥方案设计是有好多个环节的，每个环节侧重点不同，主要有方案对比、初步设计、施工图设计和针对复杂问题的专项技术设计，使得方案一步步完善，满足照图施工的要求。而且，在各个阶段，都要组织专家召开评审会，并出具会议纪要。

由于现场施工条件的影响，比如地形、地质条件与原设计不一致、配合地方交通规划、气候影响等，可能会导致一些方案不得不新增、取消、调整位置、调整尺寸、调整角度、调整数量，这属于设计变更。

施工图纸一般有多个分册，如总体设计，路线，路基、路面，桥梁、涵洞，隧道，路线交叉，环境保护与景观设计，改路改沟等其他工程，筑路材料，施工组织计划，交通工程，机电工程，房建工程，施工图预算，通用图，基础资料（地质勘察报告等）。

2.127 什么是设计交底？

设计交底是在建设单位主持下，由设计单位向各施工单位（土建施工单位与各设备专业施工单位）、监理单位以及建设单位进行的交底，主要交代建筑物的功能与特点、设计意图与施工过程控制要求等。

设计交底的主要内容一般包括：施工图设计文件总体介绍，设计的意图说明，特殊的工艺要求，建筑、结构、工艺、设备等各专业在施工中的重点、疑难点和容易发生的问题说明，施工单位、监理单位、建设单位等对设计图纸疑问的解释等。

重点注意事项：设计图纸与说明书是否齐全、明确，坐标、高程、尺寸、管线、道路等交叉连接是否相符；图纸内容、表达深度是否满足施工需要；施工中所列各种标准图册是否已经具备；施工图与设备、特殊材料的技术要求是否一致；主要材料来源有无保证，能否代换；新技术、新材料的应用是否落实。

2.128 公路设计常用的软件有哪些？

路线方案设计常用软件有纬地、EICAD 和同豪 BIM 等。

结构计算常用软件有桥梁博士（简称桥博）、迈达斯和桥梁通，结构设计常用出图软件有同豪方案设计师、桥梁大师、桥梁设计师、桥绘通等。

拱桥设计常用 Midas 与 ANSYS；斜拉桥设计常用 Midas 与奥地利 TDV；悬索桥设计常用 TDV 与西南交通大学的 BNLAS（Bridge NonLiner Analysis System，桥梁非线性分析系统）。

常用的岩土工程设计软件有理正岩土、理正深基坑、Geoslope 等。

2.129 施工图为什么叫蓝图，而不叫红图或绿图？

当我们展望未来、表达信心的时候，经常会用到"宏伟蓝图"这个词。不过，我们今天要说的"蓝图"并不是这个"宏伟蓝图"，而是在工程领域所用到的一种施工图纸。为什么施工图纸叫蓝图，而不叫红图或者绿图呢？

其实，蓝图是根据英文的 blue-print 翻译来的。之所以称为"蓝图"，是由于覆盖在白纸上的某种物质见光后发生化学反应、变蓝，产生蓝色的晒图效果。在印刷技术还不发达的时候，大型的工程图纸的复制工作（尤其是建筑）多数是利用"蓝晒法"（也有叫"晒蓝法"）晒制实现的。这种方法比印刷成本更低，也不需要很复杂的设备和工具。蓝图因由特殊工艺晒制而成，所以线条不会轻易变淡、错位，另外还有防虫防腐功能，保存时间较久。

此外，蓝色一直被认为是一种象征吉祥、祝福和安全的颜色，它不仅可以帮助建设者在关注图纸中重要图形元素，同时也赋予他们吉祥、祝福和安全的意义。

如今，已经有很多行业在逐步使用直接打印的图纸代替晒制的蓝图，大部分情况是蓝图、白图和彩图共同使用，并且当今时代电子化图纸已成趋势。

第三章
公路施工真奇妙

3.1 高速公路施工会涉及哪些单位？它们之间是什么关系呢？

路桥工程施工通常会涉及业主单位、勘察设计单位、施工单位、监理单位、检测单位、监控监测单位、咨询单位（设计、技术、造价咨询）等多种类型的单位。

业主单位负责投融资、建设管理和运营管理（养护维修、收费还贷等），与其他单位之间有合同关系。

勘察设计单位受业主单位委托，按路线规划方案进行勘察设计和技术研究，把设计方案落实到图纸上，并做设计概算、施工图预算和设计变更服务。

施工单位负责按照施工图的方案在现场用有限的时间将这些路桥工程建出来。

监理单位是业主方委托用于在施工过程监督工程质量、保障施工安全的第三方。我国的工程监理制度从1988年开始试点，于1992年在全国范围内全面推行工程监理制，到1996年起开始全面发展。

3.2 交通土建工程施工主力军有哪些？

主要分为央企、地方国企和民营企业，有的同时经营国内和国外业务。

中国交通建设集团有限公司由原中国港湾建设（集团）总公司和原中国路桥（集团）总公司合并重组而成，简称"中国交建"，英文缩写为CCCC。

中国铁路工程集团有限公司，简称"中国中铁"或"中铁工"，英文缩写为CREC。

中国铁道建筑集团有限公司，简称中国铁建，英文缩写为CRCC。

中国建筑集团有限公司，简称"中国建筑"或"中建"，正式组建于1982年，其前身为原国家建工总局，英文缩写为CSCEC。

中国土木工程集团有限公司（简称"中土集团"，CCECC）于1979年经国务院批准成立，总部位于北京，前身是中华人民共和国铁道部援外办公室。

诸如此类，还有很多国字头的央企，这些"巨无霸"的下面往往还有很多分公司、子公司。当然，各个省（自治区、直辖市）还有路桥公司类的地方国企和民营企业。

3.3 道路施工涉及的S1标、TJ1标、LM1标、JL1标、JC1标、JD1标、JA1标代表什么意思?

一条高速公路,少则几十千米,多则几百千米,要在限定的时间内完成建设任务,就需要把任务加以分工,让"葫芦兄弟们"一起上,各家修一段、管一段,以合同的形式划分标段,简称合同段。

这个根据路线长度、专业和工程量来进行划分的工作是划分标段。如S1标、TJ1标、LM1标、JL1标、JC1标、JD1标、JA1标分别代表设计一标、土建一标、路面一标、监理一标、检测一标、机电一标、交安一标。可能你已经发现了,这些就是不同标段类型的"汉字拼音首字母+标段序号"组成的。

以广东云茂高速公路为例,全线长129.816千米,标段划分情况见下表。

广东云茂高速公路参建单位一览表

标段	土建施工单位	桩号	路线长度(千米)	桥隧比(%)	设计单位	监理单位	检测单位
TJ1	中铁二十局集团有限公司	K0+000~K8+200	8.200	5.80	S1标:中交公路规划设计院有限公司	JL1标:湖南省交通建设工程监理有限公司	JC1标:山西省交通建设工程质量检测中心
TJ2	山东省公路建设(集团)有限公司	K8+200~K16+800	8.600	13.00			
TJ3	中铁十二局集团有限公司	K16+800~K22+200	5.400	30.45			
TJ4	中铁一局集团有限公司	K22+200~K30+250	8.050	12.89			
TJ5	四川路桥华东建设有限责任公司	K30+250~K36+800	6.550	23.33			
TJ6	中交路桥建设有限公司	K36+800~K43+450	6.650	82.36	S2标:广东省交通规划设计研究院股份有限公司	JL2标:广东华路交通科技有限公司	
TJ7	中铁大桥局集团有限公司	K43+450~K52+650	9.200	55.02			
TJ8	中铁十八局集团有限公司	K52+650~K59+825	7.175	77.64			
TJ9	广东省长大公路工程有限公司	K59+825~K66+830	7.005	77.02			
TJ10	中交第二公路工程局有限公司	K66+830~K83+140	16.310	47.75		JL3标:广州诚信公路建设监理咨询有限公司	
TJ11	中铁十一局集团有限公司	K83+140~K93+920	10.780	60.07			JC2标:广东华路交通科技有限公司
TJ12	中交第一航务工程局有限公司	K98+520~K111+620	13.100	21.20	S3标:安徽省交通规划设计研究总院股份有限公司	JL4标:广东翔飞公路工程监理有限公司	
TJ13	中铁四局集团有限公司	K93+920~K98+520	4.600	50.67			
TJ14	广东冠粤路桥有限公司	K111+620~K122+600	10.980	30.10			
TJ15	广州市公路工程公司	K122+600~K129+820	7.220	24.07			

注:北京交科公路勘察设计研究院有限公司负责全线的机电交安工程设计,路面和机电交安工程施工另有分工。

3.4 施工前为什么要先做施工组织设计？

施工组织设计的基本任务是根据国家有关技术政策、建设项目要求、施工组织的原则，结合工程的具体条件，确定经济合理的施工方案，对拟建工程在人力和物力、时间和空间、技术和组织等方面统筹安排，以保证按照既定目标，优质、高效、安全地完成施工任务。

施工组织设计按设计阶段和编制对象不同，分为施工组织总体设计、单位工程施工组织设计和施工方案三类。

施工组织设计的主要技术经济指标包括：施工工期、施工质量、施工成本、施工安全、施工环境和施工效率，以及其他技术经济指标。

3.5 总监办什么情况下可以给施工单位发开工令？

施工单位中标后，是不是自己想开工就开工了呢？当然不是了。项目开工需要总监办审批，并签发开工令，有些小伙伴可能会说这些都是形式主义，没什么用，其实这个真的很重要，这涉及合同上工期的开始时间。说回开工令，其实开工令也不是随便就签发的，签发前需要满足以下条件：

（1）施工进场后业主组织施工单位、总监办和设计院对施工图进行四方会审；
（2）施工组织设计或施工方案已审批；
（3）现场"三通一平（水通、电通、道路通和场地平整）"及临时设施等已能满足施工需要；
（4）主要材料、施工机械设备已落实（或有所计划）；
（5）项目用地已取得国土管理部门批复；
（6）项目已办理施工许可；
（7）施工单位向总监办提出施工开工申请；
（8）工程基线、高程已复核；
（9）满足其他地方性的规定等。

3.6 施工人员是怎么在地面上找到设计图纸对应的位置的?

通常是利用全站仪放样得到的。施工放样把设计图纸上工程建筑物的平面位置（坐标）和高程，用一定的测量仪器和方法测设到实地上去。

施工放样具体来说，是根据建筑物的设计尺寸，找出建筑物各部分特征点与控制点之间位置的几何关系，算得距离、角度、高程、坐标等放样数据，然后利用控制点，在实地上定出建筑物的特征点，据以施工。

3.7 修建高速公路时，原地面的大树是都给砍掉了吗?

随着人们生态保护意识的提高，工程建设尽可能做到对环境最小限度的破坏、最大限度的保护，充分利用现有资源。大树移植保护工作是指在高速公路清表过程中，将高速公路红线范围内的有价值的树木移植到培育基地进行培育，待高速公路进行景观绿化施工时再将树木移栽到高速公路服务区、互通区、管理中心等地，变废为宝。

高速公路建设红线范围内有价值树木移植保护工作，既避免了资源浪费，又部分还原了原生态景观，降低了绿化成本，是高速公路绿化的新思路与新办法。

每年3月12日的中国植树节，也是孙中山先生逝世纪念日。孙中山先生是中国近代史上最早意识到保护森林的重要意义和倡导植树造林的人。

3.8 为什么国家鼓励公路建设收集利用清表土？

我们先来说说什么是表土。表土是指地面表层的土壤，其薄厚因土壤类型而异，一般厚度为20~30厘米。如果你留心观察的话，其实在公路施工的时候，地面的浅表层土是被推土机清除的。这种被清除掉的表层土，被称为"清表土"。这种表土既然不是适合公路建设，那为什么还要鼓励收集利用清表土呢？

这是因为，表土是具有重要生态价值的基础性资源，其中含有较多的有机质和微生物，对土壤肥力快速恢复和植物生长最有利。表土中还含有大量本地植物种子，是植被天然更新的物质基础。表土不仅仅指耕地的耕作层，还包括园地、林地、草地等适合耕种的表层或腐殖质层。

已有研究表明，靠自然形成1厘米厚的表土需要100~400年时间。在农田中，形成2.5厘米厚的表土一般需要200~1000年；在林地或牧场，形成同等厚度的表土所需时间会更长；石灰岩地区表土的形成时长可能会超出人们的想象。可见，表土有多珍贵！

正是因为表土如此珍贵，我国在公路建时为了充分利用有限的表土资源，设计中应

充分调查土地利用类型、植被类型及对应表土厚度，分析不同类型表土养分结构特征，并根据调查分析结果，总结出各类表土质量、可收集性和收集厚度，指导公路施工清表和表土收集工作，用于绿化培土和临建场地整治、复耕等。表土收集可结合施工组织方案进行临时存放，在互通区内、隧道口中央分隔带等区域的表土，在不影响施工作业的前提下，可不进行清表，亦可作为表土堆放场地。

3.9 路基路面施工通常要用到哪些施工机械设备？

路基路面施工机械设备家族很庞大，主要包括挖掘机、推土机、装载机、铲运机、平地机、压路机、凿岩机、铧犁、摊铺机、叉车等，压实机械有碾压式（胶轮压路机、钢轮压路机、羊足碾）、振动式（振动器、振动压路机）、夯击式（夯锤、夯板、风动夯、蛙式夯机、夯击压路机）等。

3.10 公路穿过鱼塘或者稻田等软土地基时，有哪些处理措施？

换土垫层法在软弱土层较浅的地基工程中较为常用。深层软弱地基处理方法有排水固结法、强夯及强夯置换、抛石挤淤法、加固土桩法、粒料桩法、水泥粉煤灰碎石桩（CFG桩，Cement Fly-ash Gravel 的缩写）法、刚性桩复合地基法等处理措施。结合项目建设情况，也可能采取多种措施相结合处理，如真空—联合堆载预压法。

软基处理方法的选择，应遵循安全、工期、经济和环保的原则，首先要满足工期计划和沉降指标，力求方案经济合理、施工便捷高效。

具体流程：搜集详细的工程地质、水文地质及地基基础等设计资料；根据结构类型、荷载大小及使用要求，结合地形地貌、地层结构、土质条件、地下水特征、周围和相邻建筑物等因素，初步选定几种可供考虑的地基处理方案，再分别从处理效果、材料来源及消耗、机具条件、施工进度、环境影响等方面进行深入的技术经济分析和对比，因地制宜地选择最佳的处理方法。

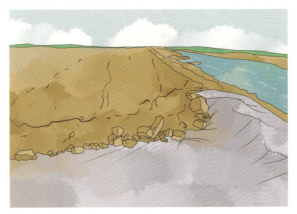

为尽可能减小路基工后沉降，施工进场后应优先进行软基处理，在路基交验、铺筑路面前留足沉降时间。

3.11 为什么有的路段需要提前堆几米高的土进行预压？

为什么有些工地在前期堆了很高的土堆，后期又给运走了？难道是组织管理存在问题？非也。这是因为，通常，修路遇到软土地基时需要先进行换填、加固或者堆载预压。

预压法指的是为提高软弱地基的承载力和减少构造物建成后的沉降量，预先在拟建构造物的地基上施加一定静荷载，使地基土压密后再将荷载卸除的压实方法。对软土地基预先加压，使大部分沉降在预压过程中完成，相应地提高了地基强度。

预压法适用于淤泥质黏土、淤泥与人工冲填土等软弱地基。预压的方法有堆载预压、真空预压和真空—堆载联合预压法等形式。

3.12 怎么判断路基是不是压实了？

大家都走过坑坑洼洼的道路，那为什么道路会坑坑洼洼、高低不平呢？其实大多是因为路基没有压实，或者是产生了不均匀的沉降变形。公路路基强度和稳定性很大程度取决于路基填料的性质及其压实的程度。

填土经过挖掘、搬运，原状结构已经破坏，土团之间留下了许多空隙，在荷载作用下，可能出现不均匀或过大的沉陷或坍落。采用机械对土施以碾压能量，使土颗粒重新排列，彼此挤密，空隙减小，形成新的密实体，增强粗粒之间的摩擦和咬合，从而提高土的强度和稳定性。

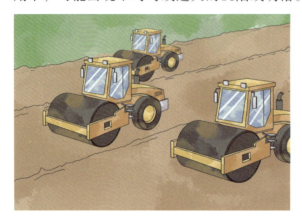

通过灌砂法、灌水法、环刀法等手段来检测确定路基填土有没有达到最佳含水率和最大干密度，从而知道有没有达到设计的压实度。目前已应用无人压实机械和智能监控检测设备（如行车记录仪）等监测压实过程，以保证压实效果。

3.13 为什么有的路基在填土时需要洒水，有的却需要翻晒？

首先，介绍一个常识，对于土而言，含水太多，压不实，变成软土，甚至是弹簧土；而含水太少时，土颗粒之间处于松散状态，也压不实。这里就有个最佳含水率和最大干密度的问题。

最佳含水率表示土在最大干密度时与其对应的含水率，它是以土中水分的质量与干土颗粒的质量的比值来表示。当含水率低于最佳值时需要向路基填土洒水；当路基含水率过高时，需要翻晒来降低含水率，达到最佳压实度。

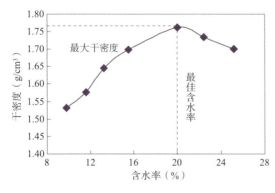

3.14 用于控制"桥头跳车"的台背抽芯检测是怎么做的?

在路基施工过程中,桥梁台背、涵台背回填往往是质量控制的薄弱环节,也是造成桥头跳车的主要原因之一。为了消除涵(台)背回填跳车的质量通病,在加强填土过程管理方面,云茂高速公路选定具有专业检测资质的抽芯单位,每道涵、台背回填必抽检,具体抽芯位置随机选定。在填筑过程中逐层铺设无纺土工布,通过抽芯取样可以判定填料和填筑层厚是否满足要求;通过标准贯入试验可以确定回填密实程度。主要工艺流程如下:

涵身外立面画刻度线→在涵(台)背按设计宽度和松铺厚度回填第一层土→压实→随机选取点位抽芯取样→检验填料和填筑层厚是否满足要求→检测压实度→合格后开始第二层,先在第一层顶面铺设无纺布→填土→检测。为提高抽芯效率,可在涵(台)背回填施工过程抽检或施工完成后进行一次性抽检。

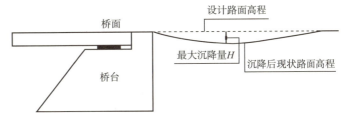

3.15 路基边坡防护与加固工程的分类有哪些?

公路路基加固、防护工程按处治的不同部位分为软弱地基加固、坡面防护加固、沿河路基冲刷防护、边坡支挡等类型。支挡加固工程是为了支撑天然边坡或人工边坡以保持土体稳定,或提高路基强度,保证路基安全。

而防护工程侧重于表面处理,主要是为了减少雨水冲刷和水土流失,防治路基病害,保证路基稳定,保护生态环境,提升景观效果。封面包括抹面、捶面、喷浆、喷射混凝土等防护形式。

(1)抹面防护适用于易风化的软质岩石挖方边坡。

(2)捶面防护适用于易受雨水冲刷的土质边坡和易风化的岩石边坡。

(3)喷浆和喷射混凝土防护适用于边坡易风化、裂隙和节理发育、坡面不平整的岩石挖方边坡。

3.16 为什么"爬山虎"可以搬运路堑边坡防护材料？

路堑边坡开挖后的防护施工中，由于开挖高度一般较高，每级边坡垂直高度在 8~10 米，坡率在 1∶0.75~1∶1.2 之间。坡面施工属于高处作业，因此在施工过程中的材料运送成为难点。传统施工中以人工搬运和汽车起重机吊运为主，人工搬运存在工效低、安全隐患大的困难，机械吊运存在成本高、操作平台受限等问题。

云茂高速公路应用了"爬山虎"运输车作为高边坡施工材料运送工具，有效地避免传统材料运送安全风险大、成本高的问题。"爬山虎"运输车成本低、易安装，可以快捷、经济、安全地上下运送材料。

3.17 岩质边坡进行爆破施工时，没响的炮怎么办？

爆破施工中，没响的炮称为盲炮。岩质边坡爆破施工中对于盲炮的处理，可以参照《土方与爆破工程施工及验收规范》（GB 50201—2012）中盲炮的处理办法。

处理裸露爆破的盲炮，允许用手小心地去掉部分封泥，在原有的起爆药包上重新安置新的起爆药包，加上封泥起爆。处理浅眼爆破的盲炮以及深孔盲炮都有各自的方法，参照盲炮处理办法即可。

3.18 黄土有哪些工程特性？

黄土的三大特性主要是粒度成分、矿物成分和化学成分。

（1）黄土组成成分均一，以高含量粉土颗粒（0.05~0.005毫米）为特征，其中粗粉粒（0.05~0.01毫米）含量在50%以上。

（2）矿物成分包括碎屑矿物和黏土矿物，前者占70%以上。黄土中黏土矿物成分主要为水云母、高岭石及蒙脱石。这些矿物的存在，使黄土具有吸附、膨胀、收缩等特性，影响到黄土的工程性质。碳酸盐类矿物往往起胶结作用，使黄土在天然结构情况下，颗粒经常呈团聚体存在。遇水后，由于可溶盐胶结的团聚体被破坏，往往使黄土的湿陷性增强。

（3）黄土的化学成分由矿物成分决定。黄土中 SiO_2 含量很大，这是因为黄土中除了含有大量石英之外，还有铝硅酸盐矿物；其次为 Al_2O_3，因为黄土中主要矿物为长石；CaO 含量也很高，因为黄土中含有方解石。

在黄土区工程建设中，要特别注意黄土湿陷性、渗水性、收缩性、膨胀性和崩解性。

3.19 盐渍土会对道路造成什么破坏？

盐渍土壤是盐土和碱土以及各种盐化、碱化土壤的统称。一般表层20厘米厚土壤含盐量为0.2%~0.6%的称盐化土壤，含盐量0.6%~2%或以上的称为盐土。

（1）溶陷

盐渍土会对公路造成很多方面的病害，溶陷是其中的一种。发生这种病害是因为在淡水的作用下，道路盐渍土路基或者结构层盐分出现溶解，并且被水分带走了，从而就导致了土体强度的丧失。同时，在荷载或者自重的作用下，盐渍土路基或者结构层就出现了严重的沉陷、孔洞等破坏，并且被逐渐反映到路面层，甚至有一些盐渍土地区的路面由于湿陷而出现了溶洞的现象，从而给车辆的通行带来很大的安全隐患。

（2）盐胀

盐胀是指含有丰富的硫酸盐的盐渍土，在温度降低的时候硫酸盐可以吸收水结晶，

并且使体积变大,从而就促使土体出现了膨胀现象;温度升高的时候,硫酸盐会出现脱水的情况,这样就促使体积变小。由于这个过程是反复作用的,从而使得土体结构遭到破坏,导致土体疏松。此外,由于盐胀会随着温度变化而使体积发生变化,使得地表有松胀的可能或使公路路基路面出现了局部不平、鼓起开裂的情况。

(3)腐蚀

腐蚀主要是由于盐渍土中所含易溶盐与工程中所使用的金属材料、非金属材料发生化学反应,导致其性能发生恶化,从而使得道路出现破坏。这样的病害在道路工程中最常见的形式是钢筋锈蚀、混凝土或者黏土制成品粉化开裂等。

3.20 挖掘机司机如何在陡坡上修路?

盘山公路一般都是由山下往上修。挖掘机司机会将坡道挖平,将挖掘机开上去。开挖时,需要将挖掘机方向调整到和修建的方向一致,然后用斗齿将土挖下来。在挖的过程中,还要随时测量坡比。重复进行这样的操作,直到挖出合适的工作面。

在实际挖掘过程中很容易出现意外,挖掘时需要防止塌方,下落的碎石可能砸到挖掘机,这对挖掘机司机的专业和临场应变能力要求都很高。

3.21 为什么沥青路面摊铺还要"挑日子"？

热拌沥青材料拌和温度介于 150~180 摄氏度，适宜在高温晴朗天气施工。沥青混合料的摊铺温度应满足《公路沥青路面施工技术规范》（JTG F40—2004）的要求。混合料温度过低（通常在 110 摄氏度以下）将导致摊铺作业困难，碾压时达不到较好的密实度和平整度。而实际运输过程中，混合料的温度不可避免要降低，因此要求摊铺时的温度要较初碾时的温度高 10~15 摄氏度。正常情况下，摊铺时的温度不得低于 135 摄氏度。而且在开始摊铺时，摊铺机的烫平板要预热，以保证初压温度，减少混合料的离析现象。为确保摊铺质量，气温低于 10 摄氏度时不施工。

近年来，出现了温拌沥青混合料技术，可在基本不改变沥青混合料配合比和施工工艺的前提下，使沥青混合料的拌和温度降低 30~40 摄氏度以上，可节省大量的能源，有利于环境保护，保护工人身体健康。

3.22 混凝土浇筑过程中下雨了怎么办？

雨天和雨季浇筑混凝土是施工组织设计的一项内容，应编制专项施工方案。

在小雨天气进行浇筑时，应采取下列措施：

（1）如果这时混凝土已经硬化（振捣后 4~8 小时），只要不将雨水排入表面，小雨造成的影响就是可控的，此时混凝土表面的水甚至有助于混凝土养护。

（2）如果正在浇筑混凝土，经审批后可适当减少混凝土拌和用水量和混凝土的坍落度，必要时应适当缩小混凝土的水胶比①。

（3）加强模板内排水，防止周围雨水流入模板内。

（4）做好新浇筑混凝土面尤其是接头部位的保护工作。

在突发暴雨的情况下，应对措施：

（1）浇筑过程中，遇大雨、暴雨，应立即停止进料，留置好施工缝，已入仓混凝土应振捣密实后遮盖。

（2）若继续浇筑混凝土，雨水顺着混凝土往下流，混凝土会被稀释，强度难以保证，将面临大面积返工。

（3）雨后必须先排除仓内积水，对受雨水冲刷的部位进行处理。

---

①水胶比，是指每立方米混凝土用水量与所有胶凝材料用量的比值。

3.23 为什么夏天要对混凝土进行降温？

在混凝土运输和浇筑过程中，如果温度过高，水分蒸发快，混凝土会变得更加黏稠，坍落度①减小，不便于泵送和振捣。

混凝土在硬化过程中，会产生大量的热量，尤其是大体积混凝土结构，会产生较大的温度应力，造成结构开裂，影响结构安全和耐久性。在我国南方夏季，环境温度达到30摄氏度以上时，水泥温度可以达到60摄氏度，因砂石料温度跟环境温度几乎一致，不采取降温措施的话，拌和站生产出的混凝土温度会超出规范限制的30摄氏度要求。

通过控制原材料温度、加冰等措施，可降低混凝土拌合物的入模温度。但是，根据实践经验，简单地加冰对混凝土降温效果不佳，工程中常采用循环水冷却、温度控制系统对混凝土结构进行降温和监控。

3.24 混凝土还要洒水"保养"？

混凝土浇筑后，并不是等着干硬就行了，需要洒水"保养"，还有的需要"贴面膜"（通过高分子膜或"一布一膜"防风保湿）。混凝土的养生在整个工程中耗时是最长的，而且也是对混凝土质量影响最大的。混凝土之所以能逐渐硬化和增加强度，是水泥水化反应的结果，而水泥的水化需要一定的温度和湿度条件。混凝土养生是人为创造一定的湿度和温度条件，使刚浇筑的混凝土得以正常或加速其硬化和强度增长。

做好新浇混凝土养生工作，是保证混凝土强度、防止裂缝产生的重要环节之一。常温下混凝土浇筑12小时内，必须覆盖保温养生，普通水泥不少于7天。

如果忽视对混凝土的浇水养生，一方面会降低混凝土强度，另一方面会使混凝土在硬化过程中来不及补充水分，因大量缺水而产生裂缝。所以做好混凝土的浇水养生，既可减少温度产生的裂缝，也可减少混凝土收缩而产生的裂缝。

---

①坍落度是混凝土和易性的评价指标，在工地与实验室中，通常是做坍落度试验测定拌合物的流动性，并辅以直观经验评定混凝土的黏聚性和保水性。

3.25 为什么有的水泥硬得快,有的水泥硬得慢?

当水泥与适量的水拌和时,开始形成的是一种可塑性的浆体,具有和易性(也称为工作性)。随着时间的推移,水泥与水发生化学反应,浆体逐渐失去了可塑性,变成不能流动的紧密的状态,此后浆体的强度逐渐增加,变成像石头一样坚硬的固体。这整个过程叫作水泥的凝结和硬化。

影响水泥凝结速率和硬化强度的因素很多,除了熟料矿物本身结构,它们的相对含量及水泥磨粉细度等这些内因外,还与外界条件如温度、加水量以及掺有不同量的不同种类的外加剂等外因密切相关。因此,有的水泥硬得快,有的水泥硬得慢。

3.26 公路抢修用的水泥和普通水泥有什么不一样?

普通水泥混凝土路面修补料多为单一的早强剂或活性剂,而现在路面病害成因复杂,表现形式也较为多样,加之交通流量压力大,要求快速恢复交通,对材料的强度、韧性、防水性、抗冻性、耐腐蚀性等要求也多样。普通水泥混凝土路面材料的缺点在于混凝土的强度发展慢,养生期长,中断交通的时间长。

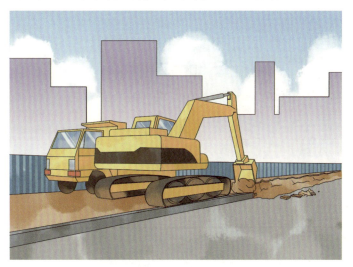

紧急抢修工程用的水泥除了加入早强剂,也有采用一种既具有高分子材料的黏结性,又具有无机材料耐久性的聚合物改性水泥。

聚合物改性水泥具有与老路面黏结力好、强度高、施工方便、性价比高、开放交通快等优点,可对水泥路面的裂缝、坑洞、麻面、断板等病害进行快速修补,在1~2小时内恢复通车。

3.27 减水剂有什么作用？

减水剂是一种在维持混凝土坍落度基本不变的条件下，能减少拌和用水量的混凝土外加剂。大多属于阴离子表面活性剂，有木质素磺酸盐、萘磺酸盐甲醛聚合物等。

加入混凝土拌合物后对水泥颗粒有分散作用，能改善其和易性，减少用水量，改善混凝土拌合物的流动性；或减少水泥用量，节约水泥。

3.28 为什么混凝土罐车要不停地转？

我们在路上经常会看到混凝土搅拌车罐体一直在转，这是因为混凝土是由石子、砂、水泥和水组成的黏稠物质，如果运输过程中不转动，那么里面的石子就会下沉到底部，砂夹在中间，而水泥和水就留在最上面了，专业上称为"离析"。

这样的话，时间一长，到了目的地之后，里面的混凝土就结块了，整个罐子就闷了，不但混凝土不能用，也会毁坏罐子。所以搅拌车转动既可以防止混凝土凝固，又可防止混凝土分层，而且还可以让混凝土混合得更均匀。

但如果出现了闷罐，那么整罐混凝土都要倒掉。有的在罐体某个位置切一个洞，然后人钻进去把里面的混凝土一点点清理出来，最后再把开孔的地方用焊接封上。或者利用热胀冷缩的原理，把结块的混凝土烧热后迅速浇水冷却，这样混凝土就会变脆，容易清理。

3.29 废弃的混凝土还有用吗？

建筑垃圾中的混凝土可以回收利用。废弃混凝土块是优质的混凝土集料，具有很多优势，如建筑物解体后，优质破碎筛分后的混凝土块和粉砂可以作为混凝土的再生粗、细集料，大量的微粉可直接作为水泥的原料，再生水泥和再生集料配制的混凝土可以进入下一个循环，在整个循环过程中，废弃物实现零排放。

建筑垃圾中的混凝土、水泥等废弃物经过合理破碎、筛选、粉碎后可用来代替石子生产草坪砖、广场砖、盲孔砖、透水砖、隔墙砖、模块砖、保温砖、砌块砖等数十种环保砖，也可以作为路面基层材料或再生混凝土路面。

3.30 工地围栏喷出的"雾气"有什么作用？

建筑工地扬尘是影响城市大气环境的重要污染物之一。为了减少工地建设过程中产生的扬尘，很多工地安装了PM2.5检测仪，还在围挡上方安装了喷雾设备，以便实时监控，及时降尘。

工地围挡喷淋系统利用地下水和消防水池中的水，在高空形成飘飞的水雾，让建筑工地24小时不间断地下着"毛毛雨"，吸附空气中的灰尘颗粒和杂质，起到降尘除尘作用。

在高空喷淋一段时间后，可以润湿地面，又能有效地防止灰尘重新扬起。炎热高温季节，还能够起到一定的降温效果。

3.31 不同的季节对公路施工有什么影响?

由于高速公路的工期长,在施工过程中经常会遇到不同的季节和气候环境,如暴雨、暴雪、严寒、高温等天气,那么四季的温度以及气候不同会造成修建公路的质量有所不同,特别是温差比较大的地区和季节。

在长期降雨的影响下,路基不易被压实,容易出现弹簧土现象。路基经过长期的雨水冲刷、浸泡,就有可能导致已经施工完成的路基出现坍塌。对路面来说,如果铺筑过程遇上雨天,势必影响材料性能。

在高速公路施工过程中,冬季气候对其产生的影响莫过于温度,如果施工时不采取任何防护措施,将导致路面材料降温过快,降低沥青混合料的性能。对于混凝土构件,强度形成之前要做好保温和防冻措施。

冬季施工注意事项

夏季对沥青路面施工是有利的,但是对于混凝土结构是不利的。为确保在高温环境条件下混凝土工程的施工质量,应加强原材料拌和、运输管理,选择合适的浇筑时段,并采取降温措施,严格控制混凝土浇筑时的温度,且浇筑时的最高温度应符合设计规定。夏季水分的蒸发量比较大,还应做好混凝土的养生。

3.32 什么是沥青路面冷再生技术?

沥青道路冷再生属于道路维修、改造的范畴,它主要解决沥青路面面层和基层破损的问题。具体来讲,道路冷再生是指充分利用现有沥青道路旧铺层材料(面层与基层),必要时加入部分新集料,并按比例加入一定量的添加剂(水泥、泡沫沥青、乳化沥青、石灰、粉煤灰等),在自然环境温度下就地连续地完成材料的铣刨、破碎、拌和、整平及压实成型,从而修筑出具有所需性能质量的新中、下面层或新基层的作业过程。

而沥青路面现场热再生技术是专门用来修复沥青路面表面病害的,主要是指加热路面面层至要求的深度(一般不超过60毫米)、翻松旧路面、添加还原或再生剂、重新铺筑成型的施工方法。

3.33 桥梁施工通常要用到哪些机械设备?

桥梁施工设备种类繁多,一般按功能分为混凝土施工设备、预应力张拉设备、钢筋加工设备、模板设备;桩工设备、钻孔机、泥浆系统、挖泥(砂)机、浮运船;梁桥施工机械、拱桥施工机械、斜拉桥施工机械、悬索桥施工机械、桥梁检测机械;排水设备等。

常见的设备有打桩机、钻孔机、起重机、装配式钢爬梯、电梯、预应力张拉机、压浆机、防撞护栏作业台车、桥梁排水管安装车、挂篮、平台高空作业车、架桥机等。其中,架桥机有单梁式架桥机、双悬臂式架桥机、双梁式架桥机等几种。

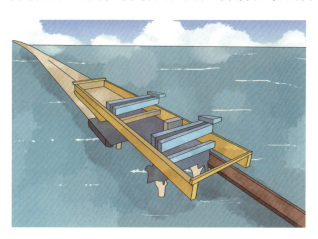

3.34 桩基有哪些分类?常用的施工方法有哪些?

桩柱的作用是将上部建筑结构的荷载传递到深处承载能力较大的土层上,也可用于挤实软土,以提高地基的承载力,以便保证建筑物的稳定性,减少其沉降量。桩基按其受力原理可分为端承桩和摩擦桩两种。前者指桩柱穿过软土层而达于岩石或坚硬土层上;后者指桩柱悬在土层中,利用桩柱与土的摩擦力而承受重量。

常用的施工方法有:锤击沉桩法、静力压桩法、水冲沉桩法、振动沉桩法、就地钻挖孔灌注桩法,而钻挖孔灌注桩通常采用冲击钻或旋挖钻施工,离建筑物近的还有采用水磨钻机成孔等方法。

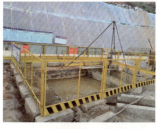

3.35 桥梁桩基施工时，旁边做个大泥浆池有什么用？

在钻孔灌注桩的成桩过程中，用卷扬机提升钻头，上下冲击成孔。泥浆池制备的泥浆进入孔内形成泥浆护壁，防止塌孔。由于泥浆悬浮钻渣，使钻头每次都能冲击到孔底新土层，泥浆池与钻孔形成液循环系统。

冲击钻孔桩一定需要有泥浆池和沉淀池。泥浆池可以代替沉淀池。制浆池、沉淀池、泥浆池应分开，设置顺序由制浆池、泥浆池到沉淀池。池的容量应大于计算泥浆数量，防止泥浆数量大而外溢，造成四处横流污染四周环境。

为保证工地安全，泥浆池周围设 1.2 米高的安全防护栏，挂设警示标识牌，夜间设红色警示灯，防止行人和小孩闯入而发生意外事故。施工完毕，要采取有效措施处理泥浆，防止附近村民及居民闯入而发生意外事故。

3.36 旋挖钻施工有什么优点？

旋挖钻机采用动力头形式，其工作原理是用旋挖斗，利用强大的扭矩直接将钻渣旋转挖掘，然后快速提出孔外，在不需要泥浆支护的情况下就可实现干法施工，即使在特殊地层中需要泥浆护壁的情况下，泥浆也只起支护作用，泥浆含量较低，污染大大减少，改善了施工环境。

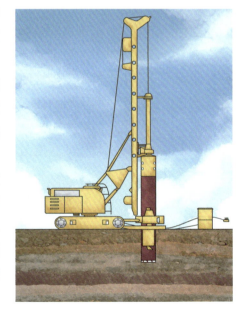

在铁路、公路等工程的钻孔灌注桩施工中，旋挖钻机以其对各种条件土层适应性强、无挤压效应、无振害、噪声小、无泥浆、成孔速度快等优点，得到了广泛应用。

同时，旋挖钻机结构紧凑，就位灵活；进度快、工效高、效益好，对地层扰动小，一次钻深可达 0.5~1.2 米，最快可达 1 米 / 分；设备性能先进，自动化程度高、机动性强。对于一般黏性土、淤泥质土、填土及砂性土、卵石土、泥岩、砂岩等，旋挖钻机穿越能力强，成孔效果好，安全风险低。

3.37 茫茫大海上，跨海大桥的桥墩是怎么打下去的？

水不深时，桥墩施工常用筑岛围堰的方法。筑岛就是用装满泥土和砂石的麻袋筑出一个小岛，外侧是密闭的钢吊箱或者钢板桩。完成填筑之后，把泥沙挖空，用水泵不断把水抽走，就形成了围堰。在围堰里就可以像在地面上一样，进行桩基和桥墩的施工。

如果水太深了，不可能做围堰，就要用到桩基础法。打桩船把多根钢管打到持力层，并露出水面几米。排水完毕后再往里面灌注混凝土，桩基牢牢固定在水中，才能在上面建设承台和桥墩。

3.38 桥梁护栏模板拆装台车有什么作用？

桥梁防撞护栏支模施工平台就是高架桥滑动式模板台车，也被称为桥梁护栏模板拆装台车。此台车是一种集合电动葫芦吊装和作业吊篮平台，用于高速路桥梁防撞护栏模板的吊装、运输、安装、拆卸的专用施工台车。

这种台车能实现防撞墙模板的整体装模、拆模、清理及涂脱模剂、吊运等工作，省去重复的模板组拼及分拆工作，提高模板拆、移、装的效率。

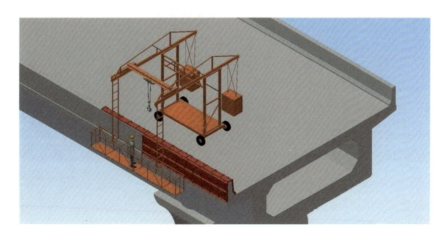

3.39 大家常说的挂篮施工是什么？

挂篮施工是一种用于大跨径桥梁主梁悬臂施工的手段，就是利用锚固在已经成型的前一段混凝土梁体上面的施工支架来进行下一段梁体混凝土现浇施工。因为这个支架是挂在前一成型混凝土上的，另外，这个支架还承担后一段混凝土施工的模板功能，像个篮子，所以把这个挂在已浇成型的混凝土模板叫作"挂篮"。挂篮施工不需要架设支架，且不使用大型吊机。

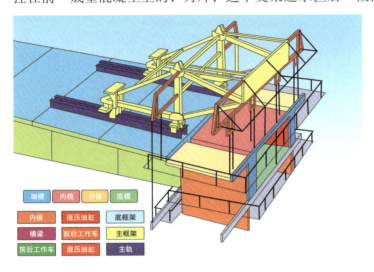

挂篮是悬臂施工中的主要设备，主要由双导梁系统、压重系统、后锚系统、横梁系统、底平台系统、其他系统等组成。按结构形式可分为桁架式、斜拉式、型钢式及混合式四种。

3.40 猫道是做什么用的？

猫道是悬索桥施工时架设在主缆之下、平行于主缆的临时施工便道。它是施工人员进行高空施工作业的脚手架，是主缆系统乃至悬索桥整个上部结构的施工平台。

施工人员在猫道上完成诸如索股牵引、调股、整形入鞍、紧缆、索夹及吊索安装、箱梁吊装及工地连接、主缆缠丝、防护涂装等重要任务。猫道一般在桥梁的上下游各一条，其断面通常呈 U 形，狭长且有一些摇晃，因人在上面行走起来像猫悄悄地走路一样，故称"猫道"，英文为 catway。它是悬索桥施工中极其重要的临时设施，大桥完工后将被拆除。

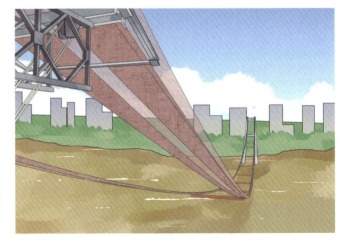

3.41 预应力在桥梁上有什么作用?

在结构承受外荷载前,通过张拉位于孔道中的高强钢束,对其施加预压应力,用以抵消或降低结构在外荷载作用下产生的拉应力。

桥梁结构在预应力作用下,可以保证构件不开裂且耐久性好,增强结构承载能力,其跨径可以做得更大。目前,混凝土梁式桥基本上都要施加预应力。

预应力钢绞线的主要特点是强度高和松弛性能好,另外展开时较挺直。常见抗拉强度等级为 1860 兆帕,还有 720 兆帕、1770 兆帕、1960 兆帕、2000 兆帕、2100 兆帕等不同强度等级。这种钢材的屈服强度也很高。

高延性冷轧带肋钢筋抗拉强度标准值为 600 兆帕。

路桥工程中常用的 C30 混凝土抗拉强度标准值为 2.01 兆帕,C50 则为 2.64 兆帕。

可见,三者的抗拉强度存在数量级的差异。

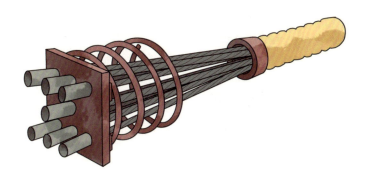

3.42 桥梁上怎么会有"牛腿"呢?

悬臂梁桥或 T 形刚构桥的悬臂端和挂梁端的局部构造称为牛腿,又称梁托。在古建筑中,牛腿的学名叫作"撑栱"。牛腿的作用是衔接悬臂梁与挂梁,并传递来自挂梁的荷载。

在这里,由于梁的相互搭接,中间还要设置传力支座来传递较大的竖直和水平反力,因此牛腿高度已削弱至不到梁高的一半,却又要传递较大的竖直和水平反力,这就使它成为上部结构中的薄弱部位。

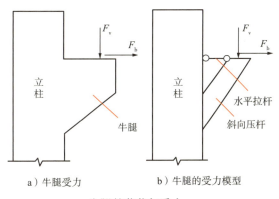

a) 牛腿受力   b) 牛腿的受力模型

牛腿的荷载与受力

注:F_v 为竖向分力,F_b 为水平拉拔力。

3.43 什么是混凝土的徐变？

混凝土徐变是指混凝土在使用过程中因承受长期外部荷载（应力水平为极限强度的50%~70%）而随时间而增长的变形。其产生机理是由于水泥石的黏弹性和水泥石与集料之间塑性性质的综合作用。具体来说，主要是持续荷载作用使凝胶体中水分缓慢压出、水泥石的黏性流动、微细空隙的闭合、结晶内部的滑动和微细裂缝的发生等因素的累加。

徐变的优点是有利于混凝土结构内力重新分布，降低结构的受力（如支座不均匀沉降），减小大体积混凝土内的温度应力和收缩应力，受拉徐变可延缓收缩裂缝的出现。徐变的缺点是会使预应力混凝土结构的变形增大，引起预应力损失，在长期高应力的作用下，甚至可导致结构破坏。

而与之容易混淆的混凝土收缩常分为干缩、温缩（热胀冷缩），干缩是指混凝土在空气中结硬时体积减小的现象，主要受混凝土配合比、水灰比、集料粒径、级配和养护条件（温度、湿度、蒸养）等因素影响。

3.44 斜拉桥的主塔和索面有哪些形式？

索塔设计必须适合于拉索的布置，传力应简单明确，在恒载作用下，索塔应尽可能处于轴心受压状态。索塔横桥方向的布置方式，可分为独柱型、双柱型、门型或H型、A型、宝石型或倒Y型等。索塔是表达斜拉桥个性和视觉效果的主要结构物，因而对于索塔的美学设计应予足够的重视。

索面位置一般有单索面、竖向双索面、斜向双索面和多索面。一般来说，索的水平倾角不应小于20度，否则拉索提供的竖直力小，总拉力大，相应索的用钢量大，同时对垂度的影响也大。

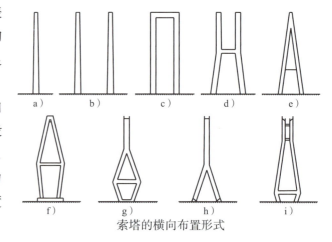

索塔的横向布置形式

3.45 为什么有的桥梁采用混凝土现浇，有的要提前预制好？

对于常规桥型，按照约束不同，混凝土桥可分为简支梁桥和连续梁桥（包括连续刚构）；按照线形不同，混凝土桥可分为直桥和弯桥。

（1）对于一般的简支梁桥，跨径范围是 10~30 米，该类型的桥几乎全采用预制，通过架桥机架设。优点是施工周期短，效率极高，且成本相对较低。

（2）对于连续梁桥或连续刚构桥，一般是不等跨度、不等梁高设计，多采用悬臂浇筑的方法。从桥墩处开始，两侧同时悬臂浇筑。

不采用预制而采用现浇的原因有：第一，连续梁桥在受力合理的基础上，采用了变高度设计，不像简支梁高度统一，预制并不方便；第二，预制的优点之一是批量生产，节约成本，而连续梁桥（包括连续刚构）的跨度多按照实际地形布置，就算预制，以后的模板也难以重复使用；第三，连续梁桥（包括连续刚构）对整体性要求较高，若预制成节段后拼装，整体性差了很多。

3.46 预应力钢筋是怎么准确放置在箱梁的预留孔道里的？

在预应力混凝土梁板施工中，如果预应力预留孔道位置不准确而发生偏差，在进行预应力张拉时，实际张拉力及伸长值就会与设计发生偏差，造成张拉力不准，由于预应力筋位置变化，还会影响梁板强度甚至使用安全。

在预留孔道时，应认真阅读图纸，正确计算出孔道在每一断面上的坐标。

将制孔管包括波纹管、钢管、胶管等准确牢固地定位，定位箍筋的位置、间距要合理。

在浇筑混凝土时，防止振捣棒碰撞制孔管，避免孔道上下左右浮动。

3.47 塔吊自身是如何升高的呢？

工地上常见施工电梯、塔式起重机或者提升笼等，用来吊运钢筋、混凝土、钢管和模板等建筑材料。塔式起重机是建筑工地上最常用的一种起重设备，又名"塔吊"。塔吊又细又高，其高度少则几十米，高达上百米。那么，塔吊自身是如何升高的呢？

要想弄明白这个问题，首先要简单了解一下塔吊的结构。它的下部是坚实的底座，向上升高的塔身由一段段标准节组合构成，水平方向上是伸展出去的横臂，它以司机室下面的回转平台为中心，可以360度的转动，较短一侧是平衡臂，较长一侧是起重臂。塔顶上方还有几根斜向的拉杆，用来固定平衡臂和起重臂。总体来看，整个塔吊就像一个不对称的十字。

塔吊可以不断长高的奥秘就隐藏在塔身的一个半包围结构上，它就是"套架"。套架利用液压装置，可以将塔吊的上部分向上移动。直到中间空出一个标准节的位置，然后将起重臂上吊起的标准节滑入空腔内，再把连接处固定好。重复这样操作，塔吊便犹如"芝麻开花节节高"了。

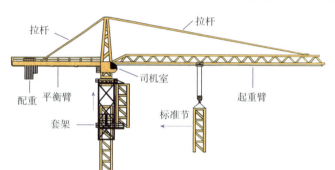

3.48 常常听说大桥"合龙"，是什么意思？

修筑堤坝或围堰时，人们把留在最后的缺口叫"龙口"。因此，把大坝封口截流叫"合龙"。注意，不要错写成"大坝合拢"。

"合龙"除了指堤坝最后封口外，也指修建桥梁时，从两端开始施工，最后在梁跨中间接合的过程。

宋朝沈括《梦溪笔谈·官政一》："凡塞河决，垂合，中间一，谓之合龙门，功全在此。"《中国现在记》第十回："转眼就是腊月，水落归槽，河工也就合龙。"《长江大桥纪念碑碑文》："五月钢梁架设在六号墩处合龙，两岸引桥亦先后完成"。

3.49 大桥成千上万吨，为什么用"钢丝绳"就能撑得住?

这些"钢丝绳"实际上是由高强钢丝组成的平行钢丝索或钢绞线索。平行钢丝索或钢绞线索的作用非常强大，它起到承受桥梁本身重量以及过往车辆重量的能力。悬索桥主缆均采用高强平行钢丝索，斜拉桥拉索大多采用平行钢丝索，也有采用钢绞线索的。

至于它为什么能承受住成千上万吨的重量，那就是多根（根据受力需要确定）钢丝或钢绞线共同受力的结果。正如《众人划桨开大船》歌词所写，"一根筷子，轻轻被折断，十根筷子牢牢抱成团"，大桥的"钢丝绳"也是这个道理，无数根钢丝或钢绞线绑定在一起，形成了强大的力量。当然，所用的钢丝必须是桥梁专用钢丝。

杨泗港长江大桥共有两根主缆，上下游各一根，主缆直径1.1米，每根主缆有271根索股，索股采用的钢丝直径6.2毫米、强度1960兆帕，单根主缆设计承受拉力近6.5万吨，可吊起一艘航母的重量。

五峰山长江大桥的主缆直径1.3米，每根主缆有352根索股，每根索股由127丝直径5.5毫米、抗拉强度1860兆帕的镀锌铝高强度钢丝组成，单根主缆的拉力高达9万吨，足以吊起1.5倍满载的"辽宁号"航空母舰。

3.50 怎么能知道桥梁是安全的还是危险的呢?

这个问题通过"桥梁医生"可以解决。桥梁检查及检测的目的在于通过对桥梁的技术状况、缺陷和损伤的性质、部位、严重程度及发展趋势分析，弄清出现缺陷和损伤的主要原因，以便能分析评价既存缺陷和损伤对桥梁质量和使用承载能力的影响，并为桥梁维修和加固设计提供可靠的技术数据和依据。

按照检查的范围、深入程度、方式和检查结果的用途等的不同，桥梁检查包括初始

检查、日常巡查、经常检查、定期检查和特殊检查。在桥梁检测中，已经出现了机器人等先进的检测技术，代替人工，高效、安全地完成桥梁病害检测任务。

对桥梁健康状况进行检测、监测和评估，不仅是对监测系统和某特定桥梁设计的反思，还可以作为桥梁研究的"工地实验室"，为结构设计方法与相应的规范标准等的改进提供依据。

3.51 桥梁加固有哪些方法?

桥梁结构由于结构失效或损伤，经评估不能满足结构安全或正常使用要求时，必须进行加固。加固设计的内容及范围，应根据评估结论和委托方提出的要求确定，可以包括整体桥梁，也可以是指定的区段或特定的构件。

国内外对桥梁进行加固改造的技术途径主要有下列5种：①增大截面；②黏贴钢板；③改变结构体系；④体外预应力；⑤更换构件。

桥梁加固一般程序为：①调查并确定技术改造的目的、要求及技术标准；②检查桥梁现状及损坏情况；③调查桥梁的历史技术资料及现有交通状况；④拟定维修加固或改建方案并进行分析比较；⑤方案确定并付诸实施；⑥加固完成后竣工验收。

3.52 隧道施工通常要用到哪些施工机械?

通风机、空气压缩机、抽水机是必不可少的。

掘进设备：石质隧道常用凿岩台车或风钻。

装载设备：常用立爪装岩机或装载机。

运输设备：常用梭式矿车（配立爪）、自卸车（配装载机）。

支护设备：如喷浆机、锚杆机以及喷射机械手等。

衬砌设备：如混凝土泵、衬砌台车等。有时还要有清危石、支护稳定性监测、空气质量监测、中线控制测量等设备。长大隧道还会用到探地雷达。

针对隧道初支混凝土干喷或潮喷工艺导致回弹量大，混凝土强度离散性大，作业时粉尘大，有碱速凝剂危害工人健康，云茂高速公路隧道初支混凝土采用湿喷工艺和无碱速凝剂，优化初支混凝土优化配合比，采用高性能外加剂，提升黏聚性，回弹率由传统方法的30%~50%降低至8%~10%；同时混凝土强度高且均匀稳定、平整度好，降低了施工成本，有利于工人健康。

3.53 隧道二次衬砌施工台车有什么用？

隧道衬砌台车是隧道二次衬砌施工的专用设备，用于对隧道内壁的混凝土衬砌施工，主要有简易衬砌台车、全液压自动行走衬砌台车及网架式衬砌台车。

针对传统隧道二次衬砌混凝土不密实、"人字坡"、拱顶脱空、施工效率低及材料浪费严重等问题，云茂高速公路全面推广二次衬砌混凝土滑槽逐窗入模浇筑工艺、二次衬砌拱顶带模注浆工艺。采用此工艺后，二次衬砌混凝土饱满合格率大幅度提升，在施工阶段基本消除二次衬砌背后脱空的质量通病。

3.54 什么是隧道施工安全步距？

隧道安全步距是指隧道仰拱到掌子面的距离，或隧道二次衬砌到掌子面的距离。为了保证施工安全，结合围岩等级和施工场地要求，对隧道二次衬砌、仰拱与掌子面之间的距离作出了限定。

仰拱与掌子面的距离（L_1），Ⅲ级围岩不得超过90米，Ⅳ级围岩不得超过50米，Ⅴ级及以上围岩不得超过40米。

二次衬砌距掌子面的距离（L_2），Ⅳ级围岩不得大于90米，Ⅴ级围岩不得大于70米。软弱围岩及不良地质隧道的二衬要根据监控量测结果，在围岩和初期支护变形基本稳定后进行。

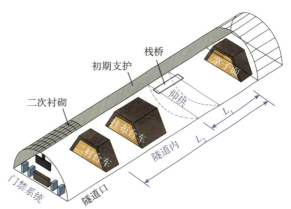

3.55 管棚在软弱围岩的隧道施工中有什么作用?

管棚是在隧道开挖前,将一系列钢管(导管)顺隧道轴线方向沿隧道开挖轮廓线外排列布置形成的钢管棚。超前大管棚多用于洞口,洞内因有其他超前支护措施替代,应用较少。

管棚法最早是作为隧道施工的一种辅助方法,在软岩隧道施工中穿越破碎带、松散带、软弱地层,涌水、涌砂层发挥了重要作用。由于预埋超前管棚作顶板及侧壁支撑,为后续的隧道开挖奠定了坚实的基础,且施工快、安全性高、工期短,是解决隧道冒顶坍塌问题的常用方法。

管棚在实际工程中起简支梁作用,而两端的支撑梁便是简支梁的弹性支撑,上覆地层的变形主要包括两部分:管棚的挠曲变形量;端头支撑梁的变形。所以其变形控制主要通过提高管棚和端头支撑梁的刚度来实现。

管棚钻机是管棚法施工技术中最关键的设备,它的作用是沿着隧道断面外轮廓超前钻进并安设管棚。

3.56 修建隧道对地质有什么要求?

隧道从位置选择到具体设计,直到施工,均与地质条件有密切关系,地质条件包括岩层、地质构造、岩层产状、裂隙发育程度及风化程度,隧道所处深度及其与地形起伏的关系,地层含水程度、地温及有害气体情况,有无不良地质现象及其影响等。基于此,在隧道的勘察设计中,应十分注意工程地质工作。

对重点隧道或工程地质和水文地质条件复杂的隧道,应进行区域性的工程地质调查、测绘,并加强地质勘探和试验工作。当地下水对隧道影响较大时,应进行地下水动态观测,并计算隧道涌水量。隧道工程地质勘探通常采用以钻探为主,辅以电探或震探的方法。

隧道一般修建遇到的不良地质类别为黄土地层、膨胀土地层、松散地层、高地温地层、岩溶等。

3.57 什么是超前地质预报？为什么要做超前地质预报？

隧道地质超前预报，是在隧道开挖前及施工过程中对隧道周围及掌子面前方的地质情况进行探测，识别和预测隧道掌子面前方及周围的工程地质、水文地质结构，提供准确的断裂带、含水带及岩体工程类别等地质参数，能有效地避免工程地质病害、减少处治费用、确保施工安全和进度，节约成本。

同时，根据围岩情况，动态优化隧道支护方案，适时调整开挖工法；提前预判施工风险，降低地质灾害发生的概率和危害程度。

常用的方法有隧道地震勘探（Tunnel Seismic Prediction，TSP）、隧道地质超前预报系统（Tunnel Seismic Tomography System，TST）、地质雷达，二者都是在隧道内进行预报，TSP、TST可预报掌子面前方100~150米的地质情况，地质雷达能预报掌子面前方20~30米的地质情况。

3.58 隧道施工中"早进洞、晚出洞"是什么意思？

"早进洞、晚出洞"是隧道洞口线路早进洞、晚出洞的简称。它最先是由当时的铁道兵司令员吕正操将军提出（后来吕将军当了铁道部部长），意思是隧道宜长不宜短，是中国修建大量铁路山岭隧道后总结出的一项原则性措施。

通常，由于洞口处所处的地质条件较差，岩层破碎、松散、风化较严重，应遵循尽量减少对岩体扰动的原则，以提高洞口段岩体和边坡、仰坡的稳定性。如开挖进洞时破坏了原有山体的平衡，极易产生坍塌、顺层滑动、古滑坡复活等现象，因而不少洞口需延长或接长明洞，给施工和运营造成不少困难，故一般情况下，线路宜早进洞、晚出洞。

隧道相关设计和施工规范作了洞口位置规范性要求，强调"早进洞、晚出洞"，即适当延长洞口和隧道的长度，尽量避免对山体的大挖大刷，提倡零开挖洞口，让隧道洞口周围的植被得到妥善保护，维护原有的地形地貌。即"未到山体之前先进洞，尽量远离山体后再出洞"。

3.59 为什么隧道开挖会有那么多种方法?

隧道施工中,开挖方法是影响围岩稳定的重要因素之一,其中钻爆法仍是我国目前应用最广、最成熟的隧道修建方法。在选择开挖方法时,应对隧道断面大小及形状、围岩的工程地质条件、埋置深度、支护条件、施工条件、环境条件、工期要求、工程量、机械配备能力、施工安全、经济性等相关因素进行综合分析。采用恰当的开挖方法,对隧道施工安全尤为重要。

在当前隧道施工实践中,从施工造价及施工速度考虑,施工方法的选择顺序为:全断面法→三台阶法→环形开挖留核心土法→中隔壁法(CD法,Center Diaphragm的缩写)→交叉中隔壁法(CRD法,Cross Diaphragm的缩写)→双侧壁导坑法;从施工安全角度考虑,其选择顺序应反过来。如何正确选择,应根据实际情况综合考虑,但必须符合安全、快速、质量和环保的要求,达到规避风险、加快进度和节约投资的目的。

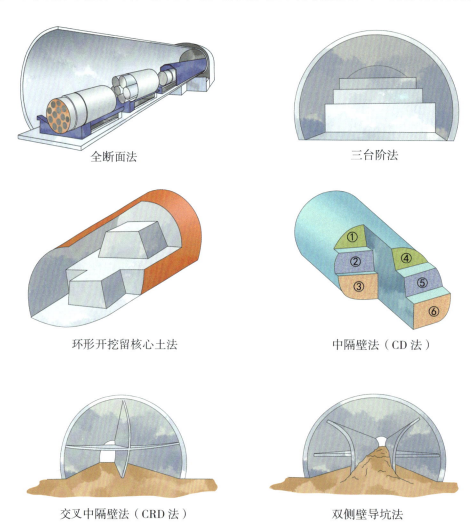

全断面法　　　　　　　　　三台阶法

环形开挖留核心土法　　　　中隔壁法(CD法)

交叉中隔壁法(CRD法)　　双侧壁导坑法

3.60 什么是光面爆破?

传统爆破方法有:裸露爆破法、炮眼爆破法、深孔爆破法、药壶爆破法、硐室爆破法、水下爆破法、水压爆破法、预裂与光面爆破法、拆除爆破及空气间隔爆破法、特殊爆破法等。

"聚能水压光面爆破"是一种新型高效能爆破技术,其在炮眼中采用"装了炸药的聚能管"和水袋,并在眼口用炮泥进行填塞。利用炮眼中的"水楔"和聚能管的"聚能射流"作用,进行高效能光面爆破。与传统工艺相比,节约炸药0.1千克/立方米、粉尘消散时间快约半个小时、炮眼痕迹率高达93%,光面爆破效果好。

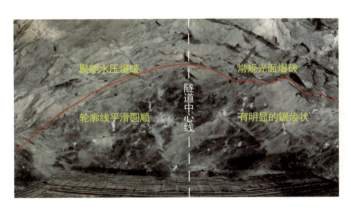

3.61 隧道施工过程中的管线都有什么作用?

隧道施工过程中经常会看到很多管线,而这些管线主要功能如下:

通风管路:洞内施工通风排烟采用自然通风和机械通风相结合的方式。隧道洞口150米范围内采用自然通风外,其余地段采用以压入式机械管道通风为主、自然通风为辅的通风方式。

高压风管:在洞口端安装电动空压机,通过高压风管输送风压,满足隧道掌子面施工机械动力所需。

高压水管:洞口修建高位水池,通过钢管把洞口的水引至掌子面作为生产用水,满足隧道施工水压要求,提供足够的水压力及水量。

施工临时供电:施工供电采用三相五线供电系统,动力设备采用三相380伏,照明电压一般作业地段不宜大于36伏,成洞段和不作业地段采用220伏。照明和动力线路安装在同一侧时,必须分层架设。

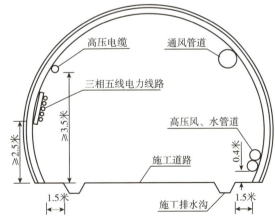

3.62 隧道施工监控量测包含哪些内容？

必测项目主要分为五类：洞内外观察、周边收敛[①]、拱顶下沉、拱脚下沉及地表下沉。各检测项目包括：

（1）洞内外观察主要在开挖及初期支护后进行，主要观察洞内掌子面、施工状态及洞外地表和周边建筑物的变形情况。

（2）周边收敛主要是利用收敛计、全站仪等仪器对隧道内两侧壁测点间连线的相对位移进行观测，一般情况下，按每 5~50 米设置一个断面，每断面布置 2~3 对测点。

（3）拱顶下沉量测断面布置与周边收敛量测断面布置相同，每个断面可布置 1~3 个测点，测点间距 2~3 米，并根据相对位移法来推算拱顶的位移情况。

（4）地表沉降量测主要是测定隧道经过地段的地表下沉区域及下沉量，主要量测工具为水准仪、塔尺，测点布置在隧道上方开挖可能引起的地表沉降区域，根据地表纵向坡度确定地表量测断面数，间距 5~10 米。

3.63 隧道开挖过程中，挖多了有什么影响？

隧道规范中对不同类别围岩的允许超挖值作了不同的规定。在实际作业时，由于种种原因，超挖值很难控制在规范规定的范围内。超挖部分要按照规范要求，严格回填，而且隧道超挖将给工程施工带来一系列的问题。

超挖必然需要消耗炸药，增加炸药费用；超挖的岩渣需要运出洞外渣场，增加装运费用；超挖造成开挖断面不平整，给铺设防水板带来困难，使防水板松弛产生皱褶，增加防水板用量；超挖部分需要用同级混凝土回填，增加二衬费用。

可见，隧道超挖费时、费力又费钱啊！

---

①隧道开挖完或初期支护后，由于开挖对围岩扰动，使山体内部应力改变，隧道周边会发生收敛变形（有的地方变小，有的地方变大）。如果这个变化量超出一定的限值，就可能出现塌方。所以，开挖完后要及时埋设监测点，用专用收敛仪进行测量，对其数据进行分析，并上报结果。

3.64 隧道开挖出来的石头都去哪里了？

高速公路隧道开挖过程中，不可避免地产生大量洞渣（土、石头），过去由于受施工工艺、施工组织等因素的影响，大量隧道洞渣得不到合理利用，常常需要建设专门的弃土场来堆放。洞渣废弃既占用了土地资源，又影响了环境，有时还会因处置不当造成安全隐患。与此同时，工程建设要用到大量的混凝土、河砂和碎石。

例如，云茂高速公路将隧道洞渣加以分类利用，变废为宝，如用于软基换填、砌筑挡墙、加工碎石、加工成机制砂等。为解决河砂紧缺难题，云茂高速公路建立了高品质机制砂生产线。整个生产线密闭，粉尘污染小，生态环保；生产的规格碎石表面圆润，级配好，含污量符合规范要求；生产的机制砂品质优于河砂。

3.65 隧道里还能划船？

中老昆万铁路"咽喉"工程——新平隧道全长14.8千米，位于云南省新平县境内，属单洞双线隧道，隧道穿越、傍行多条深大断裂带，安全风险极高、施工难度极大。建设者通过"长隧短打"的办法，开设13个辅助坑道，最多时29个作业面同时施工。

由于岩体破碎、涌水、突泥频发多发，工人们时常需要"乘船"抢险施工。

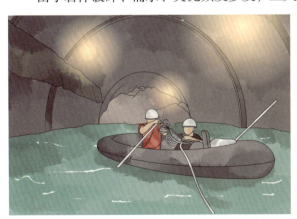

针对特殊复杂地质条件，项目开展科研攻关，运用三台阶预留核心土带仰拱施工工法、非爆开挖技术，自主研发了全配套移动栈桥、组合式变截面二衬台车等隧道施工方法。

四个辅助坑道同时贯通，与贯通的正洞连成了一体，优化了洞内通风、排水和运输，进一步改善了施工环境，加快了隧道建设速度。

3.66 海底隧道的"沉管技术"是如何实现的?

沉管法是在水底建设隧道的一种施工方法。沉管隧道就是将若干个预制段分别浮运到海面现场,并一个接一个地沉放安装在已疏浚好的基槽内。沉管隧道以预制安装为主。

沉管安装过程中,在几个小时内从漂浮状态转换为承受几十米水压的承压状态,对端封门的可靠性要求高,同时沉管锁定回填、一般回填、管顶覆盖回填,隧道内压载水箱排空、拆除,隧道内压舱混凝土施工等过程施工效率高,沉管所承受的荷载变化大、变化快,因此要求施工监测要数据准确、反馈快速,能够及时发现风险。

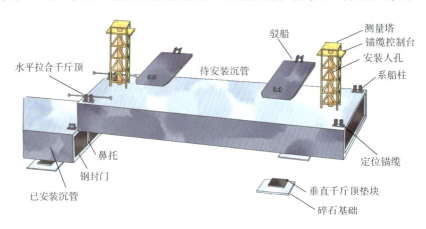

3.67 水下隧道埋多深才能保证安全?

水下隧道的埋深,跟路线的纵坡、航道规划底标高、地质、海(河)床冲淤稳定性、施工超挖、船舶应急抛锚等因素有关,沉管隧道埋深还跟沉船、管节抗浮有关,并没有规定统一的深度。

以中国最深海底隧道——青岛地铁1号线海底隧道为例,跨海隧道全长8.1千米,其中过海段约3.49千米。海域段设置两条主隧道,双线中间无服务隧道,两条隧道相距150米以上,高度相差不会超过10米,海底部分最深处达到88米,其中水深就有40多米,隧道拱顶距离海底33~39米。

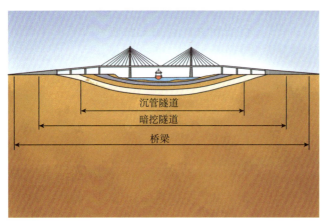

不同路线方案

3.68 隧道会被压垮吗？

从围岩自身层面分析：隧道围岩是有一定的自稳能力的，在岩土体质量足够好的情况下，对开挖的隧道即使不做任何支护，也能保持长久稳定。

从隧道结构特征分析：现今深埋隧道往往采用近椭圆/三心圆/五心圆结构，这在力学机理上，应该说是运用了结构的"拱效应"，亦即通过改变结构形状，达到改变力的传递路径的目的。观察拱桥构造，不难发现相同的规律。

从人工干预角度分析：事实上，围岩再好，也需要主动支护，不同地质条件隧道需有不同级别的支护措施。通过采用混凝土、钢筋网、钢拱架、锚杆等不同组合方式构筑隧道衬砌（初衬、二衬），以抵抗隧道的自然变形。

当然，也有"被压垮"的情况，比如：支护不及时、支护"太及时"、地下水作用、冻融、工程质量问题、深部岩爆等。但隧道工程属于发展早、技术相对成熟的领域，山岭隧道尽可能避免浅埋、偏压，在正常的施工和运营条件下，隧道被高山压垮（失稳）的情况一般是不会发生的。

3.69 为什么有的隧道上方要搭个"顶棚"？

山区道路通常傍山沿河而行，山区河流的特点是河床狭窄、弯曲，经过常年的河水侵蚀和风化作用，地势往往变得陡峻。为改善线形、提高车速、缩短里程、节省时间，常需沿坡脚或山腰修建隧道，这种隧道叫作傍山隧道，或称河谷线隧道。

傍山隧道一般埋置较浅，地质条件比较复杂，常有山体崩塌、滑坡、松散堆积等不良地质现象。施工中容易破坏山体平衡，造成各种病害。设置这种隧道时应特别注意洞身的覆盖厚度及偏压等问题，因此上方要构筑"顶棚"以确保安全。

采用棚洞结构后，不仅减少了土石方量和边坡支护量，也减少了采用隧道方案的照明和通风运营费用，降低了远期运营成本。山岭隧道进出口也有采用棚洞。

第三章 公路施工真奇妙

· 155

3.70 长隧道的"横洞"有什么作用?

长隧道施工一般分为三个工作面,分别为隧道进口、隧道出口、隧道斜井。如果想再增加几个工作面来缩短工期,可以增加隧道斜井。施工期设置横洞的主要作用是缩短施工工期。

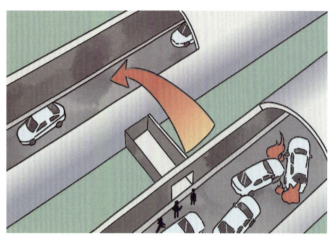

运营期为了防止突发情况如火灾等,方便车辆及人员逃生需要,往往需要隧道横洞设计,以方便车辆在两个隧道之间转移。隧道横洞主要包括车行横洞和人行横洞。

为了方便车辆转移,车行横洞截面比较大,而且一般设置成一定角度,以方便车辆转弯。

3.71 长隧道施工时,"竖井"有什么作用?

在长隧道施工时,为了缩短工期,要设置竖井或斜井以增加工作面。有的则是设置平行导坑,竖井或斜井的设置虽然可以增加工作面,但要增加运输成本及修建井的投入成本。隧道贯通后,竖井或斜井都没有用了,可以根据设计,或是作为通风通道,或是封死,或是锁住。

广东惠清高速公路将太和洞隧道579米长的施工横支洞改造为试验场地,以解决隧道工程结构安全和交通安全为目标,开展湿热地区公路隧道结构长期安全、高抗滑低噪声路面修筑、公路隧道运营安全及灾害应急保障、公路隧道智能交通安全管控等研究。

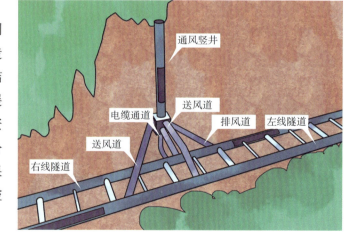

3.72 隧道里的风机有什么作用？

在高速公路隧道里，经常会看到悬挂在隧道顶部或两侧的灰黑色大圆桶。这些大圆桶，其实是射流风机。射流风机运行时，将隧道内的一部分空气从风机的一端吸入，经叶轮加速后，由风机的另一端高速射出，这部分带有较高动能的高速气流将能量传送给隧道内的其他气体，从而推动隧道内的空气顺风机喷射气流方向流动。当流动速度衰减到一定程度时，下一组风机继续工作，这样，就实现了从隧道的一端吸入新鲜空气、从另一端排出污浊空气的目的。

如果隧道中发生火灾，隧道按火灾救援风速通风，另一隧道风机按正常运营通风，用射流风机保证打开的联络通道处火灾隧道的风压小于正常运营隧道风压，使火灾隧道的烟雾和高温气体不蔓延到另一隧道。

火灾情况下的风流组织应视逃生和灭火救援工作的进度分阶段实施。发生火灾后首先应调整风机运行状态，采用救援风速控制火灾的发展和烟气流动方向，待隧道内逃生人员完全撤离后，启动排烟通风组织系统。排烟通风组织系统的机械通风应根据火灾点的位置选择不同的通风方向，排烟的基本原则是使烟气沿隧道洞口排出。

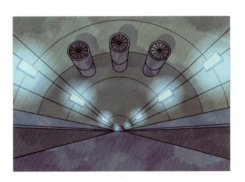

3.73 冻土区高速公路"热棒"的作用是什么？

多年冻土是指在天然条件下，冻结状态持续3年或3年以上的土体，主要分布在高纬度或高海拔地区。为防止由于气候变化等原因引起路基热胀、变形和位移，多年冻土区高速公路必须运用一系列技术手段使土地保持"沉睡"。

青藏高原多年冻土区首条高速公路——青海省共和至玉树高速公路使用了"热棒"技术。所谓的"热棒"，是一根根中空密闭的钢管，直径约15厘米，高约2米。一般先往钢管内注入氨水，再将"热棒"的一部分埋入地下。由于钢管上下的温差会让氨水变成气体上升，将热量带走，从而降低冻土的温度。到了夏季，"热棒"则停止工作。

这里的"热棒"，其实也是"冷棒"，你说对吗？

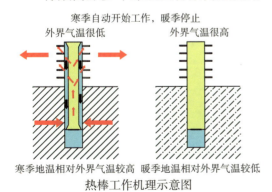

热棒工作机理示意图

3.74 高速公路施工测量有哪几个阶段？

（1）施工前的测量

①施工前要交接桩。参加单位有业主、设计、监理、施工等。根据设计院提交的平面控制点表、水准点表、曲线表等，现场核对，看哪些点还在，哪些点破坏了，形成书面的交接纪要，各方签字。

②施工前的复测。把设计单位的控制点重新测量一遍，有疑问的再测，测量完成后形成书面的复测报告。

③施工前的控制测量。在设计控制点的基础上，新增大量控制点，测量后整体平差，新点用于施工测量。

④路基横断面测量。按设计里程测绘断面，与设计对比，主要是检查土石方数量是否一致。

（2）施工中的测量

包括路基路面放样、桥涵测量、隧道测量等。

（3）竣工测量

包括中线贯通测量、路基断面测量、桥涵测量、隧道断面测量等。总之，竣工资料需要的大部分资料都由测量去完成，不但有测量数据，还要绘图、制表，证明施工结果和设计是一致的，偏差在允许范围内；不一致的要测绘出来说明现状。

3.75 什么是"三集中"？施工驻地的建设有什么标准吗？

高速公路建设的"三集中"通常指的是为了便于管理，将试验室、混凝土搅拌站、钢筋加工厂集中建在一起，简称"三集中"。此外，还有项目部、工区、预制梁场、小型构件加工厂、沥青拌和站等。

广东省率先在国内发布并实施了《广东省高速公路建设标准化管理指南》，从设计、工程技术、业主管理、施工组织、施工方案、临建、安全等各方面进行了标准化研究和规定。

3.76 预制梁液压模板有什么优点?

预制箱梁侧模采用液压可移动式整体模板,模板拼装就位准确,接缝密贴;使用液压可移动式侧模,不仅提高了模板安装的效率,与传统吊装式侧模相比,安装过程的安全风险大大降低,工人劳动强度也大大降低。

预制梁液压不锈钢模板

3.77 钢筋加工厂常用钢筋加工机械是什么?

近年来,我国钢筋加工机械得到快速发展,钢筋切断、弯曲、调直等钢筋加工机械在传统技术基础上,设备的性能和质量有了显著提高,新技术、新产品不断涌现。钢筋数控弯箍机、钢筋切断生产线、钢筋弯曲生产线、钢筋网焊接生产线、钢筋笼焊接生产线、钢筋三角梁焊接生产线、钢筋封闭箍筋焊接机等高效自动化生产设备近年来逐步得到推广应用,为我国钢筋工程的机械化、专业化加工提供了条件。

这些自动化生产设备采用伺服电机控制技术、计算机控制技术和工业级触摸屏人机交换界面技术实现了钢筋加工机械的原料输送、加工组焊、成品收集的全过程智能化控制,大大减轻了工人劳动强度,提高了生产效率和加工质量。

钢筋锯切机

二氧化碳保护焊

气动车丝机

钢筋丝头磨平机

钢筋笼自动滚焊机　　　　　　加劲箍全自动弯圆焊机

数控钢筋弯曲中心

等离子切割法兰盘连接钢板　　　隧道钢筋网片自动焊机

小导管尖头机　　　　　　　　小导管打孔机

3.78 预制场可以实现混凝土自动喷淋养生吗？

预制梁体积大、长度长、数量多。在预制梁混凝土浇筑之后，混凝土养生是预制梁施工中极为重要的一环。自动喷淋养生就是由自动喷淋养生系统喷出的气雾水状对梁板侧面、翼板与顶层进行养护，喷淋系统从供水到工作完毕，基本实现了过程全自动控制，喷出的水雾均匀，可以达到全天候、全湿润的养护质量标准，养生效果极佳。只需设定好养护时间及循环范围并进行系统日常养护即可，大大节约人工，提高劳动生产率。

3.79 高速公路建设在设计与施工安全方面需要做些什么事情？

在初步设计、施工图设计阶段，需要委托有资质的单位进行路线安全性评价，在施工阶段做好施工安全管理，在交工验收阶段应做安全评价。

施工安全管理体系建设包括：目标管理，管理机构和人员，制度建设，责任制落实，安全生产费用管理，教育与培训，安全技术管理，风险管控，隐患排查与治理，职业健康管理，安全文化建设，应急管理，安全档案管理等。

施工现场通常要悬挂"九牌一图"，具体指：工程概况牌、安全管理目标、安全生产牌、消防保卫牌、安全记录牌、文明施工牌、主要管理人员和办公生活牌、十项安全措施牌、卫生须知牌、环保牌及施工现场总平面图。

3.80 路桥施工有哪些特种设备?

路桥工程施工常用的特种设备包括架桥机、施工升降机（电梯）、物料提升机、高处作业吊篮、附着式提升脚手架、门式脚手架、起重吊装设备等。特种设备的范围在《特种设备安全监察条例》附则中有明确的规定。从事特种设备作业的人员必须经过培训考核合格并取得特种设备作业人员证。

特种设备都是涉及生命安全且危险性较大的设备，相关人员应特别注意加强特种施工设备在建筑施工作业中的安全管理和安全防范，防止和减少特种设备事故而导致群死群伤的重大安全事故。

3.81 安全体验馆有什么作用?

"安全、进度、质量、资金"，是高速公路桥梁工程项目建设的四个核心问题，按照国家"安全第一、预防为主、综合治理"的方针和"安全发展""以人为本"的安全理念，施工安全工作更是重中之重。

安全体验馆将施工安全教育与体验相结合，对施工人员进行安全教育时，通过亲身体验各种安全防护用品的使用及出现危险瞬间的感受，增强施工人员在施工现场时的切身感受，让安全理念深入人心，有效加强施工人员的安全意识。

体验项目包括：平衡木、安全帽冲撞体验、安全带体验、高空坠落 VR 体验、综合用电体验、倾倒体验、灭火器体验、爬梯体验、滑移平台体验、应急急救培训体验及劳保用品展示体验等，覆盖了施工现场常见的大部分安全隐患，模拟现场施工场景。在类似于"游乐场"的环境中，建筑施工现场的各种禁忌和安全隐患也潜移默化地进入体验者的意识。

3.82 应急预案有哪些类型?

生产经营单位的应急预案按照针对情况的不同,分为综合应急预案、专项应急预案和现场处置方案。

生产经营单位风险种类多、可能发生多种事故类型的,应当组织编制本单位的综合应急预案。综合应急预案应当包括本单位的应急组织机构及其职责、预案体系及响应程序、事故预防及应急保障、应急培训及预案演练等主要内容。

对于某一种类的风险,生产经营单位应当根据存在的重大危险源和可能发生的事故类型,制定相应的专项应急预案。专项应急预案应当包括危险性分析、可能发生的事故特征、应急组织机构与职责、预防措施、应急处置程序和应急保障等内容。

对于危险性较大的重点岗位,生产经营单位应当制定重点工作岗位的现场处置方案。现场处置方案应当包括危险性分析、可能发生的事故特征、应急处置程序、应急处置要点及注意事项等内容。

3.83 大风能把龙门架吹跑吗?

2016年4月13日早上5时40分许,广东东莞市麻涌镇由于突发雷电大风强降雨,一工地龙门架被大风吹倒,导致附近约200平方米的工棚坍塌。该龙门架紧挨着工人们住宿的工棚,倒塌时,工人们还都在睡梦中。截至当天18点左右,事故造成18人死亡。

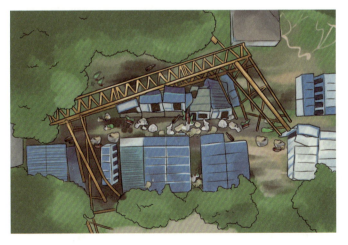

龙门架在工地上广泛使用,往往重达几吨,竟能被大风吹跑!这个惨痛的教训让我们深刻认识到以往容易忽视的安全问题。

随着技术的进步和管理的规范化,这样的事故完全可以避免。

3.84 为什么要推行工程质量终身责任制？

为进一步提高工程质量水平，达到以质量保安全、以安全保生产的目的，全面落实工程建设各方主体的质量安全责任，建立健全工程质量终身责任制，2014年，住房和城乡建设部发文，明确建设单位项目负责人、勘察单位项目负责人、设计单位项目负责人、施工单位项目经理和监理单位总监理工程师在工程设计使用年限内，承担相应的质量终身责任；工程项目开工前，工程建设五方项目负责人必须签署质量终身责任承诺书；建设单位要建立五方项目负责人质量终身责任信息档案，竣工验收后移交档案管理部门统一管理保存。

工程勘察设计是工程建设的龙头和灵魂，勘察设计质量是决定整个工程质量的关键环节。质量终身责任使勘察设计行业的广大从业人员感到责任重大、压力巨大。项目负责人质量终身责任制的确立，正在推动勘察设计行业的变革。

3.85 高速公路建设在环境保护方面需要做什么事情？

高速公路建设对环境的影响主要表现在对粉尘、噪声、污水、泥浆、爆破振动及对自然保护区、生态严控区、饮用水源保护区等方面。在工程可行性研究阶段，要做项目建设的环境影响评价，编制环境保护方案，经专家评审后，报环境保护厅审批；对自然保护区等特殊路段，还应开展针对性评价。

在设计中落实环评报告要求，在施工中落实环保措施，并做施工期环保监测（必要时还要开展生态监测），在交工后做环保专项验收和运营期监测。比如，我们常见的声屏障和桥下应急池（隔油池）就是环保的内容。

3.86 高速公路建设在水土保持方面需要做什么事情？

水土保持工作目标主要是控制水土流失、保持沿线景观美化、路基及弃土场稳定安全、实现复耕还林等。在工程可行性研究阶段，编制要做项目建设的水土保持方案，经专家评审后，报水利厅备案。

在设计中落实水保方案要求，在施工中落实水保措施，并做施工期水保监测，在交工后做水保专项验收和运营期监测。

3.87 工程建设中，什么是估算、概算、预算、结算？

估算也叫投资估算，发生在项目建议书和可行性研究阶段。

概算也叫设计概算，发生在初步设计或扩大初步设计阶段。

预算也叫施工图预算，发生在施工图阶段。

结算，发生在工程竣工验收阶段，是在建筑安装施工任务结束后，对其实际的工程造价进行核对与结清。

一般情况下，结算是决算的组成部分，是决算的基础。通常，决算不能超过预算，预算不能超过概算，概算不能超过估算。

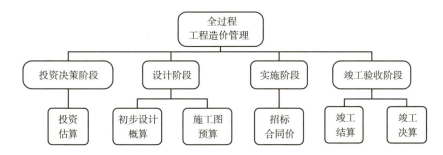

3.88 工程造价与工程计量各指什么？有什么区别？

工程造价是指进行某项工程建设所花费的全部费用。工程造价是一个广义概念，在不同的场合，工程造价含义不同。由于研究对象不同，工程造价分为建设工程造价、单项工程造价、单位工程造价以及建筑安装工程造价等。定额法计价下造价组成见下图。

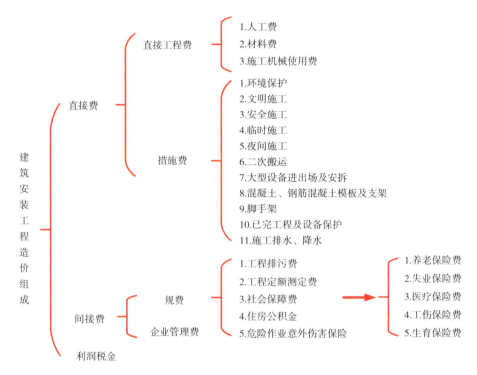

工程量就是设计图上要求完成的工作内容或实际完成的工作内容数量，比如修建一座大桥，工程造价是 15 亿元人民币，但工程量就是水泥混凝土的方量、钢筋的重量、沥青混凝土的方量等，分别乘以单价，就可以得出造价。

工程计量就是已完成的工程量中根据设计文件、合同文件等监理或业主代表确认的那一部分，进入合同款价的计算。

3.89 工程项目招投标有哪些流程？

招投标流程可以分为六个阶段，即招标、投标、开标、评标、定标及订立合同。

招标前的工作包括：

（1）招标人（即业主）办理项目审批或备案手续（如需要）；

（2）招标策划，编制招标文件；

（3）发出招标公告（公开招标）或投标邀请（邀请招标）。

工程项目投标的流程为：

（1）通过网上或有关媒体，关注招标的公告；

（2）按照招标公告上的规定，准备报名的资料；

（3）到招标代理报名，接受报名的审核、调查；

（4）报名通过之后，在规定的时间之内，购买招标文件；

（5）组织有关人员按照招标文件的具体要求，来编制投标文件；

（6）在规定的时间之内，向招标人提交投标文件；

（7）在投标的时候，需要特别注意废标的条款和投标的报价；

（8）经过开标、评标、定标、中标公示、发中标通知；

（9）收到中标的通知书之后，与招标人签订施工合同。

3.90 建设工程合同有哪些分类？

高速公路建设项目所涉及的合同分为工程类合同、行政类合同、廉政类合同三大类，各大类合同又可按要求进行细分。其中，工程类合同指与工程建设直接相关的合同，如征地拆迁、勘察设计、工程施工、工程监理、试验检测、监测、技术咨询、科研等方面的合同。

3.91 高速公路建设项目在档案管理方面需要做什么事情？

高速公路建设项目归档的范围包括：公司的规划、年度计划、统计资料、财务审计、会计档案、劳动工资、经营情况、人事档案、会议记录、决定、委托书、协议、合同、项目方案、通知等具有参考价值的文件资料。工程资料包括设计文资料、监理资料、施工资料、竣工图等内容。

以云茂高速公路项目为例，编制了档案管理办法、档案工作评比办法、竣工文件编制办法、档案首卷制实施细则、"双套制"档案管理办法、安全生产内业档案资料管理办法等相关制度，加强日常管理。

广东省档案局、广东省发改委于2006年设立了"金册奖"，这是广东省重大建设项目档案管理的最高荣誉。

3.92 高速公路工程交工验收、竣工验收有什么区别？

交工验收指《公路工程竣（交）工验收办法》中的交工验收，即检查施工合同的履约情况，评价工程质量是否符合技术标准及设计要求，是否满足通车要求，对各参建单位工作情况进行总结性评价。

竣工验收指建设工程项目竣工后，由建设单位会同设计、施工、设备供应单位及工程质量监督等部门，对该项目是否符合规划设计要求以及建筑施工和设备安装质量进行全面检验后，取得竣工合格资料、数据和凭证的过程。

序号	项目	交工验收	竣工验收
1	主要工作	检查施工合同的执行情况，评价工程质量，对各参建单位工作进行初步评价	对工程质量、参建单位和建设项目进行综合评价，并对工程建设项目做出整体性综合评价
2	验收主体	由项目法人组织进行	由政府相关建设主管部门、管理机构、质量监督机构、造价管理机构等单位代表组成的竣工验收委员会组织进行
3	性质	项目管理机构行为	政府管理机构行为
4	公路工程应具备条件	1. 合同约定的各项内容已完成； 2. 施工单位按交通运输部制定的《公路工程质量检验评定标准》及相关规定的要求对工程质量自检合格； 3. 监理工程师对工程质量的评定合格； 4. 质量监督机构按交通运输部规定的公路工程质量鉴定办法对工程质量进行检测（必要时可委托有相应资质的检测机构承担检测任务），并出具检测意见； 5. 施工单位、监理单位已完成本合同段的工作总结	1. 通车试运营2年后； 2. 交工验收提出的工程质量缺陷等遗留问题已处理完毕，并经项目法人验收合格； 3. 工程决算已按交通运输部规定的办法编制完成，竣工决算已经审计，并经交通主管部门或其授权单位认定； 4. 竣工文件已按交通运输部规定的内容完成； 5. 对需进行档案、环保等单项验收的项目，已经有关部门验收合格； 6. 各参建单位已按交通运输部规定的内容完成各自的工作报告； 7. 质量监督机构已按交通运输部规定的公路工程质量鉴定办法对工程质量检测鉴定合格，并形成工程质量鉴定报告

第四章 公路管理很重要

4.1 城市道路与公路有哪些主要区别？

（1）功能定位不同。城市道路是指在城市范围内具有一定技术条件和设施的道路，注重对沿线和局部区域的服务；公路多在城市以外，主要是为联系两个目的地之间的交通。

（2）规划建设部门不同。一般而言，城市道路的规划建设由当地住建系统（住建厅、住建局或市政部门）负责；公路的规划、建设、管理与养护工作，一般由当地的交通运输部门负责。

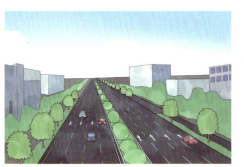

（3）分级标准不同。城市道路一般分为快速路、主干路、次干路、支路共4个等级；公路按照使用任务、功能和适应交通量，分为高速、一级、二级、三级、四级共5个等级。

（4）二者有各自的设计、施工和检测验收标准。

4.2 中国高速公路编号规则是什么？

高速公路网分为国家高速和省高速。根据最新的国家公路网规划，到2030年，我国将形成"71118"高速公路网，即由7条首都放射线、11条北南纵线、18条东西横线，以及地区环线、城市绕城环线、联络线、并行线等组成。

（1）首都放射线，编号是"G+1位数"，总体上由正北开始按顺时针方向升序编排。

（2）北南纵线，编号是"G+2位奇数"，总体上由东向西按升序编排。

（3）东西横线，编号是"G+2位偶数"，总体上由北向南按升序编排。

（4）地区环线，编号是"G+2位数"，其中第1位为"9"，在全国范围总体上按照由北向南的顺序编排。

各种走向的高速公路示意图

7条首都放射线的标志牌

例如，G91 为辽中环线高速，G92 为杭州湾环线高速，G93 为成渝环线高速，G94 为珠三角环线高速，G95 为首都环线高速，G98 为海南环岛高速。

（5）城市绕城环线，编号是"G+主线编号+0+序号"，即 G××0#。城市绕城环线仅连接首都放射线时，编号 G0×0#，其中第三位数字"0"是识别号。如上海绕城高速 G1503。

（6）联络线，编号是"G+两位主线编号+1+序号"，即 G××1#，其中第三位数字"1"是识别号，是联络线特有标志。联络线仅连接首都放射线时，主线编号前以"0"补位，即 G0×1#，如成乐高速 G0512。

（7）并行线，编号是"G+两位主线编号+2+序号"，即 G××2#，其中第三位数字"2"是识别号，如甬莞高速 G1523。并行线仅连接首都放射线时，主线编号前以"0"补位，即 G0×2#。

省级高速公路网的编号规则与国家高速公路网的编号规则是一致的，省级高速公路网编号的字母标识符采用汉语拼音"S"表示。

北南纵线

东西横线　　地区环线　　城市绕城环线

联络线　　　　　　　并行线

4.3 公路标志牌上的 G、S、X、Y 代表什么意思?

在公路标志牌上，G 代表国道，S 代表省道，X 代表县道，Y 代表乡道。

由于县、乡这两个字的拼音第一个字母都是 X，为避免混淆，就用 X 代表县道，Y 代表乡道。

4.4 交通运输局、公路局、运输管理局有什么区别？

交通运输局是交通行政管理部门，负责本地区交通行政管理，一般包括公路和航道的规划、建设和管理、公路和水路的运输管理、规费征收等职能。部分地区实行大交通管理，把铁路和民航也纳入其中。

公路局（或公路事务中心）是交通运输局的下属单位，负责公路建设的计划、养护、路政管理等。目前公路局正处在事业单位改革中，国内正在推行"管养分离"，即管理和养护职能分离，养护实行企业化运作。交通运输局进行宏观管理，公路局负责具体运作。

运输管理局是交通运输局的下属单位，它的主要职责是进行公路、货运、客运、城市公交、出租车以及公路运输营运方面的管理工作，具体承担本市交通运输行业管理和通航水域水上安全监督管理工作，现在也处于改革阶段，各地情况有一定的差异。

4.5 高速公路由哪些单位来管理？

高速公路的业主指各个投资方，可以是政府、企业或个人。我国政府出资建设的高速公路基本上都是由各政府组建，地方国企负责高速公路投融资、建设和运营管理，也就是通常所说的业主单位，多是合同主体上的甲方。

这样的公司，往往就是各省的交通集团、交通投资集团、交通控股集团、高速公路发展有限公司、高速公路建设开发总公司等。但是这些单位往往还会有下属勘察设计单位、施工单位、监理单位、科研单位等。

以广东省交通集团有限公司为例，其旗下有广东省高速公路有限公司、广东省公路建设有限公司、广东省路桥建设发展有限公司、广东交通实业投资有限公司、广东省南粤交通投资建设有限公司等多个二级公司负责高速公路投融资、建设和运营管理。

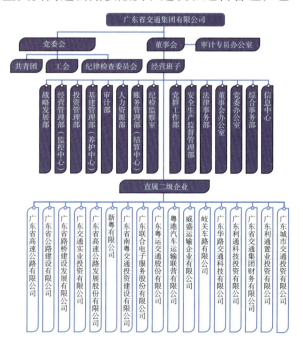

4.6 路政人员和交警是什么关系?

路政队的前身是公路派出所,现在通常由运营管理单位来组建,其工作车辆车身一般印有"中国公路"字样。路政人员主要依法保护路产、路权,查处各类违反路政管理法律、法规和规章规定的行为,检查监督公路养护作业、道路施工,并开展公路两侧建筑控制区管理,检查监督所辖路段公路标志标线设置情况等。

交警的全称是交通警察,是公安系统的一个警种,主要负责在道路上指挥交通、维护交通秩序、纠正和处罚交通违章行为、处理交通事故、维护治安秩序、机动车登记管理等工作。

可见,两者所在的单位不同,工作内容和具体职责也不同。

4.7 驾驶证与行驶证有什么区别?

机动车驾驶证是驾驶人可以驾驶机动车辆的证明,上面记录着驾驶人的个人信息、初次领证日期、准驾车型、档案编号、有效起始日期和有效期限等信息。

机动车行驶证是机动车辆的"身份证明",上面记录着车牌号码、车辆类型、该车主人的个人(单位)名称、住址、车辆的品牌型号、使用性质、车辆出厂的技术数据和证件的发证日期等相关信息。

简言之,驾驶证是人的,行驶证是车的。

4.8 什么是路产、路权？

公路路产是指公路财产，主要包括公路、公路用地、公路附属设施，如为保护、养护公路和保障公路安全畅通所设置的公路防护、排水、养护、管理、服务、交通安全、渡运、监控、通信、照明、收费等设施和设备以及专用建筑物、构筑物等。

公路路权是指公路路产的所有权、经营权和管理权，也表现为交通主管部门为清除非法侵占公路路产而拥有的行政管理权和民事权益。

日常生活中，我们在享受便捷交通服务的同时，有时会发现占用或破坏公路、影响交通安全的行为，这些行为就是在侵害路产、路权。

4.9 公路建筑控制区为什么不能随意侵占？

公路建筑控制区是指为了保护公路运营安全和满足公路改建、扩建需要，在公路两侧一定范围内设立的禁止修建建筑物和地面构筑物的区域。不能随意侵占此区域的主要原因如下：

（1）这是为公路今后提升等级和拓宽而预留的土地。

（2）防止公路街道化。公路建成后，如果在公路沿线设置大量的工厂和店铺，将严重影响公路的畅通和效能的发挥。

（3）避免在沿线近距离建设施工对公路造成影响，从而有效保护公路和公路附属设施。

（4）充分保障公路上机动车驾驶人的行车视野，提升行车安全。

（5）减少公路上车辆的噪声和尾气等对沿线居民的影响。

4.10 高速公路的收费标准是怎么定的?

《收费公路管理条例》第十五条规定,车辆通行费的收费标准,应当依照价格法律、行政法规的规定进行听证,并按规定程序进行审查审批。具体来说,要根据所属省政府关于收费公路车辆通行费计费方式等文件的批复意见实施。收费标准由收费费率决定,受路网规划、建设成本、车道数、里程长度和预测车流量等因素影响。

以广东省为例,高速公路收费标准主要根据《广东省人民政府关于调整收费公路车辆通行费计费方式的批复》(粤府函〔2019〕416号),车型分类执行《收费公路车辆通行费车型分类》(JT/T 489-2019),对客车、货车、专项作业车等采用不同的收费标准。四车道高速公路收费费率为0.45元/标准车公里,六车道及以上高速公路收费费率为0.6元/标准车公里,大型桥梁、隧道项目采用单独的收费标准。

另外,各省可以根据不同路段的通行情况为全部或者部分指定车型提供通行费优惠。

4.11 车辆通行费收费标准报批有哪些流程?

以广东省为例,《广东省高速公路收费站设置和收费标准报批工作指南》指出,在项目建成通车前4~6个月,省属企业投资建设的高速公路项目,由企业直接上报收费标准申请给省交通运输厅;市属高速公路项目,由企业报所属地市交通运输局,交通运输局会发展改革、财政(政府还贷项目)部门报省交通运输厅。单独定价的新建高速公路,应当在建成通车前6~12个月,委托第三方咨询机构研究拟定收费方案,在完成成本监审、价格听证等相关工作后,按程序提出收费标准申请。

政府还贷项目:省交通运输厅提出审核意见,会签省发展改革委、财政厅,联合上报省政府审查批准。

经营性项目:省交通运输厅提出审核意见,会签省发展改革委,联合上报省政府审查批准。

4.12 救护车要不要交过路费？

首先，医院可能既有公益属性又有经营属性，而且医院是可以产生效益的。其次，救护车接送病人一般都是收费的。根据《收费公路管理条例》，救护车不属于收费公路免费车辆范围。但是，目前有的省高速公路对救护车收通行费，有的省不收费；有的对本省的救护车免费，对外省不免费；有的省对所有救护车都免费，政策各不相同。

根据国家发展改革委、交通运输部《关于印发〈加快推进高速公路电子不停车快捷收费应用服务实施方案〉的通知》（发改基础〔2019〕935号）关于"各类通行费减免等优惠政策均依托ETC系统实现"的规定，国家卫生健康委等九部委《关于印发进一步完善院前医疗急救服务指导意见的通知》（国卫医发〔2020〕19号）关于"为救护车免费安装ETC车载装置，保障其不停车快捷通过高速公路收费站"的要求，以及《广东省公路收费站管理办法》第二十三条规定，经广东省卫生健康委审核通过符合免费条件的粤籍救护车，可通过免费安装ETC的方式实施省内收费公路免费不停车快捷通行。

4.13 高速公路管理单位的车辆上下高速公路需要交过路费吗？

需要。高速公路收费标准经省政府批准，收费系统实行全国联网，高速公路管理单位的车辆按正常标准交费。

《收费公路管理条例》规定，军队和武警部队车辆、公安机关的部分制式警车（如交警车）、抢险救灾车辆等不需要交高速公路过路费。在重大节假日，7座及以下的小型客车也免收高速公路过路费。

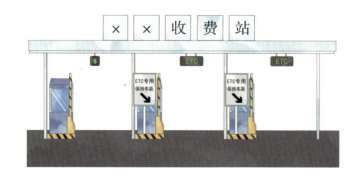

4.14 什么样的车辆能享受高速公路"绿色通道"免费政策?

绿色通道车辆是指运输鲜活农产品、季节性化肥的车辆和跨区作业联合收割机,高速公路对绿色通道车辆实行免费政策,设置专用通道。鲜活农产品包括新鲜蔬菜、水果,鲜活水产品,活的畜禽,新鲜的肉、蛋、奶等。

运输鲜活农产品车辆必须整车装载,装载鲜活农产品的体积占车用容积的 80% 以上,质量占车辆核定载质量的 80% 以上;车货总重在收费车道的称重数值大于该车超限认定标准规定的总质量限值的 80%。

4.15 高速公路的收费年限到期后怎么办?

根据《收费公路管理条例》(中华人民共和国国务院令第 417 号,2004 年)第十四条,收费公路的收费期限规定如下:

(1)政府还贷公路的收费期限,按照用收费偿还贷款、偿还有偿集资款的原则确定,最长不得超过 15 年。国家确定的中西部省、自治区、直辖市的政府还贷公路收费期限,最长不得超过 20 年。

(2)经营性公路的收费期限,按照收回投资并有合理回报的原则确定,最长不得超过 25 年。国家确定的中西部省、自治区、直辖市的经营性公路收费期限最长不得超过 30 年。

随着国内不少高速已经达到甚至超出收费年限,2018 年 12 月交通运输部研究公布了《收费公路管理条例(修订草案)》,提出不再规定具体的收费期限,按照用收费偿还债务的原则,以该路网实际偿债期为准确定收费期限。也就是说,政府收费公路不再规定具体的收费期限。经营性公路收费一般不得超过 30 年,但对于投资规模大、回报周期长的高速公路,可以约定超过 30 年的特许经营期限。不过,目前该草案尚未获得国务院批复。

高速公路收费年限到期后,运营、维护成本怎么解决,目前还没有好的办法。

4.16 这些城市道路交通指示牌分别代表什么意思？

在城市道路上，我们经常看到各种标志标牌，虽然现在导航软件很流行，免去了人们寻路的烦恼。但是，离开了软件，很多人就"迷失"了方向，顿时紧张起来。不信您来看看，能不能看懂下面这些交通指示牌分别代表什么意思。

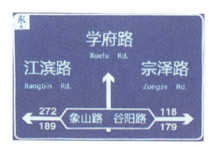

4.17 交通指示牌设计有什么规律吗？

根据《城市道路交通标志和标线设置规范》（GB 51038—2015），按设置的道路等级，交叉路口预告、告知标志的版面设计分为3类：Ⅰ类版面，指示前进方向两个目的地信息（近信息、远信息）；Ⅱ类版面，指示前进方向一个目的地信息（近信息）；Ⅲ类版面，仅指示前方相交道路路名。

再回头看看4.16的问题，是不是豁然开朗？不信你就对照地图验证下。

类别	预告信息	告知信息
Ⅰ类版面	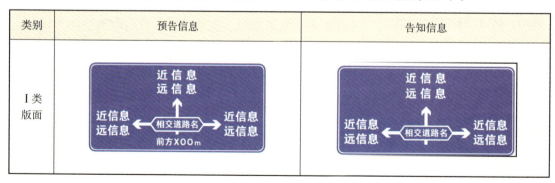	

类别	预告信息	告知信息
Ⅱ类版面	近信息 ← 相交道路名 → 近信息 前方X00m	近信息 ← 相交道路名 → 近信息
Ⅲ类版面	—	相交道路名

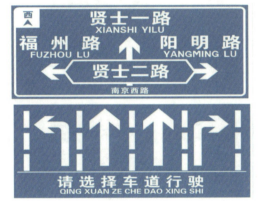
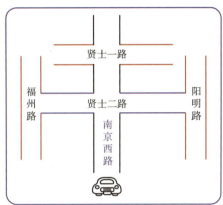

4.18 你能分清这些交通标线吗?

道路交通标线是由标画于路面上的各种线条、箭头、文字、立面标记等构成的交通安全设施，其作用是管制和引导交通，可以与交通标志配合使用，也可单独使用。我国现行的道路交通标线分为：指示标线、禁止标线和警告标线3类。其中，指示标线用来指示车行道、行驶方向、路面边缘、人行横道等。

国家标准中标线主要有四种颜色：

白色：主要用于道路边缘线、车行道分界线、横道线、导向箭头等。

黄色：主要用于道路中心分界线，有黄色虚线、黄色实线、黄色双实线等。

蓝色：主要用于停车位，表示免费车位。

橙色：主要用于作业区，如商场装卸货区域、机场停机坪、施工作业区域等。

在部分旅游观光道路，采用红黄蓝三色标线。

黄色单实线通常用于双向两车道或一条机动车道和一条非机动车道的道路

黄色双实线通常用以划分双向四车道及以上机动车道而没有设置中央分隔带的道路

"大V"是导流线

"冰激凌曲线"是障碍物地标线

"倒三角"是减速让行标志

"菱形标"预告前方道路有人行横道，提醒车辆减速慢行

"实心菱形"是车道纵向减速标线

"小锯齿"是可变车道标线

黄色横线是车道横向减速线

黄白蓝错视觉标线是三维立体减速标志

4.19 双黄线实线与虚线有什么区别?

双黄实线表示严格禁止车辆跨线超车或压线行驶,它用以划分上下行方向各有两条(双向四车道)或两条以上机动车道而没有设置中央分隔带的道路。

对于双黄虚线,车辆则可以临时跨越。

如果双黄线一条是实线、一条是虚线,那么虚线在哪一侧,这一侧的车辆就可以临时跨越双黄线,而实线一侧的车辆则不可以跨越。

4.20 你能分清这些交通标志吗?

我国现代的道路交通标志分为主标志和辅助标志两大类。主标志按其含义可以划分为警告、禁令、指示和指路标志、旅游区标志和告示标志6种。其中:

(1)警告标志:形状为正等边三角形,底色一般为黄色或荧光黄色,用来警告车辆、行人注意危险地点。

(2)禁令标志:分为圆形、倒等边三角形、八角形、叉形,除个别标志外,均为白底、红圈、红杠、黑图案,用来禁止或限制车辆、行人交通行为。

(3)指示标志:分为圆形、长方形和正方形3种,一般是蓝底、白图案,用来指示车辆、行人行进。

(4)道路指示标志:其形状除个别地点和识别标志外,都是长方形和正方形,颜色除里程牌、百米桩和公路界牌外,一般为蓝底、白图案,高速公路为绿底白图案,用来传递道路方向、地点和距离信息。

 最高限速

 最低限速

 禁止直行

 禁止通行

 禁止驶入（可以驶出）

禁止车辆停放

 禁止车辆长时间停放

 会车让行

 会车先行

 双向交通

 注意行人

 人行横道

 直行

 单行道

 直行车道

 左侧通行

 两侧通行

 右侧通行

 紧急停车带

 错车道

公路那些事儿

184

4.21 为什么驾照不采用百分制?

(1)目前的道路交通违法行为按情节轻重,记分值共有 1 分、2 分、3 分、6 分和 12 分 5 种,其中 12 分恰巧是所有单项计分值的最小公倍数。

(2)目前的道路交通违法行为按情节轻重,分为轻微、较轻微、一般、严重、很严重的违法行为 5 种,而 12 分对应 5 个跨度也可以划分得比较合理。

(3)相比于百分制,12 分制更容易引起驾驶人的危机意识,较大的总分值会给驾驶人造成分数余量还很多的错觉,不利于养成谨慎驾驶的习惯。

新的《道路交通安全违法行为记分管理办法》将于 2022 年 4 月起实施,根据交通违法行为的严重程度,一次扣分的分值调整为 12 分、9 分、6 分、3 分、1 分。

4.22 路上常见的几种摄像头有什么作用?

第一种:道路检测摄像头(俗称"电子眼")。这种摄像头主要监控车辆是否有压线、闯红灯、逆行、超速和违规变道等情况,是最常见的道路监控摄像头。大城市的大部分路口都会布设电子眼。

电子眼

雷达测速摄像头

第二种:雷达测速(卡口测速)摄像头。它主要用来检测道路上的车辆是否超速,常见于高速公路和快速路等有限速的道路。卡口测速摄像头和电子眼一般会设置在一起。

第三种:球形违停摄像头。这种摄像头多设置在一些禁止停车的路段,主要是为了抓拍违停等违章行为。

第四种:球形流量监测摄像头。它的主要功能是统计车流量。

另外,街头常见的还有天网监控摄像头,它是公安机关抓捕坏人的辅助工具。

球形违停摄像头

球形流量监测摄像头

4.23 怎么区分不同颜色的车牌?

蓝底白字车牌一般是用在小轿车上的，黄底黑字车牌用在长度超过 6 米的车辆上，多数是中型 / 重型货车、公交车、工程车、驾校教练车。另外，摩托车的车牌也是黄底黑字。黑底白字车牌主要用在外企、大使馆等的车辆上，大使馆和领事馆用车的车牌上都有一个红色的"使"字或"领"字。挂白底黑字车牌的一般是公检法系统的车辆或军车。这些车牌往往带有标识，如"空"代表空军，"WJ"代表武警，"警"代表警车，"军"代表军车。

普通蓝牌、黄牌	双层黄牌	普通黑牌	警牌	大使馆汽车车牌
京A·F0236 / 京A·F0236	京·A F0236	京A·12378	京·A0006 警	使 014·578
教练汽车车牌	港澳出入境车牌	新军车车牌	新武警汽车车牌	领事馆汽车车牌
京A·F023学	粤Z·F023港 / 粤Z·F023港	VA·07109 / NL 53152	WJ京·3500B / WJ·京 35019	沪A·0023 领
挂车车牌	农用车车牌	02式个性化号牌	民航汽车车牌	新能源汽车车牌
京·A F023挂	京 04 23456	京A VIP-688	民航·D3700	京A·A12347

4.24 红绿灯是如何发明的?

19 世纪初，在英国中部的约克城，红、绿装分别代表女性已婚和未婚。那时，英国伦敦议会大厦前经常发生马车轧人的事故。1868 年，英国机械师德·哈特受到红、绿装

启发，设计、制造高 7 米的灯柱，上面挂着一盏红、绿两色的提灯，这就是最早的煤气交通信号灯。在灯的下方，一名手持长杆的警察牵动皮带转换提灯的颜色。后来，人们在信号灯的中心装上煤气灯罩，它的前面由两块红、绿色玻璃交替遮挡。

黄色信号灯的发明者是我国的胡汝鼎。一天，他站在繁华的十字路口等待绿灯信号，当他看到绿灯而正要通过道路时，一辆转弯的汽车擦身而过，他吓出一身冷汗。于是他想到在红灯和绿灯中间再加上一个黄色信号灯，提醒人们注意危险。他的建议立即得到有关方面的肯定，于是出现了红、黄、绿三色信号灯，形成一个完整的交通信号灯"家族"。

4.25 红绿灯的时间设置有什么讲究?

红绿灯的时间设置依据不同的地区、不同的道路规则而不同。红绿灯通常有几个固定的模式,如针对的是白天、晚上和上下班高峰期等,一般由交警部门根据这个地段的交通状况制定。红绿灯的设置考虑以下两个因素:

第一,红绿灯的地理位置,主要根据路口交通流量的大小、车道各方向车辆的比例、车道的路面状况等决定。第二,红绿灯的时间设置,通常会分好几个时段,交通高峰和低谷时段的红绿灯时间也都不一样,同时与季节也有很大的关系。

4.26 丁字路口的红绿灯,你看对了吗?

看丁字路口的红绿灯,和看十字路口的红绿灯类似,都应注意:

右转时,如果有专门的箭头灯,必须按箭头灯指示行驶;如果没有专门的箭头灯,只要不影响直行车辆或非机动车道行人,都能行驶。

直行时,红灯停,绿灯行。

左转时,如果有专门的箭头灯,必须按箭头灯指示行驶;如果没有专门的箭头灯,直行绿灯亮后,左转车辆可在不影响对向直行车辆的情况下左转。

掉头时,没有禁止掉头标志,可以掉头,但禁止左转时,也禁止掉头。

4.27 因避让其他车辆而压双黄线会被扣分吗?

会。"让速不让道"是指相邻车道的车辆变道过来时,我们可以减速让对方变道,也可以保持正常的行驶,而不是我们直接变道。因为对方变道而发生事故,责任在对方,而我们变道发生事故时,责任就在我们了。特别是在高速公路或车流量比较大的路段,更不建议变道,而是应以让速为主。因为我们变道后对前方和后方来车更加危险,先减速才是更安全的操作。

但同时也要注意,遇到货车之类的大型车辆变道时,我们很容易出现在对方车辆的盲区,使自己人身安全得不到保障。

此时,在保障安全的前提下,我们还是可以变道的,只要我们确认其他车道有足够的安全距离,在优先保障安全,又可以避免事故发生的情况下,还是可以正常地变道的。

4.28 黄灯变红时前轮压过路口的停止线,算闯红灯吗?

如果看到绿灯即将变成红灯,最好减速停下,等待绿灯再次亮起时通过。如果未及时发现红灯,前轮压过路口停止线,分以下两种情况:

(1)在路口的黄灯刚亮起时,如果汽车前轮已经超过了停车线,只要你没有继续前行,就不会算你闯红灯。为了避免这种情况的发生,我们在看到黄灯亮起时,就应该减速停车,而不是继续前行。

(2)如果你的车身全部已经超过了停车线,但发现是黄灯,有些驾驶人会选择退回到停车线内。其实,这样做是不合适的。因为,这样做可能与后面的汽车发生追尾,造成堵车。所以,这个时候不建议往后退,最好是驶过路口。

4.29 你知道圆灯和箭头灯的区别吗？

（1）箭头灯被称为方向指示灯（箭头信号灯），常用的图案有左转、右转和直行方向指示灯，有红色和绿色。其方向指示很直观。

（2）圆灯被称为机动车信号灯（全屏灯），无方向箭头，但有红、黄、绿三种颜色。

如果只有一个圆灯，它同时负责左转和直行。

如果有两个圆灯，左边的一个负责左边的车道（一般左转、直行），右边的一个负责右边的车道（一般直行）。

如果有左箭头灯和圆灯，左箭头灯负责左转，圆灯负责直行。

除非有右箭头灯，否则任何情况下都可以右转，但也注意要礼让行人。

4.30 交警指挥和交通信号灯不一致时，应该以哪个为准？

据交警介绍，可以根据以下优先顺序观察交通信号：交警＞交通信号灯＞空中交通指示牌＞地面交通标志标线。

也就是说，在有交警指挥的情况下，如果交通信号灯与交警手势有冲突，以交警指挥为准。

4.31 斑马线是如何诞生的?

斑马线源于古罗马时代的跳石。早在古罗马时期,在庞贝城的一些街道上,车马与行人混行,市内交通经常堵塞,还不断发生事故。为此,人们便将人行道与马车道分开,并把人行道加高,还在靠近路口的地方砌起一块块凸出路面的石头——跳石,作为指示行人过街的标志。

19世纪末期,随着汽车的发明,从前的那种跳石已无法避免交通事故的频繁发生。20世纪50年代初期,英国人在街道上设计出了一种横格状的人行横道线,规定行人横过街道时只能走人行横道,这些横线看上去像斑马身上的白斑纹,因此被人们称为斑马线。

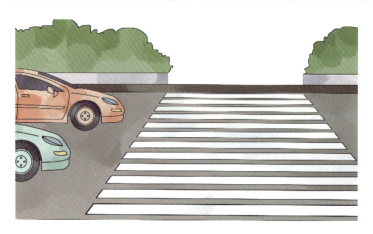

4.32 行人过街的时候,能不能自己按绿灯?

我国部分城市已有行人自助红绿灯,其灯柱通常由信号灯和发光二极管(LED)屏幕组成,LED屏幕写着"过街请按钮"的醒目提示词。在LED屏幕的侧边,有个带有绿色箭头指引的按钮,距离地面1米左右,即使是小学生也能够得着按钮。

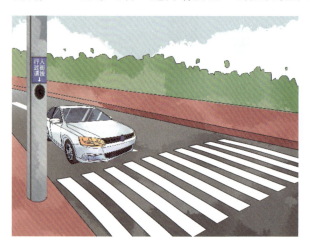

行人过街按钮是有缓冲时间的,如车辆红绿灯保持长绿状态,有行人要过街时按了按钮,车辆红绿灯会经过数秒的过渡后转为红灯。行人通行时间结束后,车辆红绿灯转绿,行人红绿灯转红。在一定时间(按照交通流量科学设定)内,若行人连续按按钮,则其请求是无效的,因此车辆通行不会受太大影响。

4.33 监控摄像头能判断驾驶人是否系了安全带吗？

以往，路口摄像头会对过往的车辆逐一拍照，把照片传回后台，然后通过人工方法进行分析照片，这样的工作量就比较大，也难免出现部分疏漏。后来，随着图像识别／计算机视觉技术的发展，智能化升级的电子眼能够识别出很多车辆违章行为，包括驾驶人不系安全带等。

当违章行为出现时，电子眼才会上传照片，经过人工方法确认没有问题后，就可以纳入系统了。因此，违章行为基本上"无机可乘"，大家不能抱有侥幸心理。

4.34 为什么有的路口左转／掉头车道设置在道路最右侧？

由于传统的左转／掉头车道在最内侧，容易导致部分公交车或是大型车辆转弯半径不足，不能顺利地通过路口，所以，为了防止道路拥堵，采用了左转／掉头车道设置在右边的方式。

另外，当相邻两个交叉口的距离比较近，前一个交叉口右转车辆在此交叉口左转／掉头，且流量较大时，按照传统设置左转／掉头车道的话，会导致在有限的道路空间内出现大量的交织车流，导致道路拥堵甚至发生交通事故，所以也会做出类似的调整。

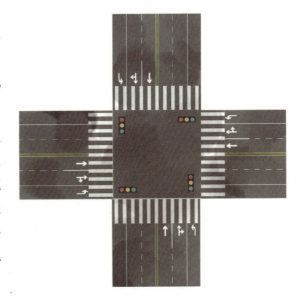

4.35 高速公路为什么会有最低限速?

众所周知,最高限速是为了控制车速,降低事故率。因为车速越快,制动需要的距离越长,而遇到障碍物时驾驶人的反应时间越短,发生事故的风险越大,特别是转弯时离心力大,容易翻车。

然而,车速过低会降低通行效率,导致后来的车辆频繁超车,增加了道路环境的复杂性,也容易引发交通事故。因此,设置最低限速是为了保证大部分车辆可以在自己的车道顺利前进,保证通行效率。

4.36 为什么要设爬坡车道?

爬坡车道设置在高速公路或其他高等级公路的上坡路段,供重载车辆慢速上坡,是丘陵地区超车车道的一种特殊形式,以保证快速车辆能越过货车和其他慢速车辆,减少跟随其慢速行驶时间,提高整个路段的平均车速和服务水平;也避免了强行超车,有利于交通安全。

在高速公路、一级公路及双车道二级公路的连续上坡路段,当行驶速度、通行能力、安全性等受到载重汽车影响时,应设置爬坡车道。

4.37 为什么高速公路要清理"断崖式"限速?

高速公路应当标明车道的行驶速度,最高车速不得超过 120 千米 / 时,最低车速不得低于 60 千米 / 时。以往出现的"断崖式"限速情况,一方面是受限于道路线形环境等因素,必须在特定路段降低车速行驶,保证安全;另一方面是各个地区的限速标准不统一,设置了较多不合理的限速标志,这些标志反而给道路交通安全带来巨大隐患。

目前,我国已经推出相关政策,如《道路交通标志和标线 第 5 部分:限制速度》(GB 5768.5—2017)和《公路限速标志设计规范》(JTG/T 3381-02—2020)等,统一制定限速标准,逐步取消不合理的限速规定。

4.38 区间测速是什么意思?

区间测速是在同一路段上布设两个相邻的监控点,基于车辆通过前后两个监控点的时间来计算车辆在该路段上的平均行驶速度,并依据该路段上的限速标准判定车辆是否超速违章,同时在 LED 大屏进行交通违法车辆信息的实时发布,以对违法车辆进行告知,警示更多的驾驶人。

以往的单点测速仪,在驾驶人熟知测速点的情况下,可以通过临时减速逃避处罚,容易造成追尾事故。而区间测速采取计算平均车速的方法来检测车辆是否超速,能避免驾驶人投机取巧,更加科学、公正。

4.39 德国的高速公路真的不限速吗?

德国道路交通法规（German Road Traffic Regulations）规定，高速公路（含城市快速路）和郊外有中央分隔带的道路，小客车理论上没有最高速度的限制，建议速度是 130 千米/时；大客车限速 100 千米/时；货车限速 80 千米/时。

可见，虽然德国的高速公路不限速，但并不是所有的路段、所有的车型都不限速。实际上，德国的高速公路大约有 2/3 已经设了限速标志。

德国高速：不限速
YES or NOT ?

4.40 新手可以独自驾车上高速公路吗?

根据《机动车驾驶证申领和使用规定》，初领驾驶证 1 年内不可以单独上高速公路，应当由持相应或者更高准驾车型驾驶证 3 年以上的驾驶人陪同上高速公路。

这是因为，新手开车容易频繁转动转向盘、压线行驶、长时间占用快车道等，除此之外，还可能有不会看后视镜、不会跟车和超车、不会正确使用灯光、容易紧张等问题。新手无论是对驾驶环境还是对交通路况都不熟悉，就更不要谈处理紧急情况了。

因此，请新手们一定先练好了车技再考虑上高速公路，因为安全第一，家人在等着我们平安归来。

前方高速路禁止新手独自前往

4.41 摩托车能上高速公路吗?

不同的地方有不同的规定。一些省份已经明确表示摩托车不能在高速公路行驶。对于没有明确禁止摩托车上高速公路的地方,设计速度高于国家标准(60千米/时)的摩托车可以上高速公路,因地而异。

摩托车驾驶人上高速公路前,应详细了解以下内容:

(1)高速公路入口没有明确的禁止摩托车上路的标志。

(2)车主需要持有驾驶证、行驶证,并购买交强险,摩托车应按时年检。

(3)在高速公路上驾驶摩托车必须佩戴头盔,遵守交通规则,不得载人,载物有严格限制,且不能有危险动作。

(4)摩托车行驶速度不得低于60千米/时,最高速度不得超过80千米/时。

(5)根据高速公路不同车道的限速,在高速公路最外侧车道行驶。

(6)除国务院规定的免费节假日外,其他时间按7座以下客车收费标准缴纳通行费。

4.42 在高速公路遇到问题时,如何准确报自己的位置?

驾驶员报警时,首先要弄清楚自己从哪里来、到哪里去。这样,交警会大致判断出其身处哪条高速公路。其次,要留意刚刚经过的地方,高速公路上一般都有收费站、服务区,路旁有建筑物、桥梁名称等,应记住并能说出,以便交警快速前来救援。如果这些都说不清,那么只要看懂公里桩和百米桩并准确"读数",也能准确定位。

公里桩:每公里设一个,标注着高速公路编号和所处位置的公里数。例如,"分母G30、分子694"的标牌,代表这是G30高速公路的K694+000处。

百米桩:每100米设一个,有的是绿色小牌子,有的是贴纸,标注有百米数和公里数。例如,"分母126、分子1"的小牌子,分母代表公里数,分子代表百米数,代表桩号K126+100。

另外,桥头通常设置有铭牌,是很好的识别途径。在附近没有明显标志的情况下,也可以通过手机App在线地图进行定位。

4.43 应急车道为什么被称为"生命通道"?

高速公路应急车道是供警车、消防车、救护车、工程救险车等特种车辆在执行紧急任务或其他机动车在紧急情况下使用的道路,又被称为"生命通道"。

一些驾驶人在遇到交通拥堵时,违法占用应急车道,这种行为不仅会影响事故救援、伤员救治、道路抢险,还可能给自己的生命安全带来极大威胁。

违法占用应急车道,驾驶人除了将面临罚款200元的处罚,还将一次被记6分;拒不听从劝阻驶离的,将被依法拖离,并追究妨碍执行公务责任。

4.44 汽车何时可以在高速公路的应急车道停车?

《中华人民共和国高速公路交通管理办法》中规定,机动车在行驶中,因发生故障需要临时停车检修时,必须提前开启右转向灯驶离行车道,停在应急车道内或者右侧路肩上。禁止在行车道上停车。

有驾驶人在堵车的时候驾车从应急车道上通过,甚至在应急车道上停车休息、下车解决内急或吃点东西等,以上这些都是违章行为,会被扣6分,罚款200元。

只有在驾驶过程中,驾驶人出现了身体疾病,导致无法正常驾驶,或者车辆在行驶过程中出现爆胎、燃油耗尽、制动失灵及转向失控等故障时,可以将车停在应急车道上等待救援。当出现以上情况,车辆占用应急车道时,车主要在车辆后面150米放置三角警示牌,且停车后车辆必须要开启双闪灯。

4.45 高速公路清障救援收费有什么标准?

各省的政策大同小异。例如，广东省高速公路救援服务中拖车、吊车服务收费实行政府指导价（上限价）管理，按"谁委托、谁付费"的原则收取。拖车里程按被拖车辆起拖点至停放点距离计算，拖车服务收费包含基价和10千米以外加收两部分。

事故车辆原则上拖移至最近的公安机关交通管理部门指定地点停放。当拖车里程小于（或等于）10千米时，仅收取基价。当拖车里程大于10千米时，除收取基价外，拖车里程大于10千米且小于（或等于）35千米部分，按表1规定的加收标准计费；拖车里程大于35千米部分，按表1规定加收标准的80%计费。

表1 广东省高速公路事故和故障车辆拖车服务收费标准

车辆类型	基价（元/车·次）	加收标准（元/车·千米）	故障车拖车上限价（元）	备注
7座以下（含7座）客车、2吨（含2吨）以下货车	420	10	670	1. 救援方根据事故、故障车辆车主（或驾驶员）要求赶到现场后因车主（或驾驶员）单方原因取消施救的，由于车主（或驾驶员）故意隐瞒实际装载吨位造成二次出动拖车的，按被拖车辆规定收费标准的50%收取拖车空驶费。2. 能正常行驶的车辆，不得强制拖车并收费。在一次车辆救援服务过程中，出动一台拖车拖运两辆以上事故或故障车辆的，对每辆被拖车辆均只能按规定收费标准的80%收费。3. 被拖货车凭行驶证核定的额定载质量（千克）进行分类；客车凭行驶证核定的座位数进行分类，其中卧铺客车每1铺位折合1.5个座位。4. 冲入避险区的车辆，拖离避险区的服务费用由救援方和车主协商并以书面协议确定。5. 对拖挂一体车辆，若呈连体状态可一体拖移的，按照高于主车一个车型分类标准计费；若只能分开拖移的，按两台车辆分别计费。未标明载重吨位的特种车辆按实际运载吨数对应车型的收费标准计费。6. 拖车的车辆通行费由救援方负担；事故、故障车辆的车辆通行费由车主（或驾驶员）负担。7. 可以拖行的车辆，不得强制提供车辆应急抢修服务；事故或故障车辆制动系和传动系自锁无法拖曳，需要解锁并由服务企业协助解除自锁的，可按100元/轴的标准加收解锁费（含拆传动轴、半轴和外接气源充气解除制动）。8. 对装运公安部门规定为运输易燃、易爆及危险品的事故、故障车辆，拖车费加收20%
8座以上至19座（含19座）以下客车、2吨以上至5吨（含5吨）货车	500	13	825	
20座以上至39座（含39座）以下客车、5吨以上至10吨（含10吨）货车	600	16	1000	
40座（含40座）以上客车、10吨以上至15吨（含15吨）货车、20英尺（约6米）集装箱车	700	19	1175	
15吨以上至35吨（含35吨）货车、40英尺（约12米）集装箱车	800	22	1350	
35吨以上货车	900	25	1525	

故障车辆原则上拖移至最近高速公路出口或服务区，也可以拖移至当事人选择的高速公路外其他停放地点。当拖车里程小于（或等于）35千米时，计费规则与事故车辆相同。拖移至最近高速公路出口或服务区，拖车里程大于35千米部分不再计费，拖车总收费不得超过表1规定的上限价；如当事人选择拖移至其他停放地点，拖车里程大于35千米部分按表1规定的加收标准计费。

吊车服务收费标准见表2，包括吊车从事故或故障现场将车辆（含车载货物）吊运至拖车，以及将车辆（含车载货物）从拖车吊运至卸载场地，这整个过程收取的总费用（不含拖车费）。路基以内车货总重超过49吨的车辆，路基以外或隧道内（整车超出路肩或整车位于隧道内）等特殊情况下作业确有困难的，收费由双方协商并以书面协议确定。

表2 广东省高速公路事故和故障车辆吊车服务收费标准

车辆类型	收费标准（元/车·次）	备注
7座以下（含7座）客车、2吨（含2吨）以下货车	900	1. 吊车服务包括在事故或故障现场将被吊车辆吊运至拖车，以及将被吊车辆从拖车吊运至卸载场地两个环节，仅完成一个环节的，按规定标准的70%收费。 2. 拖吊一体的救援车辆，未使用拖车的不得收取拖车费，未使用吊车的不得收取吊车费，拖、吊同时使用的，拖车按规定标准收费，吊车按规定标准的70%收费。 3. 在一次车辆救援服务过程中，出动一台吊车吊运两辆以上事故或故障车辆，对每台被吊车辆均只能按规定标准的80%收费。被吊车辆超过1台吊车施救能力，经公安交警确认必须使用两台吊车配合施救的，吊车总费用不得超过被吊车辆规定标准的180%。 4. 由于车主故意隐瞒实际装载吨位，造成二次出动吊车的，按被吊车辆规定标准的30%收取空驶费。 5. 被吊货车凭行驶证核定的额定载质量（千克）进行分类；客车凭行驶证核定的座位数进行分类，其中卧铺客车每1铺位折合1.5个座位。 6. 对拖挂一体车辆，按照高于主车一个车型分类标准计费。未标明载重吨位的特种车辆按实际运载吨数对应车型的收费标准计费。 7. 吊车的车辆通行费由救援方负担。 8. 对装运公安部门规定为运输易燃、易爆及危险品的事故、故障车辆，吊车费加收20%
8座以上至19座（含19座）以下客车、2吨以上至5吨（含5吨）货车	1400	
20座以上至39座（含39座）以下客车、5吨以上至10吨（含10吨）货车	1800	
40座（含40座）以上客车、10吨以上至15吨（含15吨）货车、20英尺（约6米）集装箱车	2500	
15吨以上至35吨（含35吨）货车、40英尺（约12米）集装箱车	3000	
35吨以上货车	4000	

乘客应急转移、车辆应急抢修服务、路面清理等其他救援服务项目，实行市场调节价管理，由高速公路经营管理单位（含其委托的救援服务单位）结合运营成本、用户承受能力、市场行情依法自主确定。

4.46 高速公路为什么要有很多反光标志？

为提高行车安全性和舒适性，明确、清晰地指示道路前方线形至关重要。在白天，驾驶人一般以路面标志、标线和护栏作为行车指导。但在夜间，上述设施的视线诱导功能将显著下降，特别是从直线段向曲线段过渡时，驾驶人的视线很难及时适应道路线形的急剧变化。

为确保夜间行车安全，通常沿路面两侧边缘设置用于显示道路边界轮廓、指引车辆正常行驶、具有逆反射性能的轮廓标，在转弯路段的护栏上贴反光标，在隧道拱顶设置有拱顶诱导标、反光环等，在重雾区路段装有雾灯和行车诱导系统。

4.47 防撞垫如何防撞？

防撞垫种类很多，按照防撞原理可分为动能原理和动量守恒原理两大类。动能原理防撞垫是通过设置在防撞物前的可破坏的或可发生塑性形变的材料或结构，吸收行驶车辆的动能，这种结构需要刚性支撑或阻挡，使吸能材料或结构产生变形，以减少对车辆的撞击力。

另一种防撞垫是依据动量守恒定律，通过设置在防撞物体前的一些装砂或水的容器转移失控车辆的动量，从而起到缓冲作用。这种结构施工机动性强，应用较为方便。

4.48 夜间在高速公路行车有哪些注意事项？

有关数据分析表明：夜间行车的事故率是白天的2倍。在高速公路夜间行车时必须注意：

（1）不能随意停车。行车途中如果感到疲倦，一定要到高速公路沿途的各个服务区休息，高速公路不是停车场，严禁随意停车。

（2）杜绝疲劳驾驶。夜间行车会比白天更耗精力。

（3）切勿超速。在限速车道行车时尽量用较低车速行车。

（4）学会正确使用远、近光灯。在高速公路夜间行车时应开启远光灯，会车或者超车时请尽量交替使用远、近光灯，提醒前方车辆。

（5）保持安全车距。切勿跟随大型车辆过近，或与大型车辆长时间并驾齐驱。

（6）注意躲避车道上的障碍物。

4.49 夜晚开车时，为什么车内不能开灯？

在晚上乘车或在路边行走时，我们会发现车内的灯都是关闭的。其实晚上行车车内不能开灯的原因，要运用我们初中学到的物理知识"镜面成像原理"来解释。汽车在夜间行驶的时候，驾驶室开灯以后，车内灯光亮度远高于车外，此时对于驾驶人来说，车的前风窗玻璃的镜面效应要远大于透光效应。

简单来说，就是前风窗玻璃直接变成了一面镜子，驾驶人抬头看前方时就像是在照镜子，车内人、物在玻璃的反射下会在车前方形成虚像，使驾驶人看不清路况或发生混淆，极易造成判断失误，酿成交通事故。

所以，在夜间开车过程中一定要注意，安全大于一切，尽量不要打开车内灯光，以免前窗玻璃产生镜面效应。

4.50 晚上开车如何使用远、近光灯？

晚上开车时，如路灯不太亮，并且自己前方相当距离内没有其他车辆行驶，是可以开远光灯的。但是当对面200米左右有车辆驶来时，要把远光灯切换为近光灯。在市区，晚上开车时禁止用远光灯。

如果对面车辆开了远光灯行驶过来，就会因为光线太强而照得人眼睛看不清路面，这时要立即进行均匀减速，并且要连续变换远近光，以引起对方注意，提醒对方关闭远光灯。但是如果对方执意不关闭远光灯，那你要减速靠边避让，千万不要意气用事，也打开远光灯，这样会导致两边车辆都看不清楚对方，容易引发交通事故。

同时，因为开远光灯造成严重交通事故，还要承担一定的法律责任。

一定要记住，不要开"赌气车"。

4.51 在高速公路上遇到团雾怎么办？

团雾被称为"流动杀手"，团雾会导致能见度降低，易引起驾驶员心理焦虑，需要驾驶员投入更长的注视时间来提高判断力。车辆进入团雾区域前，应减速慢行，打开雾灯，注意观察路面标线及前车尾灯。

如果不能驶离高速公路，应选择在紧急停车带或路肩停车，按规定开启危险报警闪光灯，放置停车警告装置，把车上乘员转移至安全地带，等能见度好转时再继续行驶。

高速公路管理单位根据当地团雾出现规律，可采用雾区行车诱导预警系统或交通管制措施。

4.52 高速公路堵车有哪些注意事项?

（1）警惕后方来车。车辆应打开双闪灯提示后方来车。

（2）忌走应急车道。应急车道是"生命通道"，如果被占用了，事故发生后就会导致救援车辆无法通过，从而影响救援。

（3）警惕车门被锁。如果高速公路上堵车很久，不少人就会熄火下车活动，此时一定要注意查看车钥匙是否在身上，因为有些汽车熄火一段时间后会自动锁车。

（4）不要长时间熄火听音乐，这样容易耗光电瓶电量。

（5）警惕燃油耗尽，在上高速公路前最好提前给汽车加满油。

（6）不要硬抢道，不要开"赌气车"。

4.53 高速公路上如何尽量避免连续追尾?

（1）轻踩制动踏板或者打开"双闪"，提醒后车注意，为后车驾驶人提供制动的反应时间和缓冲距离，从而降低被后车追尾的概率。

（2）错开视线，尽量避免正对前车车尾行车，稍偏左或者偏右一点。

（3）避免在道路上随意并线、换道。

（4）与前车、后车，保持在安全距离。

（5）远离大货车，切记不要疲劳驾驶。

4.54 什么是开车"让速不让道"?

虽然"老司机"都说"让速不让道",但这并不是交规。"让速不让道"就是减速并保持在自己的车道正常行驶,即便是后车按喇叭催你让道,其他车道有车辆想要变道驶入我们正在行驶的车道,我们可以减速让其通过,或者让后车变道超车,而不是离开自己的车道。遇到变道、超车的车辆,我们需要做的首先是适当的减速,而不是变道,这就是常说的让速不让道,实际上是"减速不让道"。

对于大型货车来说,由于其惯性大、重心高,遇到紧急情况,快速变道容易导致车辆失控、侧翻等情况,进而造成更严重的事故。因此,不少货车司机只好采用"让速不让道"的保守做法,最大程度降低车速。

问题是,在采取减速的情况下,制动距离仍然较长,可能追尾前方的车辆。在每年的交通事故中,小车被货车追尾、挤压成"肉饼"的情况时有发生。

在此倡导开车的朋友们,路遇大货车时,要么观察路况谨慎超车,要么减速让行,能避就避,尽可能减少与之"驾驶齐驱"或是尾随。

4.55 系了安全带就能死里逃生吗?

据有关统计,在542起乘用车正面碰撞事故中,正确使用安全带可使车内驾乘人员死亡概率降低71%,驾驶人死亡概率更是降低77%。

在487起乘用车侧面碰撞事故中,正确佩戴安全带使车内驾乘人员的死亡概率降低67%,驾驶人的死亡概率降低76%。

在114起乘用车翻滚事故中,正确使用安全带使车内驾乘人员的死亡概率降低78%,驾驶人的死亡概率降低71%。

碰撞试验表明,当车速在60千米/时以上时,安全带的保护效果就明显降低了。

俗话说"十次事故九次快,还有一次是意外"。虽然安全带有很大的作用,但是安全带并不是万能的,开车时一定要控制车速,不酒驾,不疲劳驾驶,雨天、雾天更要谨慎慢行,切记开车不要玩手机!

4.56 桥梁出现裂缝时还能用吗？

混凝土是脆性材料，而钢筋是韧性材料，二者的弹性模量相差很大，抗拉强度相差更大。在正常使用荷载作用下，钢筋混凝土结构一般是带裂缝工作的。从外观上看，裂缝一般分为不可见裂缝和可见裂缝，一般肉眼可见的微裂缝范围为 0.02~0.05 毫米。

有害裂缝在使用荷载或外界物理及化学作用下不断产生和发展，引起混凝土碳化、保护层剥落及钢筋锈蚀，从而导致混凝土的强度和刚度受到削弱，耐久性降低，严重时甚至发生坍塌事故，必须加以控制。

裂缝控制应从材料选用、配合比设计、结构设计、结构施工及使用维护各阶段进行综合控制。《公路钢筋混凝土及预应力混凝土桥涵设计规范》（JTG 3362—2018）规定，一般环境下钢筋混凝土构件最大裂缝宽度限值 0.2 毫米，采用钢绞线的 B 类预应力混凝土构件最大裂缝宽度限值 0.1 毫米。

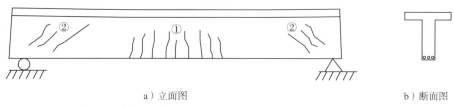

a）立面图　　　　　　　　　　b）断面图

典型T梁结构裂缝：①弯曲裂缝；②剪切裂缝

4.57 为什么要严格禁止超载车辆驶上独柱墩的高架桥？

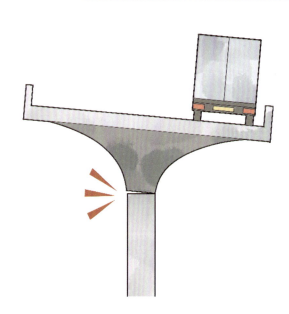

城市道路用地紧张，经常需要将桥墩设在有限范围内，而独柱墩比传统双柱墩或多柱墩占用面积小，通常被用于城市道路上的跨线桥、立交桥和高速公路互通立交的匝道桥。

独柱墩高架桥是符合设计要求的，但是，当多个超载的大型货车同时在桥的同一侧行驶，桥梁超过极限承载能力时就会存在倾覆的危险。因此，必须限制超载车辆驶上独柱墩高架桥，减少安全隐患。

近年来，我国多地发生了因超载造成的独柱墩倾覆事故，要引起大家的重视。

4.58 为什么驾乘人员有时会感觉桥在晃动?

车辆通过桥梁,对桥来说是一种激励(指车对桥的一种作用力),从严格意义上讲,任何物体受到激励后都会产生振动。当大型车辆通过桥梁时,振动幅度大,达到人能感知的程度。不同桥梁振动的幅度是不同的,这与桥梁自身的结构形式、跨径、刚度以及施工质量都有关系。

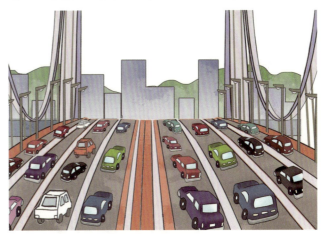

桥梁设计师在设计桥梁的时候都会考虑振动的情况,有晃动是正常现象。但大多数桥梁的晃动不会让人产生不舒适感,而且,会有专业人员对桥梁进行定期体检和维护,对那些晃动感较明显的桥梁,会采取相应的控制措施。

4.59 很多人在桥上齐步走,能把桥踩垮吗?

1831年4月12日,英国74名士兵结束野外训练,齐步走过一座名叫布劳顿的大桥。突然,大桥倒塌,74名英军全部掉进了河中。好在河水不深,士兵们只是受了点儿轻伤。据悉,布劳顿大桥建于1826年,才建好没几年就倒塌了,难道这座桥是"豆腐渣工程"?

布劳顿大桥的倒塌震惊了整个欧洲,科学家和设计师们纷纷前去现场勘查,最后一致认为是共振导致大桥倒塌。从那以后,欧洲的士兵们经过大桥时,不得齐步走,必须打乱步伐,避免产生共振。

4.60 水中的桥墩如何防止船舶撞击?

跨江、跨海大桥以及城市桥梁的桥墩,在几十年甚至上百年的使用过程中,难免会有被车或船撞坏的可能。经过多年的研究,世界上已经有多种类型的桥墩防撞设施应用到实际工程中,它们都是基于能量吸收、动量缓冲而设计的,每种防撞设施都有其特点和使用条件。

具体来说,防撞设施可分为两大类:一类为间接式,在桥墩之外另设防撞设施,桥墩不直接受力,一般用于水浅、地质情况较好的场合;另一类为直接式,撞击力经过缓冲后直接作用在桥墩上,一般使用在航道较窄、水较深的场合。

当然,可以考虑安装防船撞预警系统,提前预判风险,以便及时采取控制措施。

4.61 在发生洪水时,重车压梁是怎么回事?

洪水的流速往往较大,对桥墩的横向冲击力强,如果水流流速足够大,或者水中有大量漂浮物增加阻水率,洪水甚至可能会将桥梁冲垮。重车压梁,一是为了增强桥的竖向力,增加桥墩和河床、地基之间的摩阻力;二是可以加强梁与墩柱之间的联系,增强桥梁抵抗洪水冲击能力和浮力,提高梁体稳定性。

其实,重车压梁并不是对所有桥面都适用的,像跨度大、净空高的斜拉桥或悬索桥一般不会受到洪水威胁,重车压梁一般在桥梁本身自重轻的大桥上用的较多,例如梁式桥。

压梁车辆的荷载也因桥而异,一般会根据桥梁设计的荷载等级来确定压梁的重量。当洪水退去,重车压梁结束后,工作人员还会检查桥墩、锥坡的冲刷情况,检查和保养桥梁支座,清洗梁体等。

4.62 海底隧道会漏水吗？

以港珠澳大桥海底隧道为例，它利用沉管技术，将隧道埋在淤泥之中，尽可能让管道不和海水接触，减少海水腐蚀。

为了防止火灾等因素对隧道密封性的影响，在隧道的主体结构外专门铺设了一层防火板。这种防火板厚2厘米，可以在1200摄氏度燃烧2个小时的情况下，还能保证沉管主体结构不受损坏。因此，即使发生火灾，也有充足的时间来让人员逃生。

为以防万一，隧道每隔135米设置一个逃生门，逃生门和人工岛连接，人员可以通过逃生门前往路上的人工岛。

经过这些精细化设计，在正常使用情况下漏水的可能性微乎其微。

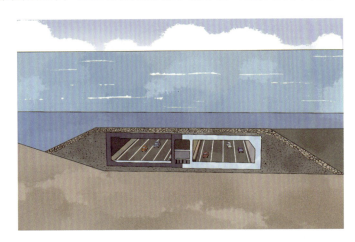

4.63 小轿车后风窗玻璃上为什么"画"有很多横线？

小轿车后风窗玻璃上粘着有不少横线的薄膜，这些横线可是导电的哟！我们知道，驾驶人经常需要从驾驶室上方的反光镜里观察车后面的情况。而冬天车内比车外暖和，后风窗玻璃上容易产生水汽或结霜，此时反光镜映出的后风窗上将是白茫茫一片，驾驶人就看不清车后的情况，这是十分危险的。

为了解决这个问题，人们想出办法，把窗户做成双层并粘上导电薄膜，通电后，使玻璃温度升高，这样玻璃上就不会产生水汽或结霜，从而减少了事故隐患。

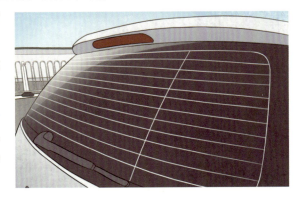

4.64 融雪剂对道路有什么影响？

融雪剂是指可以降低冰雪融化温度的药剂，是一种化学品。它的主要成分是醋酸钾或者氯盐，作用代替食盐，为城市道路、高速公路、机场、港口、桥梁等设施除雪化冰。有的融雪剂还可用作建筑工程冬季施工冰雪融化的速融剂和防冻外加剂等。融雪剂分为两类：

（1）以醋酸钾为主要成分的有机融雪剂，该类融雪剂融雪效果好，基本没有腐蚀性，但它的价格太高，一般用于机场等重要场所。

（2）以"氯盐"为主要成分的无机融雪剂，如氯化钠（工业盐）、氯化钙、氯化镁、氯化钾等，通称为"化冰盐"。其优点是价格便宜，仅相当于有机类融雪剂的1/10，但它对大型公共基础设施的腐蚀性强。

4.65 为什么不要在开车的时候给路边的小朋友扔食物？

去过西藏的朋友会有个深刻的印象，当藏族小学生看到外地车辆经过时，会靠边停下来、敬礼。第一次遇到这种情况的游客，往往既感动又惊叹，想赶紧把自己带的零食扔下去给他们分享。这里要提醒大家的是，千万不要随手给小朋友们扔零食。因为如果扔到路上，他们在捡东西的时候，很可能被后面飞驰的车辆撞到。你的善意可能给他们带来严重的后果，甚至生命危险！

当然，也不要图一时方便，将果皮、食品袋等垃圾随手丢弃在路上。你可曾想到，这举手之"劳"，给养护人员带来了多大麻烦？除了带来安全隐患，在高速公路上清理垃圾，有时要动用专门的垃圾清扫车，甚至进行交通管制，影响通行。

在此提醒大家平时树立安全意识、环保意识，从自身做起，共同保护我们美好的家园！

4.66 为什么有的高速公路亏本也要修建？

有的高速公路周边人烟稀少，在高速公路上行驶的车辆也非常少，甚至被戏称为"无人高速""最孤独的高速公路"。对于交通量小的高速公路来说，短期内收回建设成本是比较难的，一般需要数十年，甚至根本收不回成本。这些路有必要修吗？很多人对此不理解。

近年来，随着国家路网规划和乡村振兴战略的推进，有不少高速公路在建设时其实就是以完善路网、优化资源配置、推动产业转移和区域协调发展为初衷，在国家规定的收费年限内是收不回建设成本和运营成本的。但是，便捷的交通网络形成后，可加快社会资源的流通，提高就业率，从而带动经济发展和社会的全面进步。

当然，修建高速公路除了为经济建设服务，也应该为社会服务，为各族人民之间的交流合作服务。我国幅员辽阔，想要实现各个民族的融合，促进民族团结，就需要有一条条交通干线作为桥梁和纽带，将各族人民串联在一起。

从短时期来看，这些公路所产生的经济效益非常小，在短时间内也不可能回本，但其产生的社会效益非常大，对整个国家的发展起着重要的意义。

4.67 "小长假"免收过路费，车流量激增，如何缓解拥堵？

为缓解铁路交通压力，有效解决节日期间火车一票难求问题，拉动旅游经济，2012年，交通运输部正式出台了《重大节假日免收小型客车通行费实施方案》，这确实给人民带来了实惠。但是近些年，随着私家车越来越普及，在特定时间段的往返程车流量过于集中，使部分流量较大的服务设施压力过大，特别是停车位严重不足，易出现服务区附近主线车辆滞留的情况，影响交通安全和通行效率。

希望各地交通管理部门结合本地区近年路网运行监测和统计数据，对易发生拥堵缓行的高速公路路段及收费站进行全面排查和治理，及时发布出行提示信息，强化收费站和服务区管理，保障人民群众在节假日期间安全、便捷、舒适出行。

当然，驾乘人员要遵守交通规则，避免酒后驾驶，减少交通事故发生。此外，错峰出行也不失为一种良策。

4.68 服务区如何进行"潮汐式"管理?

节假日期间,人们出行探亲游玩,特别是在进出景区或劳动力输入输出量大的地区,车流骤集骤散,高速公路出现明显的交通流"一边倒"、服务区停车"一位难求"现象。

为解决这一问题,广贺高速在广宁服务区东区实施"潮汐式"交通疏导措施。在车流高峰时段,将进入东区的车流通过下穿通道引导至西区停车场,充分利用西区闲置的停车位,提升服务区的容纳能力。

这项措施引入了"共享"理念,让对向服务区空余的加油站、停车位、卫生间、便利店和餐饮等设施和服务被充分利用起来,使车主"免拥挤、免排队",获得更佳的出行体验,对今后高速公路新建服务区设计也具有很好的借鉴作用。

4.69 为什么高速公路旁少有高大的树木?

细心的驾驶人会发现,在高速公路两旁的绿化景观一般以低矮的灌木为主,离道路较远的地方才会栽种一些乔木等高大树木,这是为什么呢?主要有以下四点原因:

(1)在雷雨或大风天气,高大树木相较于低矮灌木更容易倒下,存在影响行车和人员安全的隐患;

(2)在高速公路两旁有大量的交通标识标牌,高大树木的树冠容易遮挡标识标牌;

(3)高大树木的树冠如果延伸至路上,会影响驾驶人的视线,容易引发事故;

(4)不便于养护。

4.70 高架桥上为什么常常看到"爬山虎"?

高架桥一般都是由混凝土制成的,作为攀缘植物的爬山虎可以起到绿化景观作用。高架桥上来往的汽车非常多,每天都排放大量的尾气以及灰尘,而爬山虎有着很好的净化作用。同时,爬山虎对桥梁具有遮光防雨的作用,有"避暑"功能。

4.71 在高速公路上可以看大象?

云南省思茅—小勐养高速公路,简称"思小路",有"绿色生态走廊"之称,是昆(明)曼(谷)国际大通道的重要路段。思小高速全线有37千米从小勐养自然保护区边缘次生林带穿过,正好穿越野象谷。游客可在不干扰亚洲野象生活的条件下,安全地观察亚洲野象及其生存环境。

这是中国唯一一处可以与亚洲野象近距离交流的地方,被誉为"人类与亚洲野象沟通的桥梁"。

风景再优美,安全要牢记。在大象等动物经常出没的地区,特别要注意减速避让,确保安全。

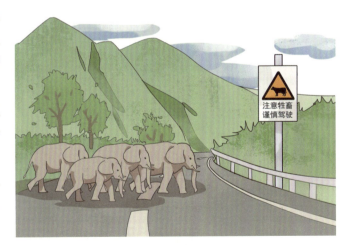

4.72 这个国家居然没有红绿灯?

圣马力诺共和国是一个"国中国",整个国家都位于意大利境内,它也是世界上最小的国家之一。虽然它只有3万多常住人口,却拥有5万多辆汽车。它是怎么做到在没有红绿灯的情况下,还能保持交通顺畅的呢?

这是因为,它的道路几乎都是单行道或者环形道,一条道路几乎能一直开到底。到了交叉口,这个国家的驾驶人也会遵守他们的交通规则,礼让主路上的车辆。

领土面积小、人口少、交通规划完善、人口素质高,这些特点集合在一起,让没有红绿灯的交通系统也能正常地运行。

4.73 这个国家居然没有交警?

科威特国富民富,几乎每个家庭都有小汽车。但是,在这个国家没有交警。这是因为,其交通全部由交通管理电子系统进行管理和协调。这个系统不仅能高效地管理、指挥车辆有序行驶,而且还能对违章车辆作出相应的处罚决定。

4.74 为什么大客车在凌晨2时至5时不能上高速？

《国务院关于加强道路交通安全工作的意见》第五条规定，创造条件积极推行长途客运车辆凌晨2时至5时停止运行或实行接驳运输。运输企业要积极创造条件，严格落实长途客运驾驶员停车换人、落地休息制度，确保客运驾驶员24小时累计驾驶时间原则上不超过8小时，日间连续驾驶不超过4小时，夜间连续驾驶不超过2小时，每次停车休息时间不少于20分钟。

对高速公路而言，车速高、夜间能见度低，驾驶员视认性差，而且驾驶员在夜间驾驶容易疲劳，凌晨是高速公路事故高发时段，所以大客车班次被安排在了早上5时之后，凌晨2时至5时不允许行驶。

在此时段禁止大客车行驶，从根本上杜绝了此时间段的交通事故。大客车运送的乘客多，有可能发生群死群伤事故。

可以说，这些制度和经验，是以很多人的生命为代价换来的。

4.75 我国将道路交通事故根据损害情况划分为几类？

按损害严重程度分为四类：

（1）轻微事故，是指一次造成1~2人轻伤，或者财产损失机动车事故不足1000元，非机动车事故不足200元的事故；

（2）一般事故，是指一次造成1~2人重伤，或者3人以上轻伤，或者财产损失不足3万元的事故；

（3）重大事故，是指一次造成1~2人死亡，或者3人以上10人以下重伤，或者财产损失3万元以上不足6万元的事故；

（4）特大事故，是指一次造成3人以上死亡，或者11人以上重伤，或者1人死亡，同时8人以上重伤，或者2人死亡，同时5人以上重伤，或者财产损失6万元以上的事故。

按损害后果分为死亡事故、伤人事故和财产损失事故三类，其中财产损失事故是指仅有财产损失的交通事故。

4.76 交警如何勘查道路交通事故现场？

根据《道路交通事故处理程序规定》，交通警察在勘查道路交通事故现场时，应当按照有关法规和标准的规定，拍摄现场照片，绘制现场图，提取痕迹、物证，制作现场勘查笔录。发生一次死亡3人以上道路交通事故的，应当进行现场摄像。

现场图、现场勘查笔录应当由参加勘查的交通警察、当事人或者见证人签名。当事人、见证人拒绝签名或者无法签名以及无见证人的，应当记录在案。

4.77 交通事故调查内容有哪些？

交通警察调查交通事故现场时，应当全面、及时地收集有关证据。现场调查内容包括：

（1）交通事故当事人的基本情况；
（2）车辆安全技术状况及装载情况；
（3）交通事故的基本事实；
（4）当事人的道路交通安全违法行为及导致交通事故的过错或者意外情况；
（5）与交通事故有关的道路情况；
（6）其他与交通事故有关的事实。

4.78 通过几起典型交通事故，看看交通管理为什么很重要？

交通事故发生后，特别是桥梁垮塌、车辆撞上护栏后，大家往往首先考虑的是设计有缺陷，施工质量不过关，或者偷工减料等原因。

然而，交通部门通过事故案例分析得出结论：交通事故的影响因素很多，其中，人为因素和管理因素是日常事故的主要原因，如疲劳驾驶、酒后驾驶、车辆故障、违反交通法规（如超速、随意变道、随意停车）、心理因素（如情绪化、故意干扰驾驶）等。

希望通过对这些案例的讲解，社会公众能够有更加全面的认识，也希望管理部门能够加强监管，交通工程设计时能够考虑更多的不利场景，而不是让人们因为小的操作失误而付出生命的代价。

（1）2017年8月10日23时34分，一辆大客车自成都驶往洛阳，途经京昆高速公路安康段秦岭一号隧道南口时，撞向隧道口发生交通事故。事故造成36人死亡、13人受伤。

（2）2018年11月3日，兰海高速公路兰州南收费站发生重大交通事故。一辆重型半挂载重牵引车的驾驶员发现制动系统出现故障，遂采取连续踩制动踏板、打开水箱装置给制动片降温等方式减速，均未达到减速目的，车辆持续以90~100千米/时的速度高速行驶。因频繁使用制动装置，导致牵引车及挂车制动器发热，制动效能减弱。其间，车辆经过5处避险车道，但该驾驶员未采取避险措施，最终该车辆高速行驶至距兰州南收费广场211.5米处时，直接撞击前方排队缴费的小型车辆，导致33辆车受损、14人当场死亡、1人抢救无效死亡、46人不同程度受伤。

（3）2019年10月10日18时10分左右，江苏省无锡市锡山区312国道上海方向锡港路上跨桥出现桥面侧翻。事故调查结果显示，事故的直接原因是两辆重型平板半挂车严重超载，且间距较近。调查结果表明：

1号车核载9.6吨，实载12.42吨，超载率29.375%，车货总重18.625吨；

2号车核载30吨，实载125.23吨，超载率317.43%，车货总重153.29吨；

3号车核载31.235吨，实载134.55吨，超载率330.77%，车货总重163.59吨；

4号车核载31.3吨，实载123.2吨，超载率293.61%，车货总重149.68吨。

1~4 号车核载总量为 102.135 吨，实载总量为 395.4 吨，总超载为 293.265 吨，车货总重 485.185 吨。

（4）一些公交车事故：

2000 年 7 月 7 日，在广西柳州市的壶东大桥发生了一起公交车坠入柳江的特大交通事故，造成包括公交车驾驶员和乘客在内 79 人全部死亡。

2018 年 10 月 28 日上午，重庆市万州区一辆 22 路公交车与一辆小轿车在万州区长江二桥相撞后，公交车坠入江中。乘客刘某和驾驶员冉某之间的互殴行为，造成车辆失控，致使车辆与对向正常行驶的小轿车撞击后坠江，造成重大人员伤亡。

2020 年 7 月 7 日，贵州安顺一辆公交车坠湖，造成 21 人死亡，15 人受伤。

4.79 为什么大家都要更加关心公交车驾驶员？

汽车职业驾驶员，特别是公交车驾驶员，是一类长期从事高风险作业的特殊职业人群，他们的身心健康直接关系到乘客的生命财产安全。众所周知，公交车驾驶员相当辛苦劳累，冬练三九，夏练三伏。他们都说，辛苦劳累不怕，最怕的就是乘客不理解、不支持、不配合，受了委屈无处诉。这些都使驾驶员的心理压力增大、心情烦躁。

公交车驾驶员每天都要面临各种各样的状况，个别人为此变得焦虑、不安，神经时刻处于高度紧张的状态，对其心理、情绪、身体都产生了不利影响。

因此，我们要给予公交车驾驶员更多的关心和鼓励，不在车上与他们争吵，使他们在和谐的环境中保持愉快的心情，安全驾驶。

第五章

公路科技大揭秘

5.1 什么是土木工程？

土木工程既指所应用的材料、设备和所进行的规划、勘察、设计、施工、安装和维护等技术活动，也指工程建设的对象，直接或间接为人类生活、生产、军事、科研服务的各种工程设施，例如房屋、道路、铁路、管道、隧道、桥梁、运河、堤坝、港口、电站、飞机场、海洋平台、给水排水以及防护工程等。

从狭义上来说，土木工程（Civil Engineering）直译就是民用工程，即建筑工程（或称结构工程）、桥梁与隧道工程、岩土工程、公路与城市道路、铁路工程等这个小范围。

看到下面这些地标建筑，我们可能会联想到很多超级工程。其实，它们大都是由钢筋和混凝土等材料建成的。然而，它们不仅是一堆钢筋和混凝土，更是一种文化载体，具有深刻的历史和文化内涵。

国家体育场（鸟巢）

上海世博会中国国家馆

成都天府国际机场

北京大兴国际机场

上海东方明珠广播电视塔

广州塔（小蛮腰）

5.2 土木工程（路桥、交通方向）要学哪些主要课程？

基础课：高等数学、线性代数、概率论与数理统计、工程制图与画法几何、工程测量、大学物理、大学化学、大学英语等。

专业课：道路建筑材料、工程地质、土力学与地基基础、水力学与桥涵水文、理论力学、材料力学、结构力学、结构设计原理、工程经济学、公路招投标与工程造价、道路工程、道路勘测设计、公路小桥涵勘测设计、道路立交规划与设计、路基路面工程、桥梁工程、隧道工程、特殊地基处理、交通流理论等。

相关课程：施工组织与管理、工程机械与施工机械化、工程项目管理、法律、建设工程合同管理、计算机辅助设计（CAD）、房屋建筑学、交通工程学、电工学等。

5.3 学了土木工程，毕业了能做什么样的工作？

路桥工程方面的知识是相通的，就业方向大致可以分为如下几种：

（1）工程技术方向

代表职位：施工员、结构工程师、建筑工程师、项目经理、总工程师、工程软件开发师、工程机械研发师等。

代表行业：建筑施工企业、路桥施工企业、房地产开发企业、工程建设管理单位等。

（2）规划、设计及造价方向

代表职位：设计师、结构师、城市规划师、造价师、工程审计师等。

代表行业：工程勘察设计单位、房地产开发企业、交通或市政工程类机关职能部门、工程咨询机构、审计单位等。

（3）质量监督及工程监理方向

代表职位：监理工程师、安全总监等。

代表行业：建筑、路桥监理公司、工程质量检测和监督部门。

（4）工程检修方向

代表职位：工程养护管理、检测、加固单位的工程技术人员。

代表行业：轨道交通、铁路工务段（处），公路检测、加固和养护单位等。

（5）公务员、教学及科研方向

代表职位：公务员、银行、教师。

代表行业：交通、市政管理部门、大中专院校、科研院所及银行等。

当然，学了土木工程，也不局限于修路架桥。比如，重庆交通大学的力学教授易志坚，在发现土壤颗粒间存在万向结合约束现象后获得灵感，转而带领团队研究沙漠生态恢复理论与技术，开展防沙、固沙与生态恢复工作，为我国生态保护做出了重要贡献。

5.4 土木工程、道路交通行业有哪些学会组织？

土木工程、道路交通行业主要学会组织有中国土木工程学会、中国公路学会、中国建筑业协会、中国公路建设行业协会、中国施工企业管理协会等，以及各省、区、市的公路学会、土木建筑学会等。

其中，中国土木工程学会是詹天佑大奖的评选组织单位，中国建筑业协会是鲁班奖（国家优质工程）的评选组织单位，中国公路建设行业协会是公路交通优质工程奖的评选组织单位，中国施工企业管理协会是国家优质工程奖的评选组织单位。

5.5 建筑垃圾能用来修路吗？

建筑垃圾数量巨大，合理的技术处理能够将其"变废为宝"，实现资源化利用。2015年，中国首条利用建筑垃圾建设的高速公路——西咸北环线高速公路在陕西建成通车，这是中国高速公路建设领域首次大规模综合利用建筑垃圾再生材料。

实际上，我国用来修路的"垃圾"不是普通的塑料制品等垃圾，而是以旧水泥、废砖块为主的建筑垃圾。建筑垃圾里的渣土不是全都能用的，需要经过筛选和粉碎。

据统计，该公路建设中，共计使用建筑垃圾 600 万吨，恢复垃圾场占用土地 3000 亩，减少土地开挖面积 1500 余亩，节省生石灰 17 万吨。

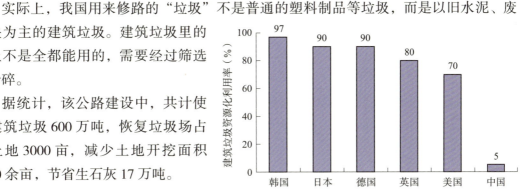

5.6 高速公路雨天行车"漂移"有办法解决吗？

下雨天路面湿滑，路面水膜的存在导致路面的摩擦系数变小，轮胎与路面之间的摩擦力减小。这时机动车轮胎的抓地能力变差，容易在加速、紧急制动时产生"漂移"。

近些年出现了透水路面、大孔隙路面，这种沥青路面不同于传统的密实型沥青混凝土路面，它的孔隙率超过 20%，雨水可以通过路面内部多孔骨架结构连通孔隙迅速排除，有效改善雨天行车"漂移"的现象。

但是，这种路面的大孔隙容易被泥土和杂物堵塞，且由于其孔隙大，承载力有限，因而并没有得到大规模推广。

5.7 海绵道路是什么样子的？

如果道路变成像海绵一样可以吸水、储水、利用雨水，那会是什么模样？按照海绵城市设计理念，对新建道路采用雨水综合利用技术进行建设。这种透水路面是一种多孔轻质混凝土，内部为蜂窝状结构，故具有透气、透水和重量轻的特点。

人行道铺装采用生态、环保新材料透水砖，自然降水能够迅速地透过地表，适时补充地下水资源，雨天路面无积水，可防止夜间路面反光。

生态绿化采用下沉式绿地、植草沟、雨水花园等滞留雨水设施，由植物、土壤、砂石等打造成能够用于暴雨管理的绿化景观。

海绵道路的作用，犹如在床上铺个隔尿垫，它对常规的排量能起到作用，但洪水真正来后，床垫就不再起作用了。实践表明，海绵城市目前还不能彻底解决城市洪涝与干旱问题。

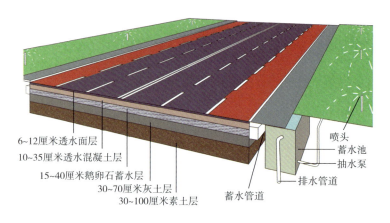

5.8 你见过"乐高积木"搭成的塑料公路吗？

"废旧塑料道路"计划由荷兰一家公司提出，其"路面板"是用回收的塑料垃圾制作的，比如饮料瓶、塑料盒、玩具等。这些塑料垃圾经过清洗、粉碎、融化、压制等工序，变成了坚固而轻便的路面材料，修路时只需要在路基上像"搭积木"一样将面板拼接即可。中空可拆卸的路面，可以很方便地安装各种线缆与管道。

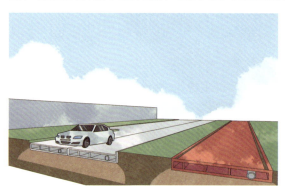

相比起沥青路面或砂土路，这些塑料铺成的公路耐高温性更强，可以承受零下40摄氏度的低温至80摄氏度的高温，所以使用寿命也比沥青路面多出两倍以上。

5.9 采用 3D 技术可以直接"打印"高速公路吗？

3D 数字化摊铺技术通过毫米级全球定位系统（GPS）控制摊铺过程，可以事先设计好应铺路面的 3D 模型，然后指挥摊铺机按要求铺好路面，就好像用打印机"打印"路面一样。

相比传统的施工方法，该系统通过全球定位系统和激光高精度测量系统，立体控制摊铺高程精度和平面精度，克服了常规挂钢线施工时钢线下垂、传感器跳动等问题，很好地控制了路面结构层厚度、高程及平整度，误差控制在毫米级。系统能实时检测施工情况，确保施工质量，省去打桩放样和拉钢丝线等设置基准的环节，减少了人为因素影响和摊铺预准备时间，提高了控制精度和工作效率。

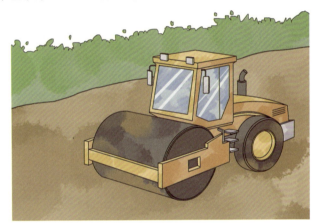

2020 年 4 月，该技术在江苏省溧高高速公路（常州段）试点应用，摊铺路面压实度、渗水、平整度、厚度、高程各项指标均符合规范及设计要求。

5.10 道路足尺加速加载试验系统有什么用？

顾名思义，加速加载试验就是通过连续、快速的加载，让路面结构在短期达到设计寿命或设定年限的车轮碾压次数，分析路基路面结构在不同轴载次数下的变形和受力情况。用于模拟行车荷载对路面进行加速加载，研究测试路面结构和材料的破坏过程及衰变机理。

此系统通常由以下几部分内容组成：路面加速加载试验机主机、加载条件和设备、

试验路段可控试验条件与设备、路面各结构层和空间物理条件数据采集系统、可转场移开工件、可移动式场地与设备安全监控系统、典型路面加速加载试验路段技术条件和设计。

左图为同济大学道路与交通工程教育部重点实验室的道路加速加载试验系统。

5.11 什么是路面三维检测技术?

与传统检测技术相比,路面三维剖面检测技术选用高能量线激光器和高分辨率高帧频 3D 相机作为硬件基础,实现路面三维剖面自动化检测,其扫描范围可覆盖整个车道宽度,三维线激光成像技术自动获取路面微观变形,进而提取破损信息,完成对路面裂缝、车辙、坑槽、拥包等的分类和自动检测。

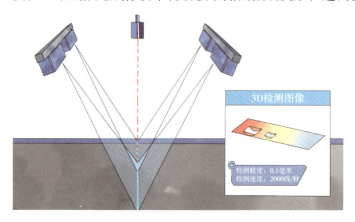

三维数据的采集在较大程度上减少了受路面油污、修补、阴影及光照不均等干扰因素的影响,具有更高的识别率和更低的误判率。通过数据分析,可对路面病害及破损情况作出综合评价,实现精准科学养护管理。

5.12 港珠澳大桥创造了哪些世界之最?

最长跨海桥隧工程:港珠澳大桥工程全长 55 千米,是目前世界最长的跨海桥隧工程。

最长钢铁大桥:港珠澳大桥有 15 千米是全钢结构钢箱梁,是目前世界最长的钢铁大桥。

最长海底隧道:港珠澳大桥海底沉管隧道全长 6.7 千米。

最大沉管隧道:沉管隧道标准管节,每一节长 180 米。

最深沉管隧道:港珠澳大桥海底隧道最深处在海底 48 米。

最精准深海之吻:沉管在海平面以下 13 米至 48 米不等的深度进行海底无人对接,对接误差控制在 2 厘米以内。

大桥的钢材用量,相当于 60 座埃菲尔铁塔;它能抵抗 8 级地震;它能抵抗 16 级以上台风(10 级台风可把大树连根拔起);它还比国内其他桥梁"长寿"20 年,使用寿命高达 120 年;它是世界建筑史上里程最长、投资最多、施工难度最大的跨海大桥。它被英国《卫报》评为新的世界七大奇迹之一。

5.13 武汉3.6万吨巨无霸是怎样完成空中转体"拼接"的?

2019年9月11日,武汉杨泗港快速通道青菱段斜拉桥耗时90分钟跨越铁路干线顺利完成转体,创造了目前世界上同类型跨径最大、桥面最宽、首座半漂浮体系独柱塔的斜拉桥转体纪录。

该斜拉桥设计为双塔双索面钢箱梁斜拉桥,主塔高83.6米、桥长508米、桥面标准段宽44米,加宽段宽46米,双塔双幅桥梁总质量达3.6万吨。单侧桥梁质量约1.8万吨,最大转动角度近105度,转体梁悬臂长度近250米,转体过程要确保桥梁的平衡稳定。

在桥梁建造过程中,采用了一种"黑科技",即在桥塔的下方安装了一台直径5米、质量62吨的转动装置,通过它使数万吨的桥梁旋转起来。这个转动装置的学名叫作转体球铰,主要分为上、下球铰两个部分,它们的接触面是一个光滑的球面结构,上、下球铰可以相互转动,从而实现桥梁转体与承重功能。

为了确保半漂浮体系钢箱梁斜拉桥转体稳定性,转体前进行桥梁称重试验,测出转动体重心位置,通过配重控制重心偏差在2厘米范围内,使转动体重心和转轴在同一垂线上,同时转体前通过临时支座固结及预应力钢索对拉双重保障措施将主塔及钢箱梁临时锁定,以实现平衡、稳定转体。

5.14 五桥同转?"桥都"重庆再刷新世界纪录?

2020年8月21日凌晨1点55分,重庆快速路二横线项目,两座全长383.5米、总质量达21500吨的梁式桥梁横跨三线铁路,在完成顺铁路施工后同步空中转体形成,实现"完美牵手"。

五座桥梁(实为5个T梁)均采用"先建后转"的方案,按照"四逆一顺"独特转法,即4个T梁逆时针转动,1个T梁顺时针转动。

为防止两座桥梁相互干扰,采取分阶段转体:第一阶段4个T梁逆时针转动15度,转动速度为每分钟1.15度;第二阶段,5个T梁同时转体,转动速度为每分钟1.72度,最大转体角度为83度。

5个T梁转动就像拉磨一样,先将桥梁下部固定;然后在桥台(单孔桥)或桥墩上(多孔桥)安装一个转动系统,像转轴一样起到定位作用;最后桥梁上部开始旋转。

5.15 桥梁的设计寿命能达到多少年?

常见的公路桥梁结构一般都是采用以钢筋混凝土为主的建筑材料（此外还有钢结构、钢缆、钢管等），而混凝土是由硅酸盐水泥、砂石集料、水和钢筋骨架组成的混合物。水泥水化形成晶格，包裹集料，形成和天然石料几乎一样的结构，有着极强的抗压能力。只要混凝土处于良好的环境，既没有地震、振动、沉降、大风等外力冲击，也没有腐蚀、冻融、高温（100 摄氏度以上）等破坏因素存在。从理论上讲，混凝土的强度就不会降低，可以一直使用下去。但实际工程中，混凝土或钢筋混凝土结构是处于自然环境中，因此就要考虑大气温度、湿度、水流、酸碱度等因素引起的风化和侵蚀影响。

这是因为，混凝土在浇筑振捣时会混入空气形成气泡，导致混凝土凝固后表面出现孔洞，气泡和水分蒸发也会使结构内部出现细小的孔隙。在长年的风吹雨打中，雨水和盐分等会从孔洞渗入混凝土内部并腐蚀钢筋，导致混凝土出现碳化、裂缝等问题，影响使用寿命。这么看来，是不是有点"千里之堤，溃于蚁穴"的感觉？

在《工程结构可靠性设计统一标准》《混凝土结构耐久性设计标准》的基础上，交通运输部于 2020 年发布了《公路工程结构可靠性设计统一标准》，根据混凝土结构所处环境类别、环境作用等级和工程的重要性，各等级公路特大桥、大桥主体结构和特长隧道的衬砌、洞门等主体结构设计使用年限不低于 100 年，高速公路、一级公路、二级公路的隧道主体结构不低于 100 年。各等级公路桥梁斜拉索、吊索、系杆设计使用年限为 20 年，栏杆、伸缩缝、支座为 15 年；各等级公路隧道可更换、可修复构件为 30 年；高速公路沥青路面为 15 年，水泥路面为 30 年。

港珠澳大桥采用了"涂料＋阴极保护＋原位监测"三重方法，以最大限度地降低海水与桥体材料间的电化学反应速率，使桥梁设计寿命达到 120 年。

5.16 长隧道巡检，能否用机器人替代人工？

隧道及附属设施的养护应符合保持隧道外观整洁、隧道内路面平整、衬砌完整无明显开裂和剥落；标志标线清晰醒目，排水系统良好，通风、照明系统、消防设施设备齐全完好；隧道监控设施设备无异常等要求，巡检还要及时发现突发事件（如事故、火灾、临时停车、抛洒物等）并采取一定的预告和处置措施。对于山区高速公路而言，隧道巡检的工作量大而且繁重，能否用机器人替代？

目前，重庆交通大学专家团队已研发出隧道智能巡检机器人，可实现日常巡检、遥视巡检、现场监测，结构表面异常检测，结构病害侦测，机电系统运行状态、交通运行监控；配备有声音检测器、红外热像仪等，实现隧道火灾的检测和预警，实现火灾事故准确定位、火情研判，应急预警与远程指挥；隧道环境的全面感知，包括对有害气体浓度（NO、NO_2、SO_2 等）、温湿度、风速、风压、隧道内外照度差、能见度等的检测；支持设备自检、巡检和对既有设备的互通、远程调度等处理；远程救援，机器人携带紧急救援包，现场指挥、疏导。这个设备可以代替常规人工巡检，"不知疲倦"地工作，大大提高巡检效率。

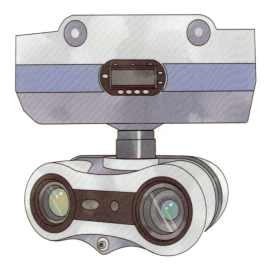

5.17 你听说过能折弯的混凝土吗？

高延性混凝土又叫可弯曲混凝土，是以水泥、石英砂等为基体的纤维增强复合材料，具有高延性、高耐损伤能力、高耐久性、高强度（抗压、抗拉）、良好的裂缝控制能力。其拉伸性是普通混凝土的 200 倍，基本已经接近钢材的抗拉强度了。

可弯曲混凝土能有效防护结构开裂，提高结构的抗渗性，有效防止有害离子的侵蚀，极大地提高结构耐久性，最大限度节约工程运营成本和维修费用。

5.18 石墨烯、环氧树脂改性剂对沥青性能有哪些改善作用?

研究表明,石墨烯氧化后具有优异的力学性能和各向异性的特性,能够明显改善改性沥青的高温储存稳定性和抗老化性能,且能明显提升相应混合料的高温稳定性、低温抗裂性以及抗水损等指标。

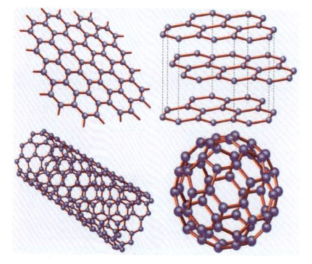

环氧树脂的掺加对沥青的性能有显著影响。环氧沥青作为高模量改性沥青胶结料之一,从根本上改变了普通沥青的热塑性,强度高、抗疲劳性能好,能有效抵抗轮胎作用引起的表面磨损,并具有较好的阻燃作用,低温下不易变脆,高温下不易熔化,以其不可比拟的优异路用性能被广泛应用于大跨径钢桥面、机场跑道、人行天桥、防滑路面等结构层的铺装。

5.19 纳米材料在路桥工程中有哪些应用?

纳米材料是20世纪80年代后期发展起来的材料学新分支。它涉及的领域非常广泛,从金属、陶瓷,到高分子材料,都有纳米级材料的身影。通常,纳米材料被定义为在至少一个维度上粒径在1至100纳米之间的化学物质或材料。它具有大比表面积、高化学反应活性、优异的力学性能等特点。

根据其化学成分和形态,纳米材料可以分为无机纳米材料、有机纳米材料和生物纳米材料等三类。其中,无机纳米材料包括氧化物、金属、碳等,有机纳米材料包括聚合物、纤维素等,生物纳米材料包括蛋白质、核酸等。

纳米材料应用于路桥工程中,可以有效提高混凝土的强度、耐久性、抗渗性、抗裂性、导电性能、自洁性能等。应用案例如下:

(1)在混凝土路面中添加纳米二氧化钛,可以提高混凝土的抗紫外线性能,吸附空气中的有害物质,净化空气。

(2)在混凝土路面中添加纳米碳纤维,可以提高混凝土的耐久性和导电性能,增加混凝土的承载能力。

(3)在混凝土路面中添加纳米硅藻土,可以提高混凝土的抗渗性和抗裂性。同时,纳米硅藻土还能够吸附空气中的有害物质,净化空气。

（4）在混凝土中添加纳米氧化硅，可使混凝土表面形成一层致密的硅酸盐凝胶层，有效地防止水分、油分和化学物质的渗透，提高混凝土的抗渗透性和耐久性。

（5）在混凝土中添加纳米氧化铝，可以提高混凝土的强度和硬度，减少混凝土开裂的风险。

（6）在混凝土中添加纳米碳管，可以实现混凝土的自愈合和自检测，提高混凝土的安全性和可靠性。

在实际应用中，需要根据混凝土的工作环境、使用要求和纳米材料的性能特点，选择合适的纳米材料和添加方法，以达到最佳的效果。

5.20 桥梁涡振有没有规律可循？

涡振现象产生的原因是气流经过钝体桥梁结构时产生分离，形成了周期性的旋涡脱落，并产生作用于桥梁上的周期性气动力，当旋涡脱落频率接近于桥梁的某个固有频率时，就激发了桥梁的涡激共振。据研究机构对国内某大桥的健康监测和分析表明，涡振的出现是有规律可循的：

（1）每年发生涡振次数在 20~40 次之间；

（2）每次持续时间 10~300 分钟，单次涡振持续平均为 67 分钟，涡振持续最常见的是 40 分钟；

（3）涡振常发生在 4~8 月；

（4）风速多在 5.5~12 米/秒，风偏角多在 25°范围内；

（5）涡振出现频次最多是 0.325 赫兹。

长期涡振应注意对主梁支座和主缆、吊索的疲劳损伤进行检测监测，并采取措施加以控制。

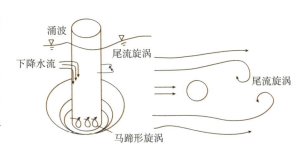

5.21 首都机场道面是如何"沥"成的?

飞机的超级荷载、大流量、高频次起降等因素,给机场跑道道面的质量带来了极为严峻的考验。因此,对应用在跑道表面的沥青产品更是有着严苛且具体的要求。

在北京首都国际机场跑道大修工程中,对沥青产品的抗车辙性能和高温稳定性非常重视,尤其在高温性能方面,对沥青产品的软化点提出特别要求——软化点大于80摄氏度。

5.22 为什么"空中造塔机"被称为桥梁施工中的"战斗机"?

在高楼建设中大显身手的"空中造塔机",首次被搬到了宜昌伍家岗长江大桥建设中。该桥塔平台高19.5米,由支承顶升系统、框架系统、模板系统、智能监控系统及附属设施组成。

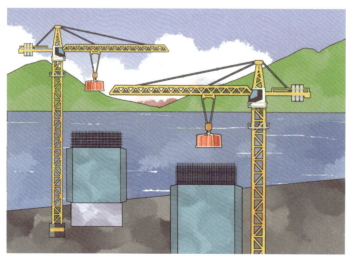

相比传统桥塔施工液压爬模体系,"空中造塔机"极大提升了桥塔施工安全、质量与效率,可抵御14级大风;承载能力提升了1倍;顶升作业更平稳,可实现"整体无感顶升";施工环境更安全舒适,让桥塔高空施工如履平地。

相比传统爬模,施工效率提高30%以上。

5.23 旋转式防撞护栏的工作原理是什么？

旋转防撞桶，利用了旋转的原理，把富有弹性且防撞耐磨的旋转桶支撑在立柱上，通过自由旋转，分解汽车撞击力，从而减轻交通事故造成的危害。不仅如此，旋转桶的恢复力也很强，就算受到了严重的冲击，也能迅速还原。

旋转桶外观颜色鲜艳醒目，较好的光亮反射效果，能够引起驾驶员的注意，降低事故发生率。由于旋转桶还有发光的特性，即使在夜间出行，驾驶员也能够看清它们。

但是，高速行驶的车辆失控撞上滚筒时，行驶方向的改变存在不确定性，可能造成更大的危险，加之成本比传统的波形护栏高，所以目前并未大规模推广。

5.24 隧道施工用的庞然大物"穿山甲"是什么样的？

四川乐西高速公路大凉山1号隧道采用的全断面岩石隧道掘进机（Tunnel Boring Machine，TBM），名为"月城凉山号"，集破岩、出渣、初期支护等功能于一体，具有掘进速度快、安全环保、施工质量高等特点，被誉为工程机械"掘进机之王"。

"月城凉山号"开挖直径7.93米，整机长度176米，质量1400吨，总装机功率达5200千瓦。在湖南省长沙市完成改造后，其主机被拆分为54个部分，最大的一块质量约160吨、宽6米。相关配件由60名工人，用一个月左右时间，完成了组装、调试。这是国内首台高速公路全断面岩石隧道掘进机。

"月城凉山号"就像一座集中化的工厂，有主机室、操作室、传送带、支架等，而且可以全天24小时连续作业，每次作业仅需20名工人即可完成正常施工。TBM施工效率是传统钻爆法的2~3倍。

5.25 中交集团目前自主研发的最大盾构机有多大？

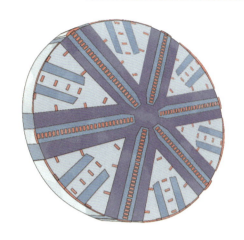

由中国自主研发的出口海外的最大直径盾构机（隧道掘进机、潜盾机），将用于海外最大的盾构公路隧道项目孟加拉卡纳普里河底隧道工程。卡纳普里河底隧道总长 3.5 千米，其中盾构段长 2450 米。工程师对盾构机进行了针对性设计，采用适宜的刀盘防结泥饼设计、泥水系统分层逆洗技术、智能防沉降控制技术等多项自创技术。

此款盾构机的刀盘直径达 12.12 米，长 94 米，质量 2200 余吨。

5.26 你听说过智能路灯吗？

有这样一排路灯，不仅外形漂亮，还自带无线网络通信技术（WiFi），并能实时采集温度、湿度等环境数据，能根据人流量、天气自动调节亮度。这是因为对路灯资源进行了更进一步的集约化智慧建设，路灯全部采用硅衬底发光二极管（LED）芯片，且灯具上加装了智能单灯控制模块，设置了 WiFi、视频监控、PM2.5、多媒体发布等功能。

智慧公共照明管理系统能通过设定时段、道路路况、路灯亮灯率、用电量数据等查询统计功能，为科学决策分析提供依据。

同时，通过智能来人来车检测、智能开关灯等策略功能，真正提供按需照明，使公共照明达到智能化管理。

5.27 屋顶光伏系统前景如何？

奥地利技术研究院、弗劳恩霍夫太阳能系统研究所和福斯特工业技术公司为高速公路提出一个新的屋顶光伏系统概念。开发光伏屋顶系统的出发点是好的，其主要目的是利用适当的光伏组件技术生产光伏能源；灵活利用道路网络；通过防止路面过热和积水，增加路面的使用寿命；增加额外的噪声防护。

但是，光伏系统要考虑各种不同环境条件的要求，包括排水、风负荷与雪负荷、稳定性与抗冲击能力、维护便捷性和交通安全等。

可见，这项新技术实施起来的影响因素很多，并没有大规模推广应用。

5.28 GNSS边坡监测系统有什么优点？

传统的边坡监测方法是通过经纬仪、全站仪以及水准仪进行的。其方法缺点在于：检测所处环境复杂险恶，人身安全难以得到保障；长期监测等于长期投入，成本较高，难以维系；受天气、人工、现场条件等许多因素的影响，存在一定的系统误差和人为误差；人工检测频率受限，受干扰因素多；在特殊情况如极端天气条件下，难以获取有效数据。

全球卫星导航定位系统（GNSS），泛指美国的GPS、俄罗斯的GLONASS、欧盟的Galileo及中国的BDS。GNSS通过传感设备智能化的感知结构物信息，无需人员在场，能够全天候24小时实时监测，精度高、效率高，能适应各种危险环境。目前，GNSS变形监控在线实时分析系统广泛应用于大坝、大型桥梁、高层建（构）筑物、滑坡和地区性地壳变形监测。

5.29 无人机在道路施工中有什么用?

无人机的数据服务,可以作为工程进度、质量、安全管理的重要辅助手段,可以极大提高工程管理的精细化和数字化水平。

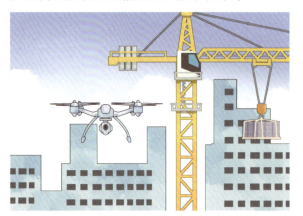

在进度管理上,管理者在电脑上就能直观、全面掌握工程信息。在安全管理上,降低人员到"高、陡、滑、深"等复杂区域的作业频率,减少安全隐患。

在质量管理上,提高检查频率,并减少"人不易到达"的检查盲区,获取精细化质量数据。

在数据管理上,可追溯性强,减小人为影响。

5.30 信息化施工大显身手,能否颠覆你的认知?

信息化施工,是指在施工过程广泛应用计算机信息技术,对工期、人力、材料、机械、资金、进度、工序交验、质量、安全、档案等信息进行收集、存储、处理和交流,并加以科学地综合利用,为施工管理及时、准确地提供决策依据。信息化施工还有望通过网络与其他国家和地区的工程数据库联系,在遇到新的疑难问题时可及时查询解决。

比如,云茂高速公路施工过程中试点应用了超宽带毫米波干涉雷达技术。这种技术采用电磁波,对照明要求低,对粉尘有良好的穿透性,在能见度差、潮湿、多尘等恶劣环境下也具有非常好的适应性,可实现全过程、全天监控,监测精度达到亚毫米级,且预警信息可自动推送至监测平台,洞内变形异常能及时以声光形式报警,防止工人在危险情况下继续施工,保障施工人员安全。

5.31 BIM 技术有什么作用?

建筑信息模型（Building Information Modeling，BIM）广泛应用于建筑学及土木工程，其最大的优势在于三维可视化。BIM 技术的主要特点如下：

（1）可视化：设计可视化、施工可视化（施工组织可视化/复杂构造节点可视化）、设备可操作性可视化、机电管线碰撞检查可视化。可降低识图误差，利用 BIM 的三维技术在前期进行碰撞检查，化解交代不清楚的死角，直观解决空间关系冲突，优化工程设计，减少在建筑施工阶段可能存在的错误和返工，而且优化净空和管线排布方案。

（2）仿真性：建筑性能分析仿真、施工仿真（施工方案模拟优化/工程量自动计算/消除现场施工过程干扰或施工工艺冲突）、施工进度模拟、运维仿真（设备的运行监控/能源运行管理/建筑空间管理）。

（3）可协调性：设计协调、整体进度规划协调、成本预算工程量估算协调、运维协调（空间协调管理/设施协调管理/隐蔽工程协调管理/应急管理协调/节能减排管理协调）。

（4）可出图性：碰撞报告（建筑与结构专业的碰撞/设备内部各专业碰撞/建筑结构专业与设备专业碰撞/解决管线空间布局/预留预埋布置）、构件加工指导（出构件加工图/构件生产指导/实现预制构件的数字化制造）。

5.32 出租车能用 ETC 吗?

在机场、商场、火车站、居民小区等地的停车场推广应用 ETC（电子不停车收费），提升智慧停车服务能力是加快拓展 ETC 服务功能的主要目标之一。

通过 ETC 无感加油，驾驶员全程无须下车，不用排队缴费，也无须刷卡、扫码，即可实现加油自动付费，全程不超过两分钟，比传统的加油时效提升了 3~5 倍。

深圳市首创的"出租车 ETC"方案，基于微信及微信支付的开放能力，实现了出租车乘车费和通行费合并结算、同步开具电子发票等功能。

5.33 "5G+北斗"将为交通行业带来多大的想象空间?

2020年,是北斗全球系统建设收官之年,也是5G发展元年。对于交通行业而言,需要北斗与5G的双轮驱动。5G的优势在于高速率、大容量、高可靠、低延时的连接,北斗则可以提供精准的定位、导航及授时功能。

因此,5G与北斗遥相呼应,深度融合,相辅相成,相互赋能,将给交通运输行业带来前所未有的深刻改变,即实现交通管理的可测、可控和服务的精准、及时。

5.34 辅助驾驶与自动驾驶之间的关系是什么?

辅助驾驶包括自适应巡航控制(Adaptive Cruise Control,ACC),是用于定速跟车前进、车道保持(能够将车辆保持在车道内行驶)等。这两者相结合就是最新的堵车驾驶辅助系统,在堵车环境中能够控制车辆的方向和走停。

而自动驾驶除了实现驾驶辅助的基本所有功能外,还可以允许驾驶员将注意力从交通情况和控制车辆中解放出来做其他事情。但是,驾驶员仍需要坐在车里,在自动驾驶系统尚未启动或者退出时控制车辆。而无人驾驶则可以没有驾驶员,车辆安全自主驾驶。

当前,自动驾驶技术还不成熟,真正意义上的自动驾驶远没有实现!

5.35 首个"高速公路数字化运营云平台"有何特点?

2020年8月,腾讯云联合交通运输部路网中心国道网公司发布交通运输行业首个"高速公路数字化运营云平台",助推高速公路智慧化运营。该平台融合了收费稽核、指挥调度、出行服务等多个业务应用板块,可以有效帮助高速公路行业实现高效的业务管理和运营,助推高速公路数字化进程加速,打造高速运营服务新模式。

依托腾讯云一站式的人工智能(Artificial Intelligence,AI)与大数据能力、云边端一体化服务能力、行业领先的C端(Consumer,消费者、个人用户端)触达与运营能力以及全链条生态体系搭建的高速公路数字化运营云平台,能够有效提升高速公路收费运营效率,确保路网平稳安全运行,为车主提供更加便捷及舒适的出行体验。

5.36 大数据对高速公路运营管理带来什么影响?

(1)优化指挥调度。通过大数据分析对高速公路的路况、电子不停车收费系统(ETC)、人工半自动收费系统(MTC)、断面交通量、气象、纸卡、客服等历史和实时海量数据进行汇聚整合,实现了对路网运营管理数据的全面精细化管理。

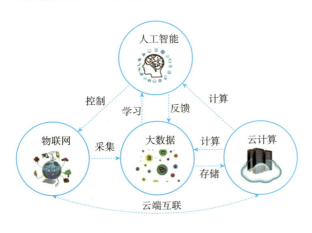

(2)提升公众出行体验。通过对公众出行服务数据进行深度分析与挖掘,从而提升了信息的精准推送与服务品质。

(3)打造智慧服务区。使服务区各项数据与企业级数据中心之间实现信息互通,实现运营状态可视化监管。

(4)实现智慧养护。实现对公路路况、养护计划、工作进度、效率等各项工作的分析,科学调配养护人员。

5.37 国外智能公路有什么特点?

（1）瑞典欧洲 E4 公路。瑞典开通了一段智能公路——欧洲 E4 公路，位于瑞典北部城市 Pite 和 Lule 之间，安装了太阳能传感器，可以对行驶车辆做出路面结冰、事故拥堵和其他危险情况的预警。

（2）日本智能公路。作为一个将智能交通系统（Intelligent Traffic System，ITS）应用系统结合为整体的平台，信息技术与道路交通的结合正在使日本普通的路面向智能公路转变，日本智能公路的目标是将道路交通事故减少 50%，有效地缓解交通拥堵，并减少对环境的污染。

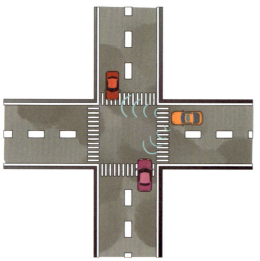

（3）英国智能高速公路。英国智能高速公路配有太阳能交通标识灯、道路监测传感器、随时待命的清障车和电子信息提示牌等设施，可大大改善公路的运行状况。

（4）荷兰智能高速公路。这种智能公路的创新设计概念包括：夜光公路、动力学漆、交互感应灯以及感应优先车道。另一项设计是在道路上安装节能灯，灯光可以随着车辆的接近渐渐变强，在车辆驶离后，灯光会自动熄灭。

5.38 未来交通是什么样的?

在汽车技术智能化的发展趋势中，搭载 AI 技术的汽车，应当不再是一台冰冷的机器，而是能够与驾驶员进行交流的"生命体"。

AI 汽车与驾驶员磨合、掌握驾驶员的生活方式和喜好后，还会自动提供方案选项，应对各种复杂路况，甚至联网播放你喜欢的音乐、电影。

而困倦的你到了家门口，也可以自行下车，之后车辆会自行回到车位，人与车之间像朋友般默契，这也许就是科幻电影中的机器人伙伴的现实化身吧。

5.39 实行ETC"先行后付"模式会带来哪些好处？

ETC 的作用是当车辆行经高速公路或桥梁时系统自动收费。这种收费系统平均每车收费耗时不超过 3 秒，其收费通道的通行能力是人工收费通道的 5~10 倍。使用 ETC 后，可以使公路收费走向无纸化、无现金化管理，从根本上杜绝收费票款的流失现象，解决公路收费中的财务管理混乱问题。

实行 ETC "先行后付"模式，解决了 ETC 车道现场车辆因余额不足、无卡等"非系统异常"被拦截的问题，大幅提升通行效率和改善用户通行体验。通过线上补交渠道，能够降低收费现场压力。

5.40 广深高速新塘立交为何能入选交通强国建设试点项目？

广深高速公路新塘立交改造项目位于广州市增城区新塘镇，地处穗莞深黄金走廊和科技创新走廊的重要节点，是广深高速公路与广深大道（G107）连接的交通枢纽。该项目主线范围采用高速公路标准，设计速度 120 千米/时，主线全长 1.01 千米。

项目通过改造互通立交和区域道路（将主线 6 车道扩建为 12 车道），优化匝道线形指标，提升交通通行能力，同时释放存量土地 300 亩。将路线由地上通行改为地下通行，上盖公园，充分利用土地空间，打造一个约 16 万平方米的公共公园，丰富周边环境功能。同时，对互通区的闲置土地进行开发利用，实现了一举多得的效果，具有示范效应。

改造前

改造后

5.41 原来高速公路服务区可以这么好玩?

(1) 云南公路馆

从南方丝绸之路,到滇缅公路,再到昆曼公路,云南从古至今都占有国际大通道的重要地位。2011年6月1日,云南省保山至龙陵高速公路潞江坝服务区建成开馆。该馆位于云南省保山至龙陵高速公路潞江坝服务区,是中国第一个以公路为主题的文化馆。潞江坝服务区,占地380亩,将亚热带风光、少数民族风情、公路文化和滇西抗战文化融为一体,展示云南公路交通的历史与现在、自然与人文、公路与文化。

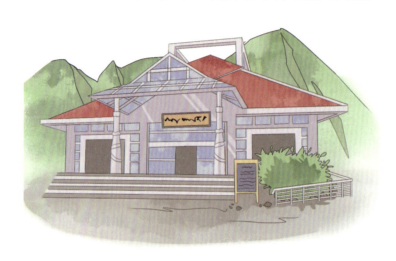

(2) 苏州阳澄湖服务区

苏州阳澄湖服务区是全国首个江南园林主题的服务区,是"全国网红打卡地"。该服务区位于苏州市工业园区唯亭镇,西距苏州市区13千米,东距上海市65千米,占地面积425亩。1996年9月,服务区正式投入运营,2018年进行升级改造,2019年7月18日重新开业。

（3）常州芳茂山服务区

江苏常州的芳茂山恐龙主题服务区，是全国首个恐龙主题服务区，坐落在沪蓉高速公路常州段上，从常州去往姑苏的路上即可通过这里。同时，常州也有国际最大的恐龙主题公园——中华恐龙园。

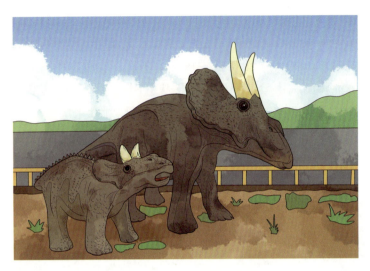

（4）沈海高速公路广东开阳段 K236+480 处大槐服务区

大槐服务区位于"中国航空之父"冯如的故乡——广东省江门市恩平市，于2010年获评"全国高速公路旅游主题服务区"。冯如是中国第一位飞机设计师、制造师和飞行家。他目睹美国先进工业，认为国家富强必须依靠工艺的发达，改变中国贫穷落后面貌非学习机械、发展工艺不可。

他在研制出一些机械的基础上投入了飞机制造业，并在第二次制造飞机后试飞成功，获得美国国际航空学会颁发的甲等飞行员证书，大长中国人的志气。冯如先生立志钻研技术取得的巨大成就和他的爱国奉献精神值得后人敬仰！

5.42 2000米级悬索桥面临的主要挑战有哪些？

如今，世界桥梁跨径纪录已经由日本的明石海峡大桥（主跨1991米）保持了23年之久。目前，土耳其在建的恰那卡莱1915大桥，主跨2023米。国内有多座大桥正在实施或研究2000米跨径悬索桥方案，主跨2300米的张靖皋长江大桥和主跨2180米的狮子洋大桥（跨越珠江）正在规划设计中，桥梁工程正在大步跨入2000米时代。

相较于目前的技术，2000米级悬索桥在设计理论、结构体系、空气动力学、建造技术、产品标准等方面将面临由量变到质变的挑战；同时也将是桥梁工程理论、产品、技术实现跨越发展的机遇。防止主缆发生腐蚀和疲劳是2000米级悬索桥主缆面临的最大挑战。

狮子洋大桥

5.43 横跨珠江超级工程——狮子洋通道面临哪些挑战？

狮子洋通道联结广州南沙与东莞虎门，全长约35千米，尚处于设计阶段。拟采用双向8车道高速公路技术标准，设计速度100千米/时，过江段采用上层8车道高速公路、下层8车道高速公路标准（市政功能），设计使用年限100年，桥梁宽度40.5米，通航净高60米。计划于2021年12月开工，2028年建成通车。

工程采用悬索桥方案，总体布置为672米+2180米+710米；门式塔，塔高330米，130米直径超大规模锚碇。《公路悬索桥设计规范》（JTG/T D65-05—2015）和《公路桥梁抗风设计规范》（JTG/T 3360-01—2018）的适用范围为跨径小于2000米的悬索桥。狮子洋大桥主跨跨径2180米，突破了现行规范适用范围。

该工程面临的主要技术挑战：

（1）跨径大：2180米的跨径，结构自身刚度小、阻尼低，现有规范不再适用，如何有效保证桥梁整体刚度、阻尼面临挑战。

（2）车道多：由常规的 6 车道增加到 16 车道，荷载效应大，缆、梁、塔、锚等关键结构规模大，单纯加大尺寸不能适应结构整体受力性能需求，需要在结构形式上创新。

（3）建设条件复杂：位于台风频发区，桥位基本风速达 34.9 米 / 秒；桥位抗震设防烈度为Ⅶ度，设计基本地震加速度值为 0.1 倍重力加速度，防灾控制难度大。

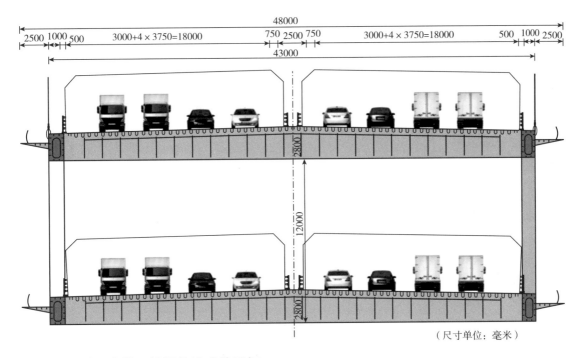

（尺寸单位：毫米）

通过科研攻关，希望能达成的目标：

（1）解决能否建成的问题。

结构体系与关键装置：解决桥梁自身刚度小、阻尼低的问题；创新结构体系、约束体系；研发高效减振耗能装置。

缆梁锚关键结构：解决结构规模过大、受力性能差、难以实施的问题；创新结构形式；研发高强高性能材料；提出新制造施工工艺、研制新施工装备。

防灾减灾与安全：防止结构发生疲劳破坏、静动力灾变等问题；研发抗疲劳结构及构造；研发颤振、涡振等控制技术及控制措施。

（2）解决怎样建好、如何实现经济最优的问题。

建设标准：

解决现有规范没有规定或不适用的问题；

提出 2000 米级超大跨悬索桥合理设计使用寿命；

提出 2000 米级超大跨悬索桥大直径主缆安全度指标；

提出2000米级超大跨悬索桥活载标准；

提出2000米级超大跨悬索桥刚度标准；

提出2000米级超大跨悬索桥施工控制标准。

智能建养：

提升建养效率，推动智慧桥梁发展；

研发智能设计技术及软件；

研发主梁、索塔等智能制造、施工工艺及装备；

研发智能检测、监测、养护及评估技术及装备。

5.44 烟大海底隧道为什么被称为未来超级工程？

大连到烟台的直线距离是165千米，而走铁路或公路均需通过山海关，绕行1980千米。如果从烟台至大连修建海底隧道，路线总长约125千米。但沿线平均水深约25米，最大水深约86米，水文地质条件非常复杂，建设难度极大。

烟大隧道如能建成，将使我国东北与华北地区紧密联结在一起。如果通行速度250千米/时的动车组，届时从东北三省进入华东地区的时间（开车约24小时，渡船6.5~7小时）将缩短为半小时左右。

5.45 什么是绿色公路？

交通运输部于2016年印发了《关于实施绿色公路建设的指导意见》。以"创新、协调、绿色、开放、共享"五大发展理念为指导，以坚持"两个统筹"、把握"四大要素"为统领，以理念提升、创新引领、示范带动、制度完善为途径，强化科技成果的转化与应用，建设以质量优良为前提，以资源节约、生态环保、节能高效、服务提升为主要特征的绿色公路，实现公路建设健康可持续发展。

统筹资源利用，实现集约节约；加强生态保护，注重自然和谐；着眼周期成本，强化建养并重；实施创新驱动，实现科学高效；完善标准规范，推动示范引领。可见，它不是停留于边坡绿色植物防护等表面工程的"表面绿"，而是从源头抓起，在工程可行性研究、设计、建设、运营、养护全过程落实"过程绿""措施绿"，并提升人性化服务水平。

5.46 什么是品质工程？

交通运输部于2016年出台的《关于打造公路水运品质工程指导意见》指出，品质工程是践行现代工程管理发展的新要求，旨在追求工程内在质量和外在品位的有机统一，以达到优质耐久、安全舒适、经济环保、社会认可的建设目标。

在发展方式上从过去注重量的发展转为更加注重质的提升，在组织管理上从粗放式管理转为标准化、精细化、制度化、程序化管理。

5.47 什么是平安工地？

为加强公路水运工程平安工地建设，引导和激励从业单位加强安全生产工作，落实安全生产责任，提升安全管理水平，根据《中华人民共和国安全生产法》《建设工程安全生产管理条例》《公路水运工程安全生产监督管理办法》等法律法规和规章，交通运输部出台了《公路水运工程平安工地建设管理办法》。

要求项目从业单位以落实安全生产主体责任为核心，施工过程以风险防控无死角、事故隐患零容忍、安全防护全方位为目标，推进施工现场安全文明与施工作业规范有序的有机统一。

参考文献

[1] 交通运输部. 交通运输部关于加强交通运输科学技术普及工作的指导意见 [R]. (2019-01-21) https://xxgk.mot.gov.cn/2020/jigou/kjs/202006/t20200623_3317319.html.

[2] 中共中央, 国务院. 交通强国建设纲要 [M]. 北京: 人民出版社, 2019.

[3] 中国科协办公厅. 中国科协 2021 年科普工作要点 [R]. (2021-04-01) https://www.cast.org.cn/art/2021/4/9/art_43_151659.html.

[4] 国务院. 全民科学素质行动规划纲要(2021—2035 年)[R]. (2021-06-30) https://www.gov.cn/zhengce/content/2021-06/25/content_5620813.htm.

[5] 孙家驷, 李松青, 王卫花. 道路勘测设计 [M]. 北京: 人民交通出版社股份有限公司, 2018.

[6] 何兆益, 杨锡武. 路基路面工程 [M]. 重庆: 重庆大学出版社, 2015.

[7] 范立础. 桥梁工程(上册) [M]. 3 版. 北京: 人民交通出版社股份有限公司, 2017.

[8] 顾安邦, 向中富. 桥梁工程(下册) [M]. 3 版. 北京: 人民交通出版社股份有限公司, 2017.

[9] 万明坤, 项海帆, 秦顺全, 等. 桥梁漫笔 [M]. 北京: 中国铁道出版社, 2015.

[10] 覃仁辉, 王成. 隧道工程 [M]. 5 版. 重庆: 重庆大学出版社, 2011.

[11] 李立寒, 张南鹭. 道路建筑材料 [M]. 重庆: 重庆大学出版社, 2011.

[12] 郭小宏. 公路工程机械化施工与管理 [M]. 北京: 人民交通出版社, 2009.

[13] 交通运输部. 关于实施绿色公路建设的指导意见 [R]. (2016-03-25) http://jtyst.zj.gov.cn/art/2021/9/10/art_1229006645_2356356.html.

[14] 广东省交通运输厅. 广东省高速公路工程施工安全标准化指南 [M]. 北京: 人民交通出版社股份有限公司, 2016.

[15] 徐剑. 公路的故事 [M]. 北京: 人民交通出版社股份有限公司, 2020.

[16] 交通运输部. 关于打造公路水运品质工程的指导意见 [R]. (2016-12-01) https://xxgk.mot.gov.cn/jigou/aqyzljlglj/201612/t20161223_2975553.html.

[17] 唐琤琤. 德国道路限速及车道管理的启示 [J]. 交通运输研究, 2021, 7(01): 2-15+1.

[18] 熊磊, 吴丽珍. 建筑垃圾填筑高速公路路基施工技术 [J]. 交通节能与环保, 2016, 12(06): 50-52.